Berlin 1936

Sechzehn Tage im August

柏林1936

| 柏林奥运：第三帝国集权者的"盛世"之舞 |

〔德〕奥利弗·西姆斯（Oliver Hilmes）◎ 著

陈韵雅 ◎ 译

海南出版社

HAINAN PUBLISHING HOUSE

Berlin 1936: SechzehnTageim August

by Oliver Hilmes

Copyright © 2016 SiedlerVerlag,

a division of Verlagsgruppe Random House GmbH, München

中文简体字版权 © 2017 海南出版社

版权所有　不得翻印

版权合同登记号：图字：30-2016-196 号

　　图书在版编目（CIP）数据

　　柏林 1936 /（德）奥利弗·西姆斯 (Oliver Hilmes)

著；陈韵雅译 . —— 海口：海南出版社，2017.10

　　书名原文：Berlin 1936: Sechzehn Tage im August

　　ISBN 978-7-5443-7518-4

　　Ⅰ . ①柏… Ⅱ . ①奥… ②陈… Ⅲ . ①德意志第三帝

国 – 史料 – 1936 Ⅳ . ① K516.440.6

　　中国版本图书馆 CIP 数据核字 (2017) 第 224537 号

柏林 1936

作　　者：（德）奥利弗·西姆斯 (Oliver Hilmes)

译　　者：陈韵雅

监　　制：冉子健

策划编辑：冉子健

责任编辑：孙　芳

执行编辑：晏一群

责任印制：杨　程

印刷装订：三河市祥达印刷包装有限公司

读者服务：蔡爱霞　郄亚楠

出版发行：海南出版社

总社地址：海口市金盘开发区建设三横路 2 号　　邮编：570216

北京地址：北京市朝阳区红军营南路 15 号瑞普大厦 C 座 1802 室

电　　话：0898-66830929　　010-64828814-602

投稿邮箱：hnbook@263.net

经　　销：全国新华书店经销

出版日期：2017 年 10 月第 1 版　　2017 年 10 月第 1 次印刷

开　　本：787mm×1092mm　　1/16

印　　张：16

字　　数：235 千

书　　号：ISBN 978-7-5443-7518-4

定　　价：42.00 元

献给我的家人

推荐序

　　奥运会是当今世界最大的体育赛事，对加强世界各国人民的相互理解和交流，促进世界和平做出了重大的贡献。但在现代奥运会的历史上，出现了许多与奥运精神不相协调甚至相悖的事情，给世界和平投下了阴影。1936 年在德国柏林举行的奥运会，是对奥运精神和宗旨的极大讽刺，由于它完全为希特勒所利用，变成了纳粹德国反犹排犹、宣扬日耳曼种族优越论的工具。可以说，柏林奥运会是现代奥运会历史上最具争议的一次奥运会，也是纳粹德国走向战争过程中的一个重大事件，因此深入研究柏林奥运会，对了解纳粹德国的内外政策和 20 世纪 30 年代的国际关系无疑具有重大的意义。

　　1936 年在德国柏林举行的第 11 届奥运会，是在纳粹德国反犹排犹浪潮的背景下进行的。在德国，对犹太人的仇视和迫害由来已久，而纳粹德国元首希特勒对犹太人的仇视更是超过了他的前辈。有学者指出，对希特勒最具权威性的阐释是："憎恨犹太人可能是希特勒具有的最真诚的情感。"[1] 早在 1924 年，希特勒在《我的奋斗》中就确立了反对犹太人的思想："犹太人是雅利安人的对立面……他从来就是其他民族身上的寄生虫……他具有天生的、贪婪的凶残本性。"[2] 而在纳粹党上台前，纳粹街头打手们就开始攻击犹太人，纳粹领

---

[1]　Bullock, Alan. *Hitler: A Story in Tyranny* [M]. New York: Harper, 1952: 420.

[2]　Hitler, Adolf. *My Struggle* [M]. London: Hurst & Blackett, LTD, 1933: 153-155.

导人使打手们相信犹太人是应该为诸如德国的战败、色情作品、艺术中的现代主义、资本主义对德国人民的剥削等罪行负责的一个种族。如果说在纳粹前时代德国对犹太人的反对和迫害主要表现为零星现象的话，而希特勒的上台则标志着反犹上升到了国家政策的高度。希特勒上台不久就颁布了反对犹太人的立法，并且成了纳粹恐怖统治的一个不可或缺的部分。

1933 年 3 月 28 日，德国政府宣布了对犹太人商业的全国性抵制。4 月 7 日颁布的《恢复职业公务员法》规定："非雅利安人血统的政府工作人员必须办理退休手续。"4 月 17 日在这项法律的第一号实施令中对"非雅利安人"的概念作了如下解释：本人或其父母、祖父母一方为犹太人者即属非雅利安人。[①] 这就是著名的"四分之一犹太血统即为犹太人"的命题，并立即导致了 2000 多名犹太公职人员如律师和教师被开除。[②] 随后各个行业都制定了相关法令和条例，将从事法律、医药、新闻、教育、电影和艺术等工作的"非雅利安人"清除出去。日耳曼人最初被警告，然后被明确禁止在公共场所与犹太人在一起。此外，还开展了没收非雅利安人财产的运动。德国各地都贴出了反犹标志："不欢迎犹太人来这里""犹太人与狗不得在此""犹太人进入此地其安全自行负责"等。[③]

1935 年 9 月 15 日，即在柏林奥运会开始前一年通过的《纽伦堡法案》（*The Nuremberg Laws*）将纳粹德国的反犹运动推向了一个新的阶段。该法规定"只有那些拥有日耳曼或雅利安血统的国民才是德国公民"，这就剥夺了犹太人和部分犹太血统的人的公民权。构成该法的针对犹太人的《保护德意志民族血统与荣誉法》规定：禁止犹太人与德国公民或与德国公民有血缘关系的人通婚、姘居；犹太人不得雇佣 45 岁以下的德国公民为佣人；禁止犹太人升挂、高举德国国旗。[④] 政府竖立起指责犹太人的公共招贴画，赞助出版了一些反犹

---

① 安德烈·希里素. 盖世太保秘史［M］. 北京：新华出版社，1987.

② Benz, Wolfgang. *Die Juden in Deutschland 1933-1945* [M]. München, 1988.

③ Hart-Davis, Duff. *Hitler's Games: The 1936 Olympics* [M]. London: Century Hutchinson Ltd, 1986.

④ 罗衡林. 通向死亡之路［M］. 北京：人民出版社，2006.

报纸，用最粗俗的咒骂对犹太人进行无情的诽谤。如反犹理论家尤里乌斯·斯特来彻（Tulius streicher）在他的报纸《先锋》（Der stürmer）上大肆宣传反犹言论，攻击犹太人是寄生虫；犹太人兴旺之地，当地人就要死亡；并叫嚷"把犹太人从我们的社会中扫除应该被看作是一项紧急预防措施"。

犹太人丧失他们的公民权，意味着被剥夺了德国法律所给予公民的保护和权利，德国犹太人开始大批逃离德国。在希特勒掌握政权到第二次世界大战爆发，超过 30 万犹太人逃离了德国，仅 1933 年就有大约 6 万人。[①]

伴随着对犹太人迫害的加强，纳粹当局也开始有组织地将犹太人从德国的体育活动中排除出去，并决定不准犹太人参加奥运会。1932 年夏，纳粹党的势力恶性膨胀。出于对柏林奥运会的担忧，在 1932 年洛杉矶奥运会期间，国际奥委会执行委员会请德国委员瑞特·冯·哈尔特（Ritter von Halt）询问希特勒：假如纳粹党到 1936 年掌握政权，奥运会是否能够照常举行。希特勒做出了肯定的答复：如果他到那时在台上，他将不会干涉奥运会，或者说他不会采取行动反对犹太人和黑人代表其他国家的队伍来参加比赛。[②]但事实证明，这仅仅是他许下的一张空头支票。

纳粹上台几个星期之内，便开始在全国范围内掌管所有的体育活动，并在体育领域进行雅利安化宣传，而将非雅利安人排除出正常体育活动的步骤接踵而至。第一个冲击发生在 1933 年 4 月 1 日，德国拳击联合会禁止犹太人拳击手和裁判员参加德国锦标赛以及在锦标赛中任职。4 月 12 日，德国戴维斯杯网球队最重要的成员普瑞恩·戴安尼（Prenn Danny）被开除。4 月 24 日，德国草地羽毛球协会宣布"非雅利安人不能在代表赛和正式的联盟赛中进行比赛"。

也正是在 4 月，纳粹发动了对德国当时最著名的体育家特奥多尔·莱瓦尔德（Theodor Leualel）的猛烈攻击，他所担任的德国体育联盟主席和德国体育训练委员会主席（相当于体育部长）职务均被撤销，由对体育一窍不通的陆军

---

① Taylor, Paul. *Jews and the Olympic Games* [M]. Brigh2ton: Sussex Academic Press, 2004.

② Krüger, Arnd & Murray, William. *The Nazi Olympics* [M]. Urbana: University of Illinois Press, 2003.

军官汉斯·冯·查摩尔-欧思登（Hans von Tschammer und Osten）取代。纳粹当局还扬言要把莱瓦尔德从德国组委会中开除出去，并要剥夺他的国际奥委会委员职务。5月，犹太人被驱赶出了所有的体操俱乐部。6月2日，教育部长伯恩哈德·鲁斯特（Bernhard Rust）发出指示：应将犹太人从青年和福利组织中清除出去，这些组织的体育设施应对犹太人关闭。7月，布雷斯劳市禁止犹太人从事救生员活动。8月7日，奥本道夫市政当局禁止犹太人使用游泳池。到1933年秋，犹太人仅仅可以与其他犹太人一起训练和比赛，而且只能利用他们单独的体育设施。不久以后，警察开始骚扰犹太人的俱乐部和体育运动场地，以至于许多犹太人实际上没有地方可去训练，而且即使犹太人之间进行比赛也不可能。到1934年，在整个德国只剩下了两个犹太人体育协会。许多德国体育组织要求对"雅利安"出身者进行一次体检，并将其作为参加这些组织的前提条件，以防犹太人"混入"这些体育组织。1934年11月，德国体育部长欧思登向德国所有体育协会发出命令，禁止与非雅利安人有任何接触。

　　纳粹的宣传机器也全力开动，为从体育界排除犹太人进行舆论宣传。1933年7月底，犹太人运动员弗瑞茨·罗森菲尔德（Fritz Rosenfelder）在被开除出他组织建立并管理多年的体育俱乐部后自杀。8月1日，《先锋》杂志欢呼雅利安人的这次胜利："罗森菲尔德被排除出体育俱乐部的原因是不言自明的……犹太人就是犹太人，在德国的体育运动中没有他们的位置。"[①]1934年夏，《民族社会主义意识形态中的体育精神》(*The spirit of Sport in the National socialist Ideology*) 一书出版。这本由柏林冲锋队体育领导人布鲁诺·马利兹（Bruno Malitz）写的书被送到了德国所有的体育俱乐部，戈培尔将其列入所有纳粹党员必读书的名单。该书写道："在我们德国的土地上没有犹太人体育领导人和他们的朋友的活动之地。"1935年，官方杂志《先锋》几乎每一期都包含有激烈漫骂犹太人的内容。7月里的一期这样写道："任何一个把自己看作犹太人捍

---

① Hart-Davis, Duff. *Hitler's Games: The 1936 Olympics* [M]. London: Century Hutchinson Ltd, 1986.

卫者的人在我们的协会中不再有他的容身之地。与犹太人的任何个人接触都要避免。"① 在分发给运动员的一本名为《帝国体育》的手册中对犹太人进行了更加露骨的贬低，犹太人被描绘成"各民族生活中的一个穷凶极恶的力量……在低等种族中，犹太人在体育领域没有任何成就可言。他们甚至被最低等的黑人部落所超过。"②

随着臭名昭著的《纽伦堡法案》在 9 月 15 日的颁布，纳粹对犹太人的迫害进一步增强。以至于《纽约时报》驻柏林记者在一个月后向报社汇报说，他所会见的德国人如莱瓦尔德（柏林奥委会组委会名誉主席）和欧思登的官方新闻发言人赫尔·卡特纳等，没有一个能够"坚持说犹太人运动员得到了同样多的与非犹太人运动员竞赛的机会"。③ 据统计，在被强迫接受种族法之前，有大约 4 万犹太人归属于 250 个体育俱乐部。这一数字不包括被吸收进非犹太人俱乐部的犹太人和种族混合者。而在两年之内，所有这些体育人士包括其最优秀的都被禁止训练和比赛。到 1935 年底，犹太人被排除出了所有的体育俱乐部，这就必然会影响到德国奥运会代表队的构成。

其实，希特勒在上台之前曾经十分仇视和反对奥运会，指责奥运会是"犹太人和和平主义者搞的花样"，是"犹太人和共济会信徒的一项发明……是产生于犹太教的一种游戏，在民族社会主义者统治的德国是不可能举办的"④，并斥责德国运动员在 1932 年奥运会上与黑人一起比赛，有损日耳曼民族的尊严。而戈培尔虽然在任宣传部长后的第 5 天就接见了莱瓦尔德，但并没有显示出对奥运会的热心。1934 年 3 月 16 日，莱瓦尔德和迪姆受到了希特勒的接见。虽然希特勒保证他将尽一切力量帮助举办奥运会，但他显示出的是客气而非兴

---

① Mandell, Richard D. *The Nazi Olympics* [M]. New York: The Macmillan Company, 1971: 60.

② Hart-Davis, Duff. *Hitler's Games: The 1936 Olympics* [M]. London: Century Hutchinson Ltd, 1986: 71.

③ Hart-Davis, Duff. *Hitler's Games: The 1936 Olympics* [M]. London: Century Hutchinson Ltd, 1986: 75.

④ Hart-Davis, Duff. *Hitler's Games: The 1936 Olympics* [M]. London: Century Hutchinson Ltd, 1986: 46-47.

趣，此时他还未认识到奥运会巨大的政治潜能。人们后来说，是第三帝国的体育部长欧思登和宣传部长戈培尔让希特勒看到了奥运会的政治可能性。6个月后，希特勒突然对奥运会显示出了极大的热心。10月5日，希特勒视察了正在扩建的老体育馆，立即决定推倒老体育馆，在原址建造一座拥有10万座位的新体育馆。他宣布："新体育馆必须由帝国来建造。这是民族的任务。如果德国想成为整个世界的东道主，它的准备必须是完备而非凡的。"①10月10日，希特勒在总理府举行的一次会议上，详细阐述了他的设想。在1934年10月纳粹党纽伦堡大会期间，纳粹当局决定将其大规模庆祝集会的经验用于举办奥运会，并给予了几乎无限的财力上的支持，使奥运会的花费超过了最初估计的30倍。

以希特勒为首的纳粹党由反对转而大力支持举办奥运会，其政治目的是十分明显的。

首先，他们要利用奥运会作为对整个世界播扬纳粹主义尤其是日耳曼种族优越论的工具，煽动德国的民族主义情绪。美国驻柏林总领事乔治·迈塞史密斯（George S.Meshersmith）向国务卿所做的汇报中一针见血地指出："对纳粹党和德国青年人来说，在柏林举办奥运会已经变成以纳粹主义学说征服世界的象征。假如奥运会不在德国举行，将会是一个最严重的打击，纳粹主义的威信将遭受重挫。"迈塞史密斯估计，大约有4到5个犹太人运动员被允许参加奥运会的训练，"向世界证明德国不存在歧视"。他同时指出："十分明显，纳粹正在利用奥运会以服务其政治目的。"②

其次，借举办奥运会报德国在第一次世界大战中战败和签订《凡尔赛和约》之仇，巩固纳粹党的统治。《民族社会主义意识形态中的体育精神》一书直言不讳地指出：体育被认为是联系各国的纽带，"我们还想在德国举办奥运会吗？是的，我们必须举办！我们认为由于国际方面的原因举办奥运会是十分

---

① Hart-Davis, Duff. *Hitler's Games: The 1936 Olympics* [M]. London: Century Hutchinson Ltd, 1986: 47.

② Hart-Davis, Duff. *Hitler's Games: The 1936 Olympics* [M]. London: Century Hutchinson Ltd, 1986: 76.

重要的。对德国来说没有比这更好的宣传了"①。换句话说，体育是第三帝国报复所有那些在第一次世界大战中从德国获取了利益的敌人的手段，而且奥运会正是德国"报复敌人"所需要的特殊的机会。由于德国人民普遍反对《凡尔赛和约》，希特勒可以借助奥运会的报复赢得德国广大民众的支持。

再次，欺骗世界人民，在世界人民心目中留下繁荣、民主和爱好和平的形象。德国方面估计，在奥运会期间，有超过 100 万的游客要到柏林（实际上有 370 万游客），其中有 15 万外国人。纳粹党徒们设想，当这些客人到达柏林的时候，他们所看到的是一个模范的城市——愉快、美丽、好客、运作高效，最重要的是没有任何一直被其批评者指责的那种暴虐的表现。这给法西斯德国蒙上了一层和平的面纱，掩盖了对外侵略的企图和野心，混淆世界视听，在外交上为对外扩张和战争服务。

纳粹德国举办奥运会的过程是与扩军备战和对外扩张相伴而行的。希特勒一上台，就开始了破坏《凡尔赛和约》的活动。1933 年 10 月，德国退出国际裁军会议；10 月又宣布退出国际联盟；1935 年 3 月，违背《凡尔赛和约》关于德国军备的限制，宣布实施普遍义务兵役制；1936 年 3 月，出兵占领莱茵非军事区；1936 年 7 月，武装干涉西班牙内战。所有这些活动都是在柏林奥运会的准备过程中进行的。纳粹德国的每一步行动都引起了国际舆论的一片哗然，但奥运会的准备活动以及世界人民对奥运会和平宗旨的信任，掩盖了希特勒的对外野心，从而在一定程度上有力地配合了纳粹德国的战争准备。

赵文亮

山东师范大学历史学院教授、博士生导师

中国第二次世界大战史研究会理事

中国世界现代史研究会常务理事、华东分会副会长

① Hart-Davis, Duff. *Hitler's Games: The 1936 Olympics* [M]. London: Century Hutchinson Ltd, 1986: 63-64.

目 录 Contents

员之后，国际奥委会向他表示，国家领导人为运动员祝贺在奥运史上还前所未见。从此以后，希特勒就不再进行别的庆祝活动了。

045　**1936 年 8 月 4 日**　|　**星期二**

戈培尔明白，欧文斯的再次胜利意味着一个鲜明的政治信号。于他而言，这是对"白色人种优势论"主张的最大侮辱。就算最为忠实的纳粹党人，也会因为杰西·欧文斯卓越的成绩，生出这样的念头：假定的"雅利安人优势地位论"可能是站不住脚的。

057　**1936 年 8 月 5 日**　|　**星期三**

莱妮·里芬斯塔尔在拍摄一部关于奥运会的官方电影。她一年前从希特勒那里接到这个任务。在电影的问题上，33 岁的莱妮是希特勒的首选。前几年她拍摄的有关纳粹党代会的纪录片，令这位独裁者相当满意，其中希特勒被赋予了神一般的形象。

073　**1936 年 8 月 6 日**　|　**星期四**

到 1936 年夏为止，希特勒对外交政策的干涉是有独创性的，他实施了一系列大胆的政治性煽动举措。1933 年 10 月中旬，德国宣布退出国际联盟和日内瓦裁军会议，并且开始了大规模重新武装。没过两年——1935年3月中旬，希特勒实行了普遍兵役政策，违反了《凡尔赛条约》的重要协定。

087   **1936 年 8 月 7 日** | **星期五**

奥运会期间，纳粹的宣传显然是完美的，以致他们可以在国际公众察觉不到的情况下建立起集中营来。斯文·赫定和众多其他奥运看客本来完全可以，在1936年夏天得到一幅阿道夫·希特勒统治的未经修饰的德国图景。

099   **1936 年 8 月 8 日** | **星期六**

集中营里的生活条件简直就是一场灾难。约600名的居住者仅有两个厕所可供使用。开营以来很短时间内，皮肤病和感染病就肆虐开来。人们完全自生自灭，就连最基本的救护都不存在。

111   **1936 年 8 月 9 日** | **星期日**

一支青年团巡逻队将犹太人海恩里希·弗兰肯斯坦和维利·克莱恩带到警察局，前者生于1918年11月24日，住在柏林沃尔特尔大街，后者生于1919年12月12日，住在柏林沃尔特尔大街30号，因其在露斯特花园向一个阿根廷人讨要香烟。巡逻队到来的时候，两位犹太人对这位外国人说："这就是德国的青年。"

123   **1936 年 8 月 10 日 | 星期一**

埃里希·阿伦特傲气地撞开门，往酒吧里走了几米，喊出一句改变他人生的话："阿道夫·希特勒破产了，我真后悔1929年入了党。"不幸的是，乐队正在休息，阿伦特的话大家都听得一清二楚。

135   **1936 年 8 月 11 日 | 星期二**

纳粹的文化部官员对德国在1936年8月达到顶峰的爵士热潮采取了一种半是容忍半是冷漠的态度。他们一方面很高兴能够为奥运的游客推出一位国际化的艺术家；另一方面，对这些官员来说，爵士的影响微不足道，不至于进行法律上的干预。

147   **1936 年 8 月 12 日 | 星期三**

阿道夫·希特勒给这些德国人下了一道严苛的命令，让他们暂且不要主动干涉战争的进程。重点在于"暂且"，约瑟夫·戈培尔谨慎地指出："元首很想插手西班牙的事。但是时机还不成熟。时机也许会来的。要先让奥运顺利结束。"

159 **1936 年 8 月 13 日 ┃ 星期四**

奥林匹克！纳粹德国的各路出版物统一了口径，它们本来就不要脸地撒着谎，而现在——1936 年 8 月，克伦佩雷尔更是觉得它们格外差劲。他到处都能读到，柏林是多么和平、多么愉快，德国民众与他们爱好体育的"元首"是多么团结一致，"第三帝国"的生活又显得多么美好。

173 **1936 年 8 月 14 日 ┃ 星期五**

一位为奥运前来德国的美国女性游客，昨日乘火车从慕尼黑前往柏林的途中，看到外国乘客不断被说德语的人询问他们对德国的印象。外国游客从各方面称赞德国的时候，这些德国人（疑似寻衅滋事者）就试图贬低德国，给他们留下不好的印象。

185 **1936 年 8 月 15 日 ┃ 星期六**

德国掀起一阵头衔和官职的风潮，就连孩子们都受了影响。比如说，在希特勒青年团里就有下士长、高级下士长、战友团长、高级战友团长、护卫长、高级护卫长、护卫总长。领袖原则是要坚决贯彻的。

197　1936年8月16日 ｜ 星期日

奥运会的最后一天，尽管希特勒没有官方的职责要履行，但他却是一切事务的中心。他到达会场的同时，所谓的"元首旗帜"便升了起来。希特勒可能对过去16天感到十分满意。这场奥运会从各方面来看都在历史上创下了新高：来自49个国家、将近4000名参赛选手参与了129个比赛项目——这是前所未有的。

209　结果如何

奥运会结束的两天后，奥运村总管邀请组委会的同事们到柏林警卫团的餐厅，参加一场小型的告别会。他的前任沃尔夫冈·福尔斯特纳没有出席这场晚会。在人们庆祝的时候，福尔斯特纳穿上了他最好的一身制服，戴着他所有的奖章，穿过奥运村去往瓦尔德泽的方向。他在高高的桑拿房前停下脚步，拿出他的手枪，枪口抵在太阳穴上，扣动了扳机。

1936 年 8 月 1 日
星期六

帝国天气预报，柏林地区：

多云，短时有降雨覆盖。

中度西南风伴随降温。19摄氏度。

在亨利·德·巴耶－拉图尔的客房里响起了微弱的电话铃声。"阁下，现在是 7 点 30 分。"门卫向他报告。"好的，"这位伯爵答道，"我已经醒了。"巴耶－拉图尔所住的阿德龙酒店的员工们待他以极大的尊重，因为亨利·德·巴耶－拉图尔是如同首相一般的要人。然而，他并未统治一方土地、领导一个共和国，他也并非君主国的摄政王。亨利·德·巴耶－拉图尔是国际奥委会（IOC）主席。当奥林匹克的旗帜于今天 17 时 14 分准时在柏林奥林匹克体育场升起时，这位 60 岁的比利时人将在 16 天里一定程度上接管柏林体育场馆的领空权。

到那时，巴耶－拉图尔将必须完成一项严苛的计划：他将和奥委会的同事参加礼拜仪式，检阅德意志国防军的仪仗队，最后在"新岗哨"①里为世界大战阵亡战士纪念碑献上花圈。接着，赫尔曼·戈林将在检阅式后以普鲁士总理的身份欢迎国际奥委会的成员。

现在是八点钟，阿德龙酒店门前的巴黎广场上响起了进行曲，乐声多次被《享受生活》②之类的起床号打断。所谓"大觉醒运动"的仪式是纳粹党为国际奥委会带来的诸多荣誉之一。亨利·德·巴耶－拉图尔站在他客房的窗前观看熙熙攘攘的人群时，似乎觉得自己就像国家元首，而阿德龙酒店就是政府所在地。国际奥委会拥有最好的邻居：酒店的对面是法国大使馆，左侧是熠熠生辉的勃兰登堡门——柏林最著名的地标，在那旁边便是隶属于美国的布吕歇

---

① 新岗哨（NeueWache），又名"德意志联邦共和国战争与暴政牺牲者纪念馆"。最早曾作为普鲁士王储所属部队的岗哨，自 1931 年开始作为纪念馆使用。

② 一首华尔兹舞曲，是约翰·施特劳斯为维也纳音乐爱好者协会所作。

尔宫。其实这气派的建筑本应用以安置美国大使馆，但 1931 年这一建筑群被焚毁，重建工作还在进行当中。阿德龙酒店在巴黎广场一侧与柏林艺术学院相邻，在威廉大街一侧则毗邻施图斯堡宫——英国大使馆的驻地。

亨利·德·巴耶 - 拉图尔此时用完了早餐并做好了离开阿德龙的准备。为了庆祝这个特别的日子，伯爵的着装格外隆重，他穿着灰色长裤、燕尾服、带绑腿的鞋，戴了一顶礼帽和一条华贵的勋章项链。那天，宣传部长约瑟夫·戈培尔见到他的装束，心里直摇头，他在日记里写道："这位奥运人士看起来就像跳蚤马戏团①的团长。"②

没人能和保莉妮·施特劳斯和睦相处。保莉妮是著名作曲家理查德·施特劳斯的夫人，她能当着陌生人的面对他说出最糟糕的话，就连亲戚朋友都逃不了她的失礼行为。"施特劳斯女士喝茶的时候还一反常态地表现得相当友好，现在她没教养的毛病却又发作了。"哈利·格拉夫·凯斯勒回忆他们在柏林一家高档餐馆相遇的场景。那里的餐桌上配备了昂贵的瓷器、高档银餐具和光亮的玻璃杯。穿制服的服务生几乎无声地在房间里穿行，客人们压低了声音聊着天——除了保莉妮·施特劳斯。凯斯勒正讲一件不太有意思的关于某位巴黎著名美食家的轶事，施特劳斯女士就吵嚷着插嘴道："他早就死了，等你讲完故事他早死了！哎呀，有人讲这么又臭又长的故事，你们还不如看看那头喂肥了的猪……"客人全都吃惊地望向她。"哎哟，就是那头肥猪，那桌坐着的肥军官。"施特劳斯女士解释道，她手指着邻桌一位身形相当丰满的中尉。"怎么了嘛，我就是想勾引一下那头肥猪，"她重复道，并且不停盯着那中尉，直到她发出胜利的欢呼，"瞧瞧，现在肥猪向我投来了充满爱意的眼神。我真觉得他会过来坐在咱这桌。"一桌人惊呆了，当时也在场的作家胡戈·冯·霍夫曼斯塔慌乱中只得盯着他的盘子，而理查德·施特劳斯的脸红一阵白一阵。不过施特

---

① 马戏团风格的跳蚤集市。

② Elke Fröhlich (Hrsg.), *Die Tagebücher von Joseph Goebbels*, Teil I, Bd. 3/II, München 2001, S. 146.

劳斯对于他夫人胡闹的表现保持了沉默，也许是为了防止事情变得更糟。如果他在这种场合责备她，她可能会对所有在场的人大喊："理查德，你要是再说一句，我就到腓特烈大街上去把我第一个看上的人搞到手。"①

也难怪保莉妮·施特劳斯是所有的酒店门卫、服务生和女侍的噩梦了。昨天上午，施特劳斯夫妇在他们女管家的陪同下到达了布里斯托尔酒店。布里斯托尔酒店位于柏林菩提树大街，距著名的阿德龙酒店只有一步之遥。酒店提供的当然是所有现代化的舒适居住体验，客房和套间装配了高档的家具和独立的浴室。除此之外，这家酒店还拥有非常别致的活动室：书房和写字间似是哥特风格的，而茶室却布置以设计复杂的英式皮革家具。

理查德·施特劳斯鲜有机会去享受住处的舒适。他昨天忙着排练，今天下午要进行新作的首演，明天下午又要离开柏林去巴伐利亚。作为当代最具影响力的作曲家之一，理查德·施特劳斯本就是个非常忙碌的人：3 月，他完成了意大利与法国的全国巡演，其间他最远要去到马赛。4 月，他在巴黎和科隆做指挥，而 7 月在苏黎世，并且再一次来到科隆。除此之外，72 岁的施特劳斯还总能找到时间写新的作品。他几小时后将进行首演的作品叫作《奥运颂》，是奥委会的委托作品，写给今天的奥运会开幕仪式。施特劳斯认为自己可以把任何东西变成旋律。"想要成为真正的音乐家的人，"他有一次开玩笑道，"要能把菜谱也谱成曲。"作曲对于施特劳斯来说永远都在于勤奋和自制。他斯多葛式②地静坐于书桌前，起草编写着一首又一首的曲子。狄奥多·阿多诺③几年后以恶毒的语言给这位"作曲机器"扣了帽子：施特劳斯背叛了时代精神，去讨好广大听众——他是一位表面上的大师，他创作的东西都是为了能卖几个小钱。

这首为合唱团和大型交响乐团写就的《奥运颂》显然属于苦力活儿的范

---

① Harry Graf Kessler, *Das Tagebuch. Vierter Band* 1906—1914, Stuttgart 2005, S. 590f.

② 即斯多葛主义，古希腊和罗马帝国思想流派，强调神、自然与人为一体，"神"是宇宙灵魂和智慧，其理性渗透整个宇宙。

③ 德国社会学家，同时也是一位哲学家、音乐理论家和作曲家。他是法兰克福学派的成员之一。

畴，因为施特劳斯对体育丝毫不感兴趣。他有这样的偏见，认为滑雪是挪威送信员的工作。1933 年 2 月，他得知自己的居住地加尔米施为了筹措举办冬季奥运会的资金，正计划特别课税，他曾坚决抗议。他写信给地方议会："对于新的议案中，为满足体育闹剧的额外开支而征税，以及完全不必要的奥运宣传，我提出抗议，因为我根本不会去使用那些体育设施，比如冰道和滑雪跳台，等等。同时火车站里那些拱门也是没有必要的。我希望我能够免缴这项税款，并且让这些费用由热爱奥运会和类似的鬼把戏的人来负担。我的钱包为了缴纳国家征税已经够受罪的了，我要去资助那群懒汉——所谓的社会救济，还要解决加尔米施特别流行的乞讨行为。"[1]

这些抗议却并不妨碍理查德·施特劳斯创作这样一首颂歌，来让人们庆祝这场"体育闹剧"，并且要求一万马克的酬金——有钱能使鬼推磨。然而这笔巨款远超奥委会的预算，这让施特劳斯在漫长的交涉后只得放弃了额外的补贴。这样一来，他这次没什么创作热情也就不足为奇了。"为了打发降临节期间[2]的闲暇时间，我要为无产阶级写一首奥运颂歌。"他在 1934 年给斯蒂芬·茨威格[3]的信中写道，"显而易见，我是体育的敌人，我蔑视体育。没错，懒惰是所有恶习的开端。"[4]

歌词的样稿通过有奖竞赛选出，作者是失业演员兼即兴诗人罗伯特·鲁班。约瑟夫·戈培尔批评鲁班的歌词，说它没有体现"第三帝国"的精神，因此对几处歌词进行了改动。鲁班的原文"和平才是比赛宣言"被改为"荣耀才是比赛宣言"；"公平竞争是最高信仰"干脆改成了"忠诚誓言是最高信仰"。无论罗伯特·鲁班是否愿意，他都只能服从，毕竟作为委托方的奥委会没有提出异议——理查德·施特劳斯多半也觉得无所谓。

---

① Richard Strauss an den Marktgemeinderat Garmisch, 1. 2. 1933, Abschrift in: BAB, R 8076/236.

② 自圣诞节前第四个星期的星期日起，至圣诞节止。这段时间基督徒会回想耶稣降临时的情景。

③ 著名奥地利犹太裔作家，中短篇小说巨匠，擅长人物的心理分析，也著有多篇名人传记。

④ Willi Schuh (Hrsg.), *Richard Strauss, Stefan Zweig. Briefwechsel*, Frankfurt/Main 1957, S. 90.

1934 年 12 月，这首 4 分钟左右的作品完成后不久，施特劳斯便求助总理府秘书长——汉斯·海因里希·兰马斯，请求为希特勒演奏这首歌曲。"因为他，因为元首和那些奥运会的拥护者，最应该喜欢这首歌。"① 经过来来回回的商讨——希特勒不像施特劳斯一样有兴趣会面，但他们终于就会见日期达成了一致，时间定在了 1935 年 3 月底。这场私人音乐会在希特勒的家里举行，同时施特劳斯赠给他的元首亲笔签名的这首歌的手稿，希特勒十分感激地收下了。

理查德·施特劳斯如此讨好政权自有充分的理由。他的新歌剧《沉默的女子》于 1935 年 7 月在德累斯顿首演。宣传部长约瑟夫·戈培尔反对这部作品，因为这部剧本出自斯蒂芬·茨威格之手，他在"第三帝国"是不受待见的犹太人。然而，希特勒特别批准了这部歌剧的演出，为此施特劳斯显然要以《奥运颂》一曲表达感谢。这位世界著名作曲家在纳粹德国的作曲事业却在不久后陷入一场危机，秘密警察拦截了施特劳斯寄给斯蒂芬·茨威格的一封信，信中他以自己帝国音乐协会会长的职务打趣。1935 年 7 月中旬，施特劳斯不得不辞去这个职务，《沉默的女子》也在演两场后被中止了。这一事件对于不那么知名的艺术家或许意味着职业生涯的结束，但是理查德·施特劳斯名声太大了，以至纳粹党不想长期封杀他。一年后——1936 年的夏天，这次不愉快就被遗忘了，施特劳斯也让《奥运颂》一曲重获新生。正当施特劳斯夫妇在布里斯托尔酒店的露台用早餐，保莉妮一如既往地作弄服务生的时候，施特劳斯想象着今天下午，他在十万多人面前指挥演奏的场景。

"我们到底在哪儿？"麦克斯·冯·奥约斯问身边的汉内斯·特劳洛夫特。麦克斯刚刚醒来，根本不知道自己已经睡了多久。他打了个哈欠，揉了揉眼睛，又伸了个懒腰。"依然在易北河上。"② 汉内斯答道。麦克斯看起来并不惊讶。"我饿了！"他喊着晃出了他的卧室。这两位年轻的男士同住乌萨拉摩号汽船上的一

① Richard Strauss an Hans Heinrich Lammers, 20. 12. 1934, Abschrift in: BAB, R 43II/729.

② Hannes Trautloft, *Als Jagdflieger in Spanien. Aus dem Tagebuch eines deutschen Legionärs*, Berlin 1940, S. 15.

个客舱，他们正在从汉堡前往西班牙的途中，与另外八十多人同属一个称作"旅行联盟"的旅行团一起。这个团体尽是特立独行、不跟其他乘客打交道的人。如果有人跟他们说起旅行的目的，肯定得不到任何答复。这群人看起来不像是会乘豪华游轮旅行的有钱人，因为他们的举止还没有讲究到那种程度。几乎可以确定他们就是军人，然而讲不通的是，他们都穿着便服。同样引人注意的是，他们带着很多行李。那些从汉堡港装载上船的大箱子里，究竟装的都是什么呢？至此人们只能暗自揣测。但有一件事情是确定的：这个"旅行联盟"不太对劲。

12 点钟，一场希特勒青年团①游行在柏林露斯特花园拉开序幕，会上将近两万九千名男孩女孩纵横列队，立正站好。从柏林城市宫②的屋顶看向那片被柏林旧博物馆③、柏林大教堂④和城市宫环绕的区域，可以一览无余。单独的人在如此的数量之下已经不能分辨，人们能看到的只是一片人海。跟最近相当普遍的阅兵仪式一样，这次也是一次面向外国客人的游行。根据此次公告中的说法，阿道夫·希特勒可以信赖他的青年团，人们有把握认为这其实是一种警告。

如同上了机油的齿轮装置，现在各个节目段环环相扣。国际奥委会的欢迎致辞准时结束，接着，贵宾们只需从旧博物馆的圆顶大厅走到几米远外的楼前。在博物馆通向露斯特花园的露天阶梯上搭起了一个演讲台，从希特勒青年团的团长巴尔杜尔·冯·席拉赫⑤，体育部长汉斯·冯·查摩尔-欧思登，教育部

---

① 1922 年至 1945 年间由德国纳粹党设立的青年组织。这是纳粹党在冲锋队成立一年后设立的第二个准军事组织，1933 年后推行至全国，并成为该时期纳粹德国唯一的青年组织，成员人数达 870 万人，占当时德国青年的 98%。

② 柏林城市宫（Berliner Stadtschloss）是德国柏林市中心的宫殿，曾经是普鲁士王国的王宫和德意志帝国的皇宫。

③ 柏林旧博物馆（Altes Museum）位于柏林博物馆岛南侧，建造于 1823 年至 1830 年间，是一座新古典主义的建筑，也是博物馆岛上最老的一家博物馆。

④ 柏林大教堂是德国柏林的一座基督教路德宗教堂，位于柏林市区博物馆岛的东部，曾是德意志帝国霍亨索伦王朝的宫廷教堂。

⑤ 纳粹党青年组织希特勒青年团负责人、纳粹党维也纳大区领袖，战后成为纽伦堡审判的战犯。

长伯恩哈德·路斯特，最后到宣传部长约瑟夫·戈培尔，他们一个接一个地上台发言。"一出庄严的戏剧，"这位宣传部长在其日记里记下，"有什么可稀奇的呢？不过是点燃奥运圣火，看起来是扣人心弦的时刻，可惜天会下雨。"①

在露斯特花园暂时告一段落的奥运圣火传递，并不像人们以为的那样是源自古希腊的传统，而是维尔茨堡一位体育部官员的发明。54 岁的卡尔·迪姆作为奥组委秘书长，是柏林奥运会的核心人物之一。迪姆圆滑地声称，这条足有三千公里长的跑道，从奥林匹亚出发，经由雅典、德尔斐、塞萨洛尼基、索菲亚、贝尔格莱德、布达佩斯、维也纳、布拉格和德累斯顿，到达柏林，架起了由古代通往新时代的桥梁。古人的奥运会上从未有过圣火传递仪式的事实，对迪姆来说不值一提，他只想尽可能地赋予柏林奥运会庄严神圣的形象。由于宣传部负责这次露斯特花园青年团游行的组织工作，约瑟夫·戈培尔很欣赏迪姆的主意。戈培尔让火炬手先穿过夹道欢迎的希特勒青年团行列，跑到旧博物馆门前，并在那里点燃圣火台。紧接着这位年轻人要带着火炬跑到城市宫前，在那里的"万国旗帜坛"上点燃第二处圣火。

一支名副其实的轿车车队已经准备就绪，这支车队将要载着国际奥委会的代表和其他贵宾沿着威廉大街驶向元首府邸。亨利·德·巴耶 - 拉图尔真诚地对希特勒表达了谢意，因为德国人如此地热情好客。对方简短地进行了答复，并且强调了奥运会各民族友好的比赛性质。14 时的日程上简短地写着：点心。

15 时至 15 时 07 分，希特勒的客人们离开了府邸去往奥运会场。车队从威廉大街转入"凯旋大街"。这条长足十一公里的大街，东至露斯特花园，西至奥运会场，奥运组织者称其为"凯旋大街"。在古罗马，凯旋仪式②用于庆祝将军的胜利归来，而在柏林，希特勒乘着他的敞篷梅赛德斯，经此畅行至运动

---

① Fröhlich (Hrsg.), *Die Tagebücher von Joseph Goebbels*, Teil I, Bd. 3/II, S. 146.

② 凯旋仪式（拉丁语 triumphus）是古罗马授予取得重大军事成果，特别是那些赢了一整场战争的军事将领的庆祝仪式。对于统治罗马的贵族而言，凯旋仪式是最大且最受欢迎的荣耀。

柏林，1936年夏。十万名围观者每天都围在街边等待着
阿道夫·希特勒的经过。

场观看奥运，这运动场也跟古罗马竞技场有着异曲同工之妙——面包与马戏①。

全程的道路都被巨大的纳粹"卐"字旗和奥运旗围住，并且由四千冲锋队士兵守卫。夹道的士兵身后站了十万的围观人群，全都期待着这非同寻常的一刻，也就是 15 时 18 分的日程计划：元首出发前往奥运会场。

同样站在人群里的，还有 35 岁的美国作家托马斯·沃尔夫②。这位年轻男士被朋友们称作汤姆，他来自美国北卡罗来纳州的阿什维尔，不久前才到达柏林。沃尔夫身高近两米，体重 120 千克左右，着实是位可敬的巨人，而且的确很难被人忽视。别人也许会以为他是推铅球的，其实差远了。沃尔夫是位作家——还是特别著名的，他的处女作《天使，望故乡》的德文译本在 1932 年由罗沃赫尔特·韦尔拉格出版社出版。实际上，罗沃赫尔特·韦尔拉格出版社是凭借出版《天使，望故乡》开始广受关注的。评论家们热衷于表达对这位来自"新世界"的作家的意见，而短短几年间就有整整一万本样书出现在书店柜台上。

1926 年底，沃尔夫第一次来到德国，他在斯图加特和慕尼黑待了两星期，自此他几乎每年都要过来待一段时间。1935 年他第一次来到柏林，这里给了他一种感觉，他将其倾诉给了他的笔记本："这种感觉我可能一生都体验不到了。

---

① 指肤浅的娱乐。此处暗讽希特勒的愚民政策。
② 美国小说家。一生共创作四部长篇小说，还有许多短篇小说、戏剧和中篇小说。

这是确信自己第一次踏入了真正的世界知名大都市的感觉。"接下来在德意志帝国首都的几周里，沃尔夫都是在一种独特的恍惚感中度过的："一阵狂野、奇妙、难以置信的旋风中，翻滚着派对、茶会、晚宴、晚间酒会、报社采访、广播节目、摄影展，等等。"①

沃尔夫对于柏林的感觉大概就是通常人们说的"一见钟情"。柏林实际上是独裁统治的中心，政治对手遭到追捕、囚禁与杀害，而沃尔夫对此似乎并无兴趣——或者说目前还没有。现在这位美国人正忙着称赞德国人是"我在欧洲所见过的最为正派、最为友善、最为热情、也最为真诚的民族"。②

1935 年 6 月中旬，沃尔夫离开这座位于施普雷河畔的城市时，他无比确定，有机会还会再来。现在时机到了——1936 年 8 月。因为沃尔夫在这段时间里又在罗沃赫尔特出版了一本小说《时间与河流》，他正需要来为它做宣传。同时恰逢奥运会在柏林举办，这又给了这位美国人一个好理由登上穿越大西洋的航船。

沃尔夫住在动物园酒店——就像过去几年一样，尽管这家酒店不属于那种最高档的，却显现出独特的优越性。动物园酒店很舒适，不像阿德龙、布里斯托尔或伊甸③那般装腔作势。他尤其看重的是这家酒店的地理位置，它位于选帝侯大街。对于勃兰登堡门——阿德龙的所在地，他又有什么看法呢？选帝侯大街才是柏林。沃尔夫每次离开酒店，向左瞥就能看见威廉皇帝纪念教堂④，他觉得这是有魔力的瞬间。于是柏林的魔力深深地打动了他，使他察觉到，对这座城市他已无法自拔。选帝侯大街上一家挨着一家地排列着咖啡馆、餐厅和酒馆，不仅如此，沃尔夫觉得整个选帝侯大街就是一家咖啡屋。"人们在选帝侯

① Richard S. Kennedy und Paschal Reeves (Hrsg.), *The Notebooks of Thomas Wolfe*, Bd. 2, Chapel Hill 1970, S. 748.

② Thomas Wolfe an Maxwell Perkins, 23. 5. 1935, in: Elizabeth Nowell (Hrsg.), *The Letters of Thomas Wolfe New York* 1956, S.460.

③ 柏林一家酒店名。

④ 威廉皇帝纪念教堂（Kaiser-Wilhelm-Gedächtniskirche）是位于德国首都柏林的一座教堂，由德意志帝国皇帝威廉二世下令建造，以纪念德意志帝国的首任皇帝威廉一世大帝。

大街的树荫下漫步，咖啡店的露台上坐满了人，这个金光灿烂的日子里闪耀着的空气，如同让人不禁摇摆身体的音乐一般。"[1]托马斯·沃尔夫丝毫不想住在柏林的其他地方，只有这里吸引着他。

而现在沃尔夫正像许多人一样站在"胜利大街"上等待着。"元首闪闪发光的车子缓缓地接近，"他回忆道，"他笔直、纹丝不动地站着，没有一丝笑意，他是一个短小精悍、气质沉郁的男人，蓄着歌剧式的小胡子，他举起胳膊，手掌向外翻转，这不是通常的纳粹礼，而是向上举起，摆出佛祖或是救世主的赐福手势。"

13时整，奥运会场的大门开启。之前等在门外的观众约有十万人，来自世界各地，到15时30分为止，他们将在场内拥有一席之地。246米长的齐柏林飞船"兴登堡号"（迄今最大的飞行器之一），此刻正环绕会场上空飞行，下方会场中奥运交响乐团正以一场庆典音乐会为现场助兴。节目单上除了弗朗茨·李斯特[2]的华丽乐章《前奏曲集》，还有在"第三帝国"不可或缺的理查德·瓦格纳[3]的《名歌手》[4]序曲。奥林匹克钟楼显示的时间是15时53分，安置在通透高处的小号手和长号手此时突然奏响军乐。七分钟后——16时整——阿道夫·希特勒在国际奥委会成员的陪同下经过塔楼处的阶梯进入会场。军乐声渐止，乐团奏响瓦格纳的《致敬进行曲》。这首瓦格纳为纪念皇帝路德维希二世[5]所作的进行曲，应该算是这位作曲家最差的作品之一，更是一首单调得有些尴尬的曲子，组织者们却毫无异议地全盘接受。这种场合曲名比曲子本身重

---

① Thomas Wolfe, *Es führt kein Weg zurück*, Ber- lin 1963, S. 604.

② 匈牙利作曲家、钢琴演奏家，浪漫主义音乐的主要代表人物之一。

③ 德国作曲家，以歌剧闻名。理查德·瓦格纳不同于其他的歌剧作者，他不但作曲，还自己编写歌剧剧本。

④ 即《纽伦堡的名歌手》（*Die Meistersinger von Nürnberg*），是由理查德·瓦格纳所作之三幕歌剧，亦是当今世上最流行及最长的乐剧剧目，通常需五小时完成。

⑤ 维特尔斯巴赫王朝的巴伐利亚国王（1864—1886年在位）。路德维希二世，在巴伐利亚的历史中一直被认为是最狂热的城堡修建者，特别由于他对新天鹅堡的修建，在民间被称为"童话国王"。

要：为了向阿道夫·希特勒致敬！他此刻正如一位罗马大将军，缓缓穿过会场，走向他的贵宾包厢。中途这位元首要稍作停顿，这时奥组委秘书长卡尔·迪姆5岁的女儿谷德朗手捧一束鲜花站在前面。小朋友大概说了一句"向元首致敬"。她的爸爸看起来和希特勒一样惊喜，声称此前对这个小插曲毫不知情。

希特勒走进包厢的时候，乐团开始演奏纳粹党人所要求的"双颂歌"，这首曲子分别由《德意志之歌》①和《霍斯特·威赛尔之歌》②的第一节组成。会场的旗杆上升起了比赛参与国的国旗，奥运的钟声越过五月广场③传进比赛场地。接下来是运动员队入场——首先入场的是希腊队，德国队则最后入场。相比英国队受到观众的冷遇（戈培尔在日记里写道："有点尴尬"），法国队却激起了观众雷鸣般的掌声，因为他们举起右手向大家致意。"伟大之国"④的代表事后解释说，这并不是因为他们"向希特勒致敬"，而是一种不分国界的奥运问候。至少会场里的人们肯定认为法国人是在行"希特勒礼"。

希特勒右侧的座位上坐着亨利·德·巴耶-拉图尔，左侧是一位年长的绅士，约瑟夫·戈培尔很可能把他也当成跳蚤马戏团团长，那就是特奥多尔·莱瓦尔德，奥组委主席。这位75岁的法学家及体育部官员，是除他的秘书长卡尔·迪姆之外，第十一届奥运会的主要驱动力。没有莱瓦尔德和迪姆，就没有这次柏林奥运会。但同样，阁下——人们这样尊称莱瓦尔德——任由纳粹党人利用也是事实。因为特奥多尔·莱瓦尔德先生根据纳粹的说法，是一个"半犹太人"⑤。在奥运会的策划过程中他又给自己指定了一个"无罪犹太人"的身份：他充当了一块招牌，为了向全世界公众证明，政权对比赛不加干涉。实际上，莱瓦尔德剩下的日子已经屈指可数了。但是在他被迫下台以前（这也是早

---

① 《德意志之歌》（*Das Deutschlandlied*）是德意志联邦共和国的现行国歌。

② 《霍斯特·威塞尔之歌》（*Horst-Wessel-Lied*）是从1930年到1945年的纳粹党党歌，也是从1933年到1945年在《德意志高于一切》（*Deutschland überAlles*）之外的另一首德国国歌。

③ 柏林奥林匹克运动场西侧一片草坪。

④ 此处指法国。

⑤ 即祖父母为犹太人。

已决定的事），这位阁下依然能够履行他的职责。

17 时刚过，莱瓦尔德走到麦克风前，进行了长达十五分钟的致辞。他一定仔细考虑过应该怎样开始演讲。莱瓦尔德本可以以"尊敬的帝国元首"开场，这也是符合外交礼节的；他也可以问候亨利·德·巴耶 - 拉图尔及其他重要的奥运人士；还可以向在场的各国大使表示欢迎。简而言之，他本可以用符合外交惯例的方式开始他的讲话。但特奥多尔·莱瓦尔德却选择了非常简短的开头——"我的元首！"此外无他。

莱瓦尔德致辞结束后，轮到希特勒发言。这位独裁者经场前的巴耶 - 拉图尔提醒，要用一句话来为比赛拉开序幕。接下来希特勒应该回答了："伯爵，我会尽力记住你的话的。"① 说比做要容易。他没有用官方版本（"我宣布柏林第十一届现代奥林匹克运动会正式开幕"），而是用了一种显露他奥地利血统的语法表达："我做出柏林第十一届现代奥林匹克运动会开幕的宣布。"② 这是他今天在公开场合说的唯一一句话。

现在，奥林匹克旗帜升起，礼炮打响，大约两万只和平鸽飞向柏林的天空。理查德·施特劳斯此时坐在交响乐团旁的一把椅子上，跷着二郎腿，给人一种无所事事的印象。有人对他耳语，说演出就要开始了。施特劳斯于是起身，登上指挥台，于 17 时 16 分指挥起奥林匹克钟楼处的吹奏乐手。一小段军乐乐曲在运动场内回响，接着全体交响乐团加入演奏。奥林匹克交响乐团由柏林爱乐乐团和柏林地区交响乐团组成，合唱团则是由不同的小乐团拼凑在一起的，共有三千位男女歌者。约瑟夫·戈培尔被这首《奥运颂》打动了。"这首曲子真是绝妙，"一次试奏后他便欣喜不已，"小孩都能作曲。"③ 话虽如此，阿道夫·希特勒也对施特劳斯相当满意。他当时希望与施特劳斯短暂会面，授予他副官一职。

---

① Alle Welt ist begeistert. Die Boykott-Bewegung gegen Hitlers Olympiade 1936 in Berlin scheiterte, in: *Der Spiegel*, Nr. 5/1980, S. 123.

② 奥地利惯用的不同动宾搭配表达。

③ Fröhlich (Hrsg.), *Die Tagebücher von Joseph Goebbels*, Teil I, Bd. 3/II, S. 112.

对于这一点，施特劳斯的夫人保莉妮在日记里简要地写成"与希特勒握手"。[1]

观众们应接不暇。施特劳斯正从他的指挥台上往下走时，火炬手就到达了会场的东门，他携带奥运圣火跑完了从露斯特花园到运动场的最后一段路程。火炬手沿着跑道跑到西门处点燃了那里的大型圣火台。下一个环节同样十分具有象征意义。1896年雅典奥运会的马拉松冠军史比利廷·路易斯[2]献给希特勒一根来自奥林匹亚的橄榄枝。仪式接近尾声，现在将要进行奥运宣誓。运动员代表，德国举重运动员鲁道夫·伊斯梅尔诵读誓词，他拿着德国国旗，而并非奥运旗。亨利·德·巴耶-拉图尔觉得这会有损奥运礼仪，可在这种场合他又能做什么呢？

至此，开幕仪式几近结束。18时16分阿道夫·希特勒离开会场前，作为最后一个环节，场中响起出自格奥尔格·弗里德里希·亨德尔[3]的宗教剧《弥赛亚》的《哈利路亚》。当合唱团唱响"他要作王，直到永永远远；万王之王，万主之主"时，波兰驻德大使约瑟夫·利普斯基小心翼翼地轻敲亨利·德·巴耶-拉图尔的肩膀。"我们可得当心这个民族了，他们竟然这么搞活动，"利普斯基对伯爵耳语道，"这个国家的战时动员肯定也会像奥运一样，毫无阻碍地顺利进行。"[4]

奥地利驻德特使斯蒂芬·陶施茨也同样忐忑不安，因为他要报道这场开幕庆典。他在给维也纳外事处的信中写道："一位现居柏林的前奥地利军官在会场里，坐在奥地利贵宾席，就像他对我说的那样，他在德国从未见过这么狂热的人群，他坐在奥地利人中间更是有这种感觉，因为那些'致敬希特勒''胜利万岁'的呼喊声对于奥地利人，尤其对女人来说，都已不再是呼喊了，而是此起彼伏的沙哑的嘶吼，这声音简直已经达到了极致。一位来自维也纳的年长游客，坐在这位军官附近，抱怨自己没能看到希特勒，因为希特勒入场的时

---

[1]　Franz Trenner (Hrsg.), *Richard Strauss. Chro- nik zu Leben und Werk*, Wien 2003, S. 573.

[2]　现代马拉松第一位冠军，生于雅典附近的马罗西。

[3]　英籍德国作曲家，创作的作品类型有歌剧、神剧、颂歌及管风琴协奏曲，代表作为《弥赛亚》《阿尔米拉》。

[4]　Zit. nach: Alle Welt ist begeistert , S. 116.

候，夺眶而出的泪水模糊了他的视线。"①

　　柏林警察局通告："施耐德·瓦尔特·哈尔福，生于 1890 年 3 月 12 日，家住吕措街 45 号，可能在奥运开幕庆典途中对妻子说过'现在他们也该像暗杀英国国王那样，去刺杀元首'。如果能够找到这一指控的可靠证人，将实施对哈尔福的逮捕。"②

　　① Stephan Tauschitz an Guido Schmidt, 5. 8. 1936, ÖSTA/ADR, Neues Politisches Archiv, Politische Berichte Berlin, Nr. 176/1936.

　　② BAB, NS 10/51.

1936 年 8 月 2 日
星期日

帝国天气预报，柏林地区：

多云为主，短时伴随轻微降雨，

气温变化不明显，微风。19摄氏度。

东尼·凯尔那是一位多疑的女人。她一踏进自己在夏洛腾堡区特格尔大街9号的单间房，就马上锁紧身后的门，保险起见，她又上了一道锁链。乔安娜·克里斯特4月起就住在她对面的屋里，但是几个月以来她几乎没见过住对门的人。唯一一次她听见楼道里有声音，就从门镜里偷瞄了一眼。她瞥见一位体形丰满的女人，身着长外套，戴着一顶过时的帽子。短短几秒，这位陌生女子就再次消失在她紧锁的门后。

东尼·凯尔那鲜有客人来访。她30岁未婚的女儿凯西时不时会来看望她，东尼将她描述成一个真挚却死板的人。后来凯西小姐在审讯中说，她这是为了保留自己小小的仪式。比如她一早起来，第一件事就是去撕放在洗手台上的日历。另一位可能来访的人叫作安娜·施密特，是东尼·凯尔那从前一位同事的遗孀。施密特说，东尼·凯尔那跟她仅有的几位熟人约定了暗号，只有来访者敲三下信箱开口的黄铜盖子，她才会开门。但是东尼·凯尔那何必这么缩手缩脚呢？她到底怕些什么？

东尼·凯尔那是位变性人，1873年6月以埃米尔·凯尔那的身份出生。他——或是说她，很早就觉得自己被关在了错误的身体里。埃米尔成为一名巡警，然后结婚了——纯粹出于走投无路。他会趁妻子不在家时，偷偷穿她的连衣裙。这场婚姻以失败告终，后来埃米尔也辞去了警察的职务。他从这巨大负担中解脱出来后，申请了所谓的"跨性别证"，借此他得到了穿女装的许可和普鲁士司法部授予的中性名字，从埃米尔变成东尼·凯尔那，同时也从巡警变成一位有秘密的女人。她去定制了自己的套装，并且从此以后以私家侦探的身份工作。这个时候，大家叫她"大波莉"。那几年大概是东尼最美好的时光了。魏玛共和国①时期的柏林盛行一种包容的亚文化，为那些想要打破社会准则去生活、去恋爱的人们开设酒吧、餐馆和聚会地。这一切随着希特勒的上台发生了改变。从此以后，像东尼一样的跨性别者成了同性恋通常怀疑的对象。1935年，纳粹加强了臭名昭著的帝国刑法第175条②，将执法的中心转向反同性恋和反堕胎。跨性别者如今被纳粹的风纪管理者视为怪胎。只有能够证明异性恋身份的跨性别者，才能够沿用魏玛时期的跨性别证。难怪东尼·凯尔那这么害怕——怕她的邻居们，怕在街上玩耍的希特勒青年团团员，更怕特格尔路上定期巡行的冲锋队员。

很长一段时间以来，东尼·凯尔那都觉得很不舒服，也许她的心脏出问题了，也许还有哮喘——她只能这样推测，因为她不敢去看医生。在她生命的最后一天，东尼穿了一件女式衬衫、一条女式短裤和长及膝盖的女式系带鞋，那天她的病情突然恶化，最后仰面倒在床上。她的嘴里流出血来，一条动脉破裂了。没有人想起她。直到14天后，邻居们闻到了东尼家里飘来的臭气，备受困扰。一开始警察根本进不去，因为东尼·凯尔那一如既往地给房门上了好儿道锁。人们叫来消防员，他们通过厨房窗户进到房间里，东尼·凯尔那洗手台上的日历上写着星期日，1936年8月2日。

约瑟夫·戈培尔偏偏从他的死对头阿尔弗雷德·罗森堡③那里得知了妻子的出轨。"那天晚上玛格达承认了，对方就是吕德克，"戈培尔在日记里写道，"这让我十分消沉，她一直都在对我说谎。信任已经不复存在了。一切都糟透

---

① 魏玛共和国（Weimarer Republik）指1918年至1933年采用共和宪政政体的德国，于德意志帝国在第一次世界大战中战败、霍亨索伦王朝崩溃后成立。由于这段时间施行的宪法是在魏玛召开的国民议会上通过的，因而得此名称。其使用的国号为"德意志国"（Deutsches Reich）。

② 男同性恋有罪化的法律条款。

③ 第二次世界大战中纳粹德国的一名重要成员，为纳粹党党内的思想领袖。他是纳粹党最早的成员之一（他在1919年1月加入纳粹党前身德国工人党，希特勒同年10月加入）。

了。不去妥协就没法好好生活，这正是恐怖之处！"①尽管玛格达的外遇已经是三年前的事了，但这件事在政治层面上对戈培尔来说还是很难堪。他的妻子恋爱大冒险所选的对象简直不能再尴尬了，库尔特·格奥尔格·吕德克②，他是纳粹党的初期成员，一个轻浮的家伙。他是花花公子、小白脸、伪君子的集合体，但阿道夫·希特勒多次派吕德克去执行棘手的特殊任务。吕德克曾在美国住过几年，他曾试图向亨利·福特③争取资金以支持当时资金短缺的纳粹党，他还曾在罗马拜访了贝尼托·墨索里尼④。他总是一再触犯法律，他引诱富家女子，然后敲诈她们。希特勒上台后，吕德克希望能够分一杯羹，却事与愿违，被关押起来。他这种人树敌颇多。1934 年，吕德克终于得以脱逃至美国，并开始写作一本关于希特勒统治内幕的备忘录。约瑟夫·戈培尔现在惴惴不安：若是这位"菲利克斯·克鲁尔"⑤把玛格达的外遇也一并披露，后果不堪设想。

埃纳·拉克尔和维利·拉克尔都是非常质朴的人，她们通过做女工维持生计。拉克尔一家住在克佩尼克区温顿施洛斯街 212 号一所简陋的住宅里，这里住着 60 位房客，空间狭小，后院昏暗，卫生间都在半截台阶上。埃纳和维利要跟梅尔一家人（丈夫是管道工人，妻子是家庭主妇）、裁缝拉比和寡妇莱曼同住。可以想到，温顿施洛斯街在柏林是个不值一提的地方，而且它离那条尽是时髦咖啡厅、酒馆和商店的选帝侯大街非常远。克佩尼克区显然更接地气：路易丝·布尔特辰在温顿施洛斯街 202 号经营着她的洗衣小店，旁边是油毡

---

① Fröhlich (Hrsg.), *Die Tagebücher von Joseph Goebbels*, Teil I, Bd. 3/II, S. 147.

② 热情的纳粹党人，一位花花公子，纳粹党早期成员。

③ 亨利·福特（Henry Ford，1863—1947）是美国汽车工程师与企业家，也是福特汽车公司的建立者。

④ 贝尼托·阿米尔卡雷·安德烈亚·墨索里尼（Benito Amilcare Andrea Mussolini，1883—1945）是一位意大利政治家、记者、思想家，曾任意大利王国第 40 任总理，同时也是法西斯主义的创始人之一。

⑤《骗子菲利克斯·克鲁尔的自白》（*Bekenntnisse des Hochstaplers Felix Krull*）是德国小说家托马斯·曼最后一部未完成的长篇小说，小说内容以菲利克斯·克鲁尔撰写回忆录的方式叙述他招摇撞骗的一生。

工艺股份公司的出货部，218 号则是亚硝酸盐厂。男人们下班以后都聚在伯哈德·沃伊克斯酒吧，以便喝上一杯啤酒。

温顿施洛斯街的人们没听说多少关于奥运会开幕式的消息，没有游客会在这里迷路。埃纳本来对体育也不感兴趣，她有别的问题要操心。她已经有很长时间都不太舒服了。25 岁的她身体还很健康，但她有些心理问题。她身上藏着一个秘密。那必定是一个见不得人的秘密，因为她现在不敢相信任何人。她不能对维利说这件事，说不定维利也是问题的一部分——我们无从得知。

可以肯定的是，埃纳今天中午时去了一趟新克尔恩①城铁站。新克尔恩的车站在城铁环线上，这条线路环绕柏林一周。奥运会的第二天，这里不出所料地非常热闹，许多乘客由此前去观看比赛。人们有说有笑，气氛愉快。埃纳穿过候车的人群，站到了第一排去。她站在离铁轨半米远的地方。埃纳只能断断续续地听到车站广播的声音："请注意……环行城铁进站……请退后！"12 时34 分，城铁列车离她只有几米远的时候，埃纳·拉克尔向前迈了一步。

15 时，奥运会场中，女子标枪比赛开始了。有 14 位女运动员参赛，其中有奥蒂莉厄（蒂莉）·弗莱舍、路易丝·克吕格尔、吕迪亚·埃贝尔哈特三位德国运动员，以及奥地利运动员赫尔玛·鲍马。第二轮，蒂莉·弗莱舍就已经掷出了 44.69 米的成绩，超出了洛杉矶奥运会的纪录整整一厘米。三轮之后，蒂莉掷到了 45.18 米，创造了新的奥运会纪录。来自莱茵河畔法兰克福的蒂莉·弗莱舍，是一位屠夫的女儿，她为德国队赢得了第一枚金牌。亚军是路易丝·克吕格尔，铜牌则属于波兰人玛利亚·科瓦斯尼夫斯卡。

颁奖仪式后，阿道夫·希特勒邀请三位女运动员到他的包厢里合影，这种主动索取东道主形象的行为激怒了国际奥委会。但希特勒很清楚照片的影响

---

① 新克尔恩（Neukölln）是柏林的第八区，位于该市的南部，特色是有许多威廉经济繁荣时期风格（Gründerzeit）建筑，移民比重在柏林也是最高的。

力。"在元首的面前我几乎要哭出来了。"[1]一份报纸转述蒂莉·弗莱舍的话。德国各家报社充分利用希特勒庆功的素材，无数张照片里，希特勒、赫尔曼·戈林和帝国体育部长汉斯·冯·查摩尔-欧思登站在24岁的蒂莉身边。这些照片里，她脸上都没有泪水，倒是能看见那颗约有50厘米高的小橡树，那是每位金牌获得者都会额外拿到的奖品。在蒂莉的相册里，她只是干巴巴地写下一行注释"阿道夫+拿着橡树的我"[2]。

胡伯特·冯·梅耶林克出身自传统普鲁士军官及公务员家庭，本应走上军队的职业道路，或是至少成为一名神职人员，但他早年就对戏剧和电影十分着迷。他的昵称"胡比"大概也是他开启军官或是牧师职业生涯的障碍。1936年，梅耶林克在演艺界倒是独树一帜。他梳着油亮的头发，戴单片眼镜，蓄着门吉欧[3]式的胡子，经常出演圆滑的反派、古怪的有钱人、愚蠢的贵族或是殷勤的小人。梅耶林克可以像普鲁士士兵一样打鼾，也可以像狂妄的纨绔子弟一样瓮声瓮气地说话。他的演技在观众中有很好的反响。5月底，他的最新电影在波茨坦大街的普利姆斯宫影院举行首映式。在这部喜剧《命令就是命令》中，他饰演骑兵上尉冯·施拉克伯格———一位轻浮的伪君子，因收取不义之财被免职。

作为影星，梅耶林克是柏林夜生活的常客。他喜欢光顾施利希特餐厅和霍希尔餐厅——在他需要非常讲究的时候，而在安娜·梅恩茨餐厅、玛姆普餐厅，以及小酒馆、西罗酒吧和谢尔比尼也能见到他的身影。但他还是最喜欢在拉丁区度过他的夜晚。那几乎可以说是他最常去的酒吧——如果能够用"酒吧"一词称呼这家名流夜总会的话。位于纽伦堡街拐角和选帝侯大街相交的十字路口处的拉丁区，是帝国首都最高档、消费最高的俱乐部。想要混迹这家俱乐部，

---

① Olympiasiegerin Tilly Fleischer grüßt die Leser der Nachtausgabe, in: *Berliner illustrierte Nachtausgabe*, 2. 8. 1936.

② Reinhard Rürup (Hrsg.), 1936. *Die Olympischen Spiele und der Nationalsozialismus*, Berlin 1996, S. 182.

③ 美国演员，出演过默片及有声电影，代表作有《光荣之路》《巴黎一妇人》等。

男士需要一身西装，女士需要一袭晚礼服，还都要有很多钱。人们都严格遵守着装要求，基本上没有例外，就算是当下最有名的人也不行。在拉丁区是找不出一个穿棕色衬衫或是其他制服的人的。这里的时间看似停留在 1926 年或是 1928 年，但这种印象是不确切的。这家俱乐部绝对不是"黄金二十年代"[①]的残余，它于 1931 年 9 月底刚刚开张，并且将在"第三帝国"时期迎来它的黄金时代。

拉丁区由一个褊狭的、摆着衣帽架的入口和两个重叠相对的房间组成。一间是酒吧，有几张鸡尾酒桌和配套的酒凳；另一间有餐饮区、舞池和乐队表演用的舞台。拉丁区里当然只能听到现场演奏的音乐。

梅耶林克或其他熟客一踏进酒吧，莱昂·亨利·达尤便马上就位。他迎宾，帮一位电影女星脱下皮大衣，把几位商业大亨带到他们的桌子，接受大家的问候。这是因为莱昂·亨利·达尤是拉丁区的老板。这位老板无处不在，飞快地使眼色，很少下命令，他就这样指挥着数量众多的员工。

梅耶林克嘴上说达尤是朋友，但他实际上对达尤知之甚少。据说达尤来自罗马尼亚，也有人说他是从阿尔及利亚或是摩洛哥来到德国的，并且在阿德龙酒店当过舞男。海达·阿德龙——酒店老板的妻子——据说是爱上了这位舞男，拿钱供养他。人们谣传，开这家酒吧的钱也是从阿德龙女士那里来的，但是没有人清楚具体情况。

尽管达尤的来历不为人知，但他的生意显然十分兴旺。他能在选帝侯大街上买得起一所豪华住宅，还置办了一辆奢华的凯迪拉克。他很享受开着他的豪车穿过街道，直接把它停在拉丁区门前。莱昂·亨利·达尤还有个女友：莎洛特·施米特克，不到 30 岁，面容姣好，金发，典型的女模特。施米特克小姐没有工作，却住在选帝侯大街一条侧街上的五居室豪宅。人们听说，支撑这种生活所必要的零花钱来自达尤，但具体的情况，人们又不清楚了。每当胡伯特·冯·梅耶林克问他的朋友达尤私人问题的时候，他就笑笑。达尤不是

---

① 指 20 世纪 20 年代，始于第一次世界大战结束，终于 1929 年华尔街股灾。

在取笑梅耶林克，也不是觉得他好笑，他只是一笑带过这个问题。"啊……"他随后说道，并且为梅耶林克添上一杯香槟。

拉丁区的客人都大有来头，他们像酒吧老板一样捉摸不透。一张桌子旁边坐着的是大名鼎鼎的保拉·奈格里，她刚刚完成了新片《莫斯科—上海》的拍摄。奈格里身着银鼬皮大衣，戴着黑色长手套，她的粉底很白，嘴唇是鲜艳的血红。她看起来就像是现代的卢克雷齐亚·波吉亚[①]。只是她手里拿的不是毒酒，而是她最爱的饮料威士忌（在拉丁区卖到2.25马克——

拉丁区，美女与富人相聚于此。莱昂·亨利·达尤总是适时出现，接待他高贵的客人们。

小菜一碟）。另一桌上，电影导演维利·福斯特和女演员艾尔莎·瓦格纳在闲聊，而在一个角落里聊天的则是女作家拉里·霍斯特曼——施瓦巴赫地区犹太银行家的女儿，以及她的丈夫阿尔弗雷德·霍斯特曼——一位非常富有的艺术收藏家。吧台旁站着的是沃福-海恩里希·冯·海尔多夫，柏林警察局长。这位先生是公认的强权者，他的手上当是沾满了鲜血。但是当人们看到他穿着西装在拉丁区站着喝香槟的时候，是不会想到这一点的。恩斯特·伍德特也是这里的常客之一，他是高级轰炸机飞行员、空军上校，他从来都只是轻呷酒杯，却表现出一副资深爵士乐迷的模样。24岁的出版商儿子阿克塞尔·施普林格每次来到柏林，都会造访拉丁区。年轻的施普林格是个花天酒地的假绅士——拉

---

① 卢克雷齐亚·波吉亚（Lucrezia Borgia，1480—1519）是一名意大利文艺复兴时期的贵族女性，她是罗马教宗亚历山大六世的私生女，母亲为瓦诺莎·卡塔内。有一个谣言说卢克雷齐亚有一个中空的戒指，她用来在饮料中下毒。

丁区非常符合他的品位。他出于保险起见，把妻子玛莎留在了汉堡，他好在柏林忙他的夜生活探险。1936 年 8 月，施普林格频繁地与一位长相标致的智利女子出双入对，据说这位女子是歌手兼演员的罗塞塔·塞拉诺，她不久前定居柏林，随即登上了温特花园剧院的舞台。霍斯特·温特的爵士乐队在奥运会期间活跃于拉丁区，他可以观察施普林格和他的女伴，他们整夜缠绵地跳舞。"有一天晚上，他俩手挽着手来了，"温特事后回忆道，"大家谣传这一对殉情、恋情不顺之类的，但这些似乎都是人为编造的。"①

　　莱昂·亨利·达尤知道他的客人们大大小小的秘密，却保持沉默。谨慎是最高准则。偶尔他也放松警惕，参与一下八卦的狂欢。于是拉丁区就会上演这样一幕——这家"第三帝国"高档的娱乐场所里平时不太可能上演的一幕：比如说 1935 年几个常客来到俱乐部，大家互相都认识，达尤请他们喝了白兰地。客人们一个接一个地，或多或少都喝醉了。一位女士突然跳起来，走进舞池亢奋地跳起了舞。为了方便活动，她拉高了裙子，但它却一直往下滑。达尤发现了这个问题，就干脆上台把她的裙子给脱了。演员恩斯特·杜姆克坏笑道："小姐，我们要报警了，你露得太少了。"这位女士没有让人们久等。"后来这位女士又脱了衬衣，脱得一丝不挂。"目击者回忆道，"王子奥古斯特·冯·霍恩洛厄殿下②后来还拿这桩奇闻当把柄，要挟这位女士和他小跳一支舞。然后达尤先生就心血来潮地拿了一个酒杯，跪下来，把它从身后举在这位女士两腿之间。他大概是要暗示这位女士把杯子尿满。他站起来，假装喝掉玻璃杯里的东西。"这时候达尤似乎丢掉了他的矜持，他走向一直在演奏的乐队，从乐手手里拿走了黄瓜状的伦巴鼓。"达尤把这个乐器夹在两腿之间，让它看起来像巨大的生殖器，然后他走到还在和杜姆克先生跳舞的这位女士身后，做起了模拟性交的动作。"③

---

　　①　Horst Winter, *Dreh dich noch einmal um. Erin- nerungen des Kapellmeisters der Hoch- und Deutschmeister*, Wien 1989, S. 26.

　　②　指这位男演员曾饰演的角色。

　　③　Vernehmung Hanns Curth,LAB, A Pr.Br.Rep. 030-02-05 Nr. 20.

拉丁区就是座火山，客人们都在山崖上跳舞。每天都有几个小时，仿佛"第三帝国"并不存在。莱昂·亨利·达尤有些草率了，而他不去承认那些风险。他的脖子上已经套好了绳索，奥运期间绳索就会拉紧。

柏林警察局通告："根据亲卫队分队长海德里希的指示，今日起奥运期间的持信号牌警察应分配任务，每天向秘密警署发回 4 份信息报告。经确认，公安司令部的葛尔士上尉的信息报告存疑。他拒绝上交 4 份报告，借口技术上无法做到，由此命令中的任务分配无法完成。"[①]

---

① BAB, R 58/2322.

1936 年 8 月 3 日
星期一

帝国天气预报，柏林地区：

多云，可能伴随阵雨，

微风，气温上升。21摄氏度。

玛莎·卡莱考①作为一名女作家，也许还没有托马斯·曼②那样出名，后者在七年前获得了诺贝尔文学奖，但她年仅 27 岁就已经小有名气。人们说她在德语文学界的发展充满希望，还是不久以前的事。知名的报纸争先刊登她的诗，那些诗灵动而饱含温存的忧伤，绝妙地捕捉了 20 世纪 30 年代初的生活体验。它们多涉及人与人之间深刻的交流、恋情的开始与终结，以及大城市生活。玛莎的一首诗《次日清晨》这样写道：

　　　我们醒来了。
　　　阳光只是淡淡地，
　　　穿过细长的灰色窗叶。

　　　你长长地打了个哈欠……我老实地承认：
　　　那不太好听。——现在我似乎
　　　明白了，夫妻没有炽烈的爱情。

　　　我躺在床上。你照着镜子，
　　　默不作声地专心刮着胡子。

　　　你抓起梳子和发蜡。

---

① 20 世纪著名德语犹太女诗人，生于加列戈斯（今波兰），代表作《诗歌的速记本》。
② 保罗·托马斯·曼（1875—1955），德国作家，1929 年获得诺贝尔文学奖。

我静静地看着你。

你身上有已婚男人的标记，

就是书里写的那一种。

我突然间忧虑甚多！

——这间屋子、你、那束半枯的花，

我们昨夜喝空了的玻璃杯，

我们吃剩的糖渍水果，

一切都在清晨改变了模样。

吃早餐时

你一声不吭。（只顾着吃小面包）

——这很养生，却不太美好。

我看着你嘴唇的朱红，

看着你把黄油面包浸入咖啡——

就是死我也不会渴望这些！

我换好衣服。你审视着我的双腿。

——闻起来就像喝下太久的咖啡。

我走到门前。

我九点上班。

我预感到许多……但我只是说了一句：

"我觉得，我现在就该去……" ①

---

① Mascha Kaléko, Der nächste Morgen, aus: dies., *Das lyrische Stenogrammheft*. Kleines Lesebuch für Große, © 1978 Rowohlt Ta- schenbuch Verlag GmbH, Reinbek bei Hamburg, © digitale Rechte: 2015 dtv Verlagsgesellschaft, München.

　　玛莎的日常诗歌很受欢迎——即使是纳粹上台之后。1933 年 3 月，罗沃赫尔特出版社出版了她的诗歌选集。这本诗集如此畅销，以至 1934 年 12 月又接着出了另一本。然而，不知何时，帝国作家协会的领导发现玛莎是犹太人。她从充满希望的新生代作家变成了"第三帝国"被唾弃的女诗人。就好像一切都不够糟似的，玛莎的私生活也波澜四起。总之，1936 年 8 月，这位女作家陷入了一场真正的生存危机。

　　今天玛莎很匆忙。她拿了那串钥匙，关好身后的房门，从楼梯上走下来。每次她离开这栋楼，她首先看到的都是北威尔默斯多夫税务局。这家机构在街的正对面——显得冷酷、乖张，维持着税务局应有的样子。玛莎在吕岑堡大街32 号住了不到一年，对于这幢灰楼已经司空见惯。但现在她根本无心张望，因为玛莎正有急事，心中满怀欣喜的期待。玛莎向右边走出几米，横越撒克逊大街，又走了几步，最终来到吕岑堡大街 35 号的那座房子。那里又是一个行政处，即 W15 区邮局。她站到邮局待取信件交付处，说了自己的名字，片刻后拿到了一封信。几周以来都是如此。多数时候业务员交给她的都只是一封信，但是如果玛莎没去邮局，信件就会堆积起来，下次去的时候就会拿到小小的一堆。玛莎从来没有想过，定期去一所充满油毡味的邮局会令自己这般着迷。但对于吕岑堡大街这所邮局正是如此，因为玛莎·卡莱考能在这里拿到她的倾慕者的来信。对此，卡莱考先生该怎么想呢？

　　"暂时为玛格达所束缚，"戈培尔的日记里写道，"这也是最好的。"[1] 戈培尔转而投身于工作，接待众多的来访者，其中就有意大利王储翁贝托[2] 及其夫人、意大利大臣迪诺·阿尔菲、英国外交官的夫人萨丽塔·范西塔特（"顽固女"），以及几位女演员。这位部长总归是享受女性的青睐的。尽管戈培尔对妻子态度冷漠，吕德克的事情仍然在他脑海里挥之不去。他不断问自己，玛格达怎么会

---

　　① Fröhlich (Hrsg.), *Die Tagebücher von Joseph Goebbels*, Teil I, Bd. 3/II, S. 148.

　　② 翁贝托二世（Umberto II，1904—1983），即萨伏依亲王，意大利末代国王。1946 年意大利公投废除君主制，在位仅一个月便被迫退位。

那么轻浮，去跟吕德克这种可疑的家伙交往。

　　戈培尔因为他的妻子而卷入政治漩涡已经不是第一次了。34 岁的玛格达是个有故事的女人。乔安娜·玛丽亚·玛格达勒娜，于 1901 年在柏林的克罗伊茨贝克出生。她的家庭关系紧张且混乱：奥格斯特·贝伦德——玛格达的母亲，在女儿出生时 22 岁，并且刚刚开始在比洛街一户富人家做女佣。玛格达的父亲不知是谁，至少她的出生证上没有填写生父。奥格斯特日后声称，富有的巴特戈德堡① 建筑工头奥斯卡·里切尔是玛格达的父亲，他甚至娶了奥格斯特，后来离婚了。但那并不是事实——奥格斯特·贝伦德从来都没跟奥斯卡·里切尔结婚，玛格达直到 1931 年 10 月底才得知这一点。"玛格达坐在那里，很受打击，"戈培尔在日记里写道，"她从母亲那里得知，她从未跟自己的父亲结婚。玛格达之前却什么都不知道，现在她很绝望。"② 然而事实对于玛格达来说更加糟糕：里切尔也并不是她的父亲。

　　真相相当复杂。奥斯卡·里切尔，工厂主之子，雄心勃勃；奥格斯特·贝伦德，出身卑微的年轻女子。他们或许在时髦的巴特戈德堡莱茵德雷森酒店相遇，奥格斯特要在那里做一个季度的女侍。显然两位有了亲密接触，因为奥格斯特把腹中将要出生的胎儿说成是他的——里切尔的孩子时，他没有一丝怀疑。他心甘情愿，每月给她 300 马克，并在几年后资助玛格达的学业。然而里切尔所不知道的是，这个小女孩的亲生父亲不是他，而是生于 1881 年的商人理查德·弗里德兰德尔，他于 1908 年 12 月刚跟奥格斯特结婚。理查德·弗里德兰德尔的官方户口上证明了玛格达是他的女儿。这就是玛格达家令戈培尔畏惧的真相：玛格达有一位犹太父亲。

　　没有人清楚，奥斯卡·里切尔和理查德·弗里德兰德尔何时看穿了奥格斯

---

　　① 波恩的一个行政区。

　　② Elke Fröhlich (Hrsg.), *Die Tagebücher von Joseph Goebbels*, Teil I, Bd. 2/II, München 2004, S. 133.

特脚踏两条船的伎俩。总之，德国共产党[①]中央机关报《红旗报》[②]，自 1931 年 12 月起也不再质疑玛格达的血统。"从出生之日起，她就姓弗里德兰德尔，"这份报纸讥讽道，"这个不怎么雅利安的姓，和她丈夫那张纯种雅利安人的脸很是般配。我们不会去把犹太人吃了，但是戈培尔娶了一个天生的犹太人，纯属一种供人消遣的说法。"[③]

戈培尔要求他的《进攻报》[④]对其报道立即进行修改，但他心里仍暗暗怀疑玛格达的生父身份。他已然察觉到，他组建了一个麻烦的家庭。他的岳母觉得他是个"差劲的人"，这让他感到"恶心"，同时他还觉得里切尔就是个"无赖和可怜的伪善者"。1934 年 6 月，他"从玛格达那里得知了一件可怕的事"。戈培尔过于震惊，甚至没敢把他听到的东西写下来。他检查着自己的日记，在模棱两可的浮光掠影之中得到宽慰。"可怖的场景。我很受震撼。"最后写道，"我们的内心已经相互分离。"[⑤]这个时候戈培尔是否知道，理查德·弗里德兰德尔是玛格达的生父呢？

再让时间回到 1936 年 8 月。也许刚才约瑟夫·戈培尔再次想到了他可爱的家庭——想到他的岳母、奥斯卡·里切尔或是理查德·弗里德兰德尔。现在或许还有玛格达和那个吕德克的外遇。戈培尔在日记里写道："我这次需要很长时间恢复。"[⑥]那恰好持续了三天。

帝国每日记者会指示节选："各家报社应当明确指出，柏林依然有足够的

---

① 德国共产党（Kommunistische Partei Deutschlands），简称德共（KPD）。1918 年 12 月 30 日，斯巴达克同盟联合不来梅左派创建了该党。党报为《红旗报》。

② 《红旗报》于 1918 年 11 月 9 日在柏林创刊，每日出版。1933 年希特勒上台后，《红旗报》被迫转入地下秘密出版。

③ Wir gratulieren, Herr Goeb- bels!, in: *Die Rote Fahne*, 18. 12. 1931.

④ 纳粹党报，1927 年创立。

⑤ Elke Fröhlich (Hrsg.), *Die Tagebücher von Joseph Goebbels*, Teil I, Bd. 3/I, München 2005, S. 67.

⑥ Fröhlich (Hrsg.), *Die Tagebücher von Joseph Goebbels*, Teil I, Bd. 3/II, S. 147.

空房可供住宿，既可留宿一日也可留宿两日。"①

　　时下的红人名叫埃里希·博西梅尔——至少对于阿道夫·希特勒来说是这样。或许奥运会场中的十万观众中，绝大多数人不是这么想的，他们心里的巨星另有其人：杰西·欧文斯②，22 岁，来自美国亚拉巴马州奥克维尔的顶级跑步运动员。预选赛、四分之一决赛及半决赛过后，今天 17 时，万众期待的男子百米短跑决赛终于提上日程。63 位运动员中 6 位跻身决赛阵容——他们是世界上跑得最快的几个男人。杰西·欧文斯被看作夺冠热门，然而，希特勒的期望落在德国运动员埃里希·博西梅尔身上。

　　整个奥运会场的视线都集中在起跑线上，这时 6 位顶尖运动员都已到达起跑线。根据赛道抽签结果，杰西·欧文斯跑最内道，外侧依次是瑞典的伦纳特·斯特兰德伯格、德国的埃里希·博西梅尔、荷兰的马蒂纳斯·欧森达普，以及分列第五道和第六道的美国运动员弗兰克·怀科夫、拉弗·梅特卡夫。

　　弗兰茨·米勒穿了一身白色长罩衫，看起来就像一位牙医或是一家生意不错的药店老板，但那差远了：米勒是短跑比赛的起跑发令员，他这样的发令员可谓独一无二。这个可爱的人再次向每位运动员说明了起跑指令。柏林奥运会采用了蔡司公司③和爱克发·吉华集团④特地为此研发的计时摄影设备。米勒通过

---

　　① Hans Bohrmann und Gabriele Toepser-Ziegert (Hrsg.), *NS-Presseanweisungen der Vorkriegszeit. Edition und Dokumen- tation*, Bd. 4/1936, München 1993, S. 830.

　　② 詹姆斯·克里夫兰·杰西·欧文斯（James Cleveland Jesse Owens，1913—1980）是一位广受欢迎的美国非洲裔田径运动员和民权运动领袖，现代奥林匹克史上最伟大的运动员之一。他参加了德国举办的 1936 年夏季奥林匹克运动会，取得了令人瞩目的 4 枚奥运金牌，分别是男子 100 米、200 米、跳远和 4×100 米接力。

　　③ 卡尔·蔡司公司（Carl Zeiss AG）是一家制造光学系统、工业测量仪器和医疗设备的德国企业。公司的名称来源于它的创始人之一、德国光学家卡尔·蔡司。它由卡尔·蔡司、恩斯特·阿贝和奥托·肖特于 1846 年在耶拿建立。

　　④ 爱克发·吉华集团（Agfa-Gevaert N.V.）是一家欧洲跨国公司，从事发展和制造用于生产、处理、复制影像的类比和数位产品，亦兼从事生产民用摄影器材。总部设在比利时，现于法兰克福证券交易所和泛欧股票交易所上市，曾是布鲁塞尔交易所股价指数（BEL 20）包括的 20 家公司之一。

发令枪信号触发电脉冲，启动计时器和终点摄像机。十分钟后照片便可供裁判员分析使用。

现在不到17时，运动员们都已各就各位。马蒂纳斯·欧森达普似乎相当紧张，在他的起跑处来来回回地小跑着。拉弗·梅特卡夫在起跑处跪下之前，在胸前画着十字。会场中死一般地寂静。随后人们听到了弗兰茨·米勒的声音："各就各位……预备……"发令枪声响彻会场。"想象一下，你跑在燃着熊熊大火的地面上。"欧文斯的教练赛前在他耳边说道。他似乎将此牢记于心。欧文斯在跑步时就好像丝毫不愿触碰地面。

奥运会场中，为使比赛顺利进行，使用了一种当时还不为人知的人力及技术手段。而杰西·欧文斯一举成为毋庸置疑的、备受欢迎的明星。

他沿跑道飞过，很快便处于领先地位。半程的时候，欧文斯已经领先于欧森达普和怀科夫两米。没有人超越他，但是梅特卡夫突然间飞奔着赶上来，与欧文斯展开了惊险的冲刺角逐。10.3秒过后，欧文斯冲过终点线，拉弗·梅特卡夫和马蒂纳斯·欧森达普各晚0.1秒相继到达。埃里希·博西梅尔——阿道夫·希特勒的希望——最终只排名第五。

奥运会场中的欢呼声突破了天际。"杰西·欧文斯！"观众们齐声高呼。接受如此喝彩的欧文斯难以置信地望向场中的茫茫人海，向他的支持者们挥手示意。这时，一种宿醉般的情绪在希特勒的包厢里蔓延开来。希特勒转过身去，对坐在后面的人说了些什么。第二天，官方《奥林匹克报》上写着的，或许是许多希特勒的随行人员都想说的话："尽管我们能够看出外国选手们在半决赛中就已展现出的优势，难道奇迹就不会发生吗？难道32岁的博西梅尔就不能以其意志的力量跻身前三吗？"①显然不能。

关于现在发生的一切的传闻五花八门。据说希特勒拒绝为欧文斯庆功。但这个传闻也许落空了。继运动会第一天，希特勒一意孤行地在包厢里接待掷标枪的女运动员之后，国际奥委会向他表示，国家领导人为运动员祝贺在奥运史上前所未见。从此以后，希特勒就不再进行别的庆祝活动了。

希特勒尽量避免与欧文斯一同出现也同属事实。青年团长巴尔杜尔·冯·席拉赫向希特勒提出，希望他允许自己跟欧文斯合影的时候，希特勒没好气地答道："美国人应该感到羞耻，让金牌被黑鬼赢走。我是不会对这个黑鬼示好的。"②

同为奥运会观众的阿道夫·希特勒，对于杰西·欧文斯今天能够获胜有他自己的理解。最受他重用的建筑师阿尔伯特·斯佩尔③回忆起他的解释："那些人的祖先来自热带雨林，他们很原始——比起文明的白人更具运动能力，元首耸耸肩说，他们无法形成公平竞争，所以将来的运动会应当将他们排除在外。"④但于希特勒而言，还有更糟糕的：杰西·欧文斯拿到的还不止这一块金牌。

欧文斯获胜的消息迅速传开，传到英国南安普敦，一封署名为"J.M. 洛兰"的信由此发出，寄给这位短跑运动员。据这封信的作者的说法，这位运动员交出这枚金牌时，应该说如下几句话："我很荣幸，在此代表我的国家；我也很高兴，能够同最棒的跑者一同较量。但我不得不拒绝来自宣扬种族主义的政府的奖赏。"⑤杰西·欧文斯永远也不会收到这封信，因为这封信被拦截并开封

① Borchmeyer im Endlauf, in: *Olympia-Zeitung*, 4. 8. 1936.

② Baldur von Schirach, *Ich glaubte an Hitler*, Ham- burg 1967, S. 217.

③ 全名贝托尔德·康拉德·赫尔曼·阿尔伯特·斯佩尔（Berthold Konrad Hermann Albert Speer, 1905—1981），德国建筑师，在纳粹德国时期成为装备部长以及帝国经济领导人，在后来的纽伦堡审判中是主要战犯。

④ Albert Speer, *Erinnerungen*, Berlin 2007, S. 86.

⑤ BAB, R 58/2320.

了。原件被归入秘密警察的档案，复印件则交给了莱因哈德·海德里希[1]。

帝国记者会指示节选："德国人的胜利如此可喜，却没有做到只有德国人的最高成绩被写在标题上。我们不能去贬低外国人的胜利。种族主义的观点应当以一种微妙的方式，渗透进对体育成绩的讨论之中；首先不能触动黑人敏感的神经。不那么知名的国际及国内奥委会成员也应当偶尔被提及。"[2]

称霸世界的男人！也许每个第一次见到莫斯塔法·埃尔·舍尔比尼的人都会这么想。他的鞋擦得锃亮，穿着时髦的西装（1936年人们都穿双排扣），坐姿完美，乌黑略卷的头发一丝不苟地梳到了后面。毫无疑问，这位28岁的埃及人有所成就。但他要是不微笑就好了！正是这阴险的笑容，妨碍了这张脸的整体美感。要是仔细打量这位年轻男士，人们可能会把他当成舞男。这倒也没错，因为莫斯塔法初期确实是莱昂·亨利·达尤那样的舞者。但我们不知道，他离开出生地开罗来到柏林的准确时间。总之，他不知何时起就已在这里，自此在女人圈里自得其乐。在这位美男面前败下阵来的人不在少数，伊芙·福尔斯特纳也是其中之一。

伊芙的双亲，爱丽丝·索尔曼和格奥尔格·索尔曼很早就离婚了，爱丽丝女士在第二段婚姻中嫁给了非常富有的康拉德·冯·弗兰肯伯格-路德维希斯多夫伯爵。由于这位贵族先生没有亲生的孩子，便收养了伊芙和她的姊妹莉泽洛特，让这两个女孩成了伯爵之女，赋予她们可观的权力。伊芙·冯·弗兰肯伯格——这是她现在的名字，虽然是个理想的结婚对象，她却不喜欢被束缚的感觉。她与商人罗伯特·特雷克的婚姻就如同之前和年长的音乐发行商奥

---

① 莱因哈德·特里斯坦·欧根·海德里希（Reinhard Tristan Eugen Heydrich，1904—1942）为第二次世界大战期间的纳粹德国高官，也是纳粹大屠杀的主要执行者之一，曾任党卫队上级集团领袖、警察总长、国家安全部部长及波希米亚和摩拉维亚保护国副总督兼执行总督，亦曾担任国际刑警委员会（后改称国际刑警组织）主席，并召开了1942年的万湖会议，制订了犹太人问题的最终解决方案，推动了德占欧洲地区内对犹太人的驱逐和种族灭绝。

② Bohrmann, *NS-Presseanweisungen der Vorkriegszeit*, S. 831f.

托·福尔斯特纳的那段婚姻一样，以离婚收尾。三十出头的伊芙认识了莫斯塔法·埃尔·舍尔比尼，不久他们便成了一对。

莫斯塔法梦想拥有一家自己的酒吧，一家时髦的酒馆，最好是酒吧加烧烤，当下很时兴的那种。当然还要有供乐队及有趣的杂耍表演的场地。是的，如果一切如莫斯塔法所愿，他将能够接触柏林的上流社会。莫斯塔法的野心和伊芙的金钱构建了舍尔比尼酒吧的基石，酒吧地处乌兰德大街 18 号，位于选帝侯大街附近的黄金地段。这家以装饰艺术风格建成的夜总会于 1933 年 9 月开张——此时阿道夫·希特勒成为帝国元首已经超过一年了。

希特勒永远也不会踏入舍尔比尼酒吧，是的，保守估计他可能根本不会知道它的存在。舍尔比尼酒吧里发生的一切，都是这位元首会坚决反对的。"这里的时间停下了脚步，"纳粹报纸《柏林先驱》评价道，"选帝侯大街的世界看上去与 1933 年以前别无二致。热闹的爵士乐、黑人舞蹈、价格奢侈、语言陌生——有时你会觉得自己不在柏林，而是在蒙帕纳斯①。"《先驱》的三流笔者把这种古董堆积的状况理解成一种毁灭性的评价，伊芙和莫斯塔法将其领会成赞美。舍尔比尼酒吧成功地做到了——尽管在纳粹上台后才开张，发展出一种不同于纳粹民族共同体的概念。此处有一个小世界在蓬勃生长，而这样的世界在柏林的其他地方已然灭亡。

相应地，舍尔比尼酒吧的受众由艺术家、演员、实业家、外交家和政客这样的群体组成。恩斯特·伍德特、网球明星戈特弗里德·冯·克拉姆都混迹于此，还有美国驻德大使的女儿玛莎·多德——她在乌兰德大街忙她的恋爱事业。这间酒吧也是流亡的埃及人的聚集地，柏林有不少这样的人。位于蒂尔加滕大街的埃及使馆的职员也常来他们的同乡莫斯塔法这里做客。西罗酒吧的运输工阿默德·莫斯塔法·狄索基，偶尔也在他的朋友莫斯塔法和伊芙这里作短暂停留。另一位客人是来自埃及西部的 22 岁的大学生阿齐兹·德·纳索尔。阿齐

---

① 蒙帕纳斯（Quartier du Montparnasse）是法国巴黎的一个区域，位于塞纳河左岸。蒙帕纳斯大道（Boulevard du Montparnasse）是该区的主要干道，蒙帕纳斯大部分都位于巴黎十四区。

兹住在路易丝·奥彭海姆女士转手出租的房子里，实际上他根本消费不起这家夜总会。但阿齐兹还是用某种方式混进了舍尔比尼酒吧，还被伊芙迷得神魂颠倒。通常他来到酒吧，就一直用深情的目光追随着他的梦中情人。

这间酒吧的运营者所扮演的角色从一开始就已明确分好了：莫斯塔法相当于主持人，负责组织文艺表演，以其外貌为生意锦上添花；伊芙作为经理更多负责幕后工作。尽管这样，伊芙还是牢牢地掌握着这家店，并且紧急情况下会动用有力的手段。有时候店里有麻烦，某位客人纠缠不休或是不愿付账，为了应对这种状况，她在柜台底下置备了橡皮警棍，幸好她不需要经常用到它。不过，近来在这里晃荡的无赖多了起来。莫斯塔法拥有一位美男子的容貌和东方权贵的气质，看起来很亲切，却可以狂野得可怕。伊芙称其为狂野之美。"关于这份狂野之美，我自己都不相信我们还能够见证它有改善的那一天。你只得换一套标准来评判这种狂暴。"[1]伊芙有一次在给她姊妹的信中写道。

1936 年 8 月，舍尔比尼酒吧是柏林最受欢迎的夜生活去处之一。虽然从经验来讲，到了炎热的夏季生意会差一些，但多亏奥运会期间的众多游客，使得伊芙能够对可观的营业额有所期许。莫斯塔法将接到来自国内外的游客，陪同他们度过夜晚，他会笑脸相迎，跟男士们闲聊，跟女士们调情；伊芙会一如既往地守在橡皮警棍旁，要不就是避开人们注意力的中心。伊芙的谨小慎微在纳粹当权的三年之后是说得通的：她是犹太人。

柏林警察局通告："萨尔茨堡大街 6 号一楼阳台上倒挂着的纳粹'卐'字旗，以及贝希特斯加登大街 14 号一条带有奥运五环旗的横幅被烧掉了。调查结果只能显示，有人试图用燃烧的旗帜点燃轿车 IA100060。现猜测居住于博尔纳曼大街 3 号的面包师赫尔曼·罗纳有作案嫌疑。"[2]

---

① Yvonne Fürstner an Lieselotte Meigs, 15. 11. 1935, in: LAB, A Rep. 358-02 Nr. 118497.

② BAB, NS 10/51.

托马斯·曼一整天都心情不佳。因为巫师们（他这么称呼他的孩子）生病了。在他的居住地——苏黎世的屈斯纳赫特①，气候要明显好过柏林，因为曼先生时常抱怨"压抑的阳光"的不良影响。就算是每天跟妻子卡蒂亚散步的时候，他也由于"温室里的空气"的缘故不能好好享受。直到晚上气温降下来，这位作家的情况才会有所好转。他一如既往地在他的广播前度过一天里最后的时刻。托马斯·曼首先会听一场演奏莫扎特和舒伯特作品的音乐会，再以一段理查德·瓦格纳的钢琴小品愉悦身心。《纪念册页》虽然是"一种真正的感官层面的享受"，但他还是觉得这首曲子不够充实。但至少托马斯·曼还是关注柏林现实中发生的事情的，正如他日记里写的："火爆的 100 米短跑全程影像，两位美国黑人获胜了。漂亮！"②

托马斯·曼远在瑞士也能够看到柏林奥林匹克运动场中的赛事，是托了巨额技术支出的福。1936 年的奥运会对全世界的媒体来说都是件大事，它令以往的所有报道都黯然失色。来自 59 个国家的 1800 名记者在报道此次赛事，除此之外，还有 225 名摄影师提供了约六万张照片。除了各家日报，广播电台也起到重要的作用。技术台在会场中所谓"元首包厢"的正下方。在一个超过 20 米长的控制台上，架设了 18 条线路横跨整个欧洲，同时有 10 条线路远达海外。总共有 24 个广播电台转播比赛：许多报道是直接公开播报的，还有一些人会先用磁带录下来，以便以后以碟片形式播放。总而言之，德国电视台转播超过 500 条相关报道，国外电视台甚至播送了 3000 条报道。如果在这几天进入奥运会场，就能在"元首包厢"附近看到一台长 2.2 米的装置，这让人联想到一台真实的高射炮。它其实是三台电子摄像机之一，它们使新兴的现场直播成为可能。但必须有两位强壮的男性，才能搬动德律风根③生产的庞然大

---

① 屈斯纳赫特（Küsnacht）是瑞士的城镇，位于该国东北部苏黎世湖东北岸，由苏黎世州负责管辖，面积 12.35 平方公里，海拔 413 米。

② Thomas Mann, *Tagebücher*. 1935–1936, hrsg. von Peter de Mendelssohn, Frankfurt/M. 1978, S. 344f.

③ 德律风根（Telefunken），是德国一家家庭电器生产商。

物——重50千克、镜头直径40厘米的光电摄像管。同样新鲜的还有帝国广播公司[1]的转播车。这是一辆梅赛德斯载重车，车顶安装了一台摄像机。曝光过的赛璐珞在车内闯过不透光的暗箱，在此处全自动冲洗、定影、晾干并扫描。延时仅85秒，体育比赛就能展现在柏林、波茨坦和莱比锡共二十多间公共演播室的荧屏上。每天三次（10点到12点、15点到19点、20到22点）播报：请注意，请注意！保罗·尼普科夫于柏林向您播报，音频波段7.06米，图像波段6.77米，奥运会特别节目。

纳粹党人确实想尽办法，给世界留下深刻印象。托马斯·曼越是在他屈斯纳赫特的小天地关注来自柏林的转播，他心里的不适感就越强烈。巫师们明白，这巨大的比赛支出，仅仅是为了让外国人印象深刻，为了征服他们。希特勒想要展示权力：对于一个拥有这般建设实力的工业国，最好不要去挑衅，这就是他所传递的潜意识。托马斯·曼不久之后听到奥运会开幕式的录音时，感到了反胃："令人不快的历史。过度疲劳的神经。盲肠不适。也有可能跟平常一样是大肠。"[2]

---

① 帝国广播公司或国家广播公司（Reichs-Rundfunk-Gesellschaft，简称RRG），是魏玛共和国和纳粹德国的全国性公共广播机构，成立于1925年，1932年开始国营化，1933年纳粹党上台后沦为其宣传工具，1939年更名为"大德意志广播电台"。

② Ebd., S. 350.

1936 年 8 月 4 日
星期二

帝国天气预报，柏林地区：

有时出现多云天气，偶尔有阵雨、小雨。

西风逐渐形成，白天将有所降温。18摄氏度。

到清晨闹钟响的时候，托马斯·沃尔夫才在床上躺了短短几个小时。德国闹钟响起来跟美国的不一样——更加吵闹，更加倔强，也更具攻击性。他也许会睡意蒙眬地关掉它，也许会因为气恼把它扔到角落里去。这仅仅是假设，因为托马斯·沃尔夫被闹钟从床上拽下来时，他不仅疲劳过度，更糟的是，他感到了宿醉。前一天晚上，沃尔夫拜访他的出版商恩斯特·罗沃尔特并共进晚餐，起初一切都没什么不好。慢慢地，那些记忆涌上心头，沃尔夫意识到发生了什么。

沃尔夫先生昨天晚上离开酒店的时候，像往常一样，首先看向左侧纪念教堂的钟。然后他来到马路另一边，经过高档的凤头鹦鹉酒吧，右转来到约阿希姆斯塔尔街，又马上左转到了奥格斯堡街，最后右转到了兰克大街。加起来他走了也不到五百米。路上他还给罗沃尔特的妻子艾丽买了一束花。

恩斯特·罗沃尔特住在兰克大街一幢 1898 年的宏伟建筑。沃尔夫到达目的地，站在这座装饰繁重、石膏饰面突出、写着 24 号的房子前，心中涌上一种奇怪的感觉。那不是对于再次见到罗沃尔特的恐惧，而是一种谨慎与敬重交加的感觉。沃尔夫非常小心，他去年的经验告诉他，在罗沃尔特家共进晚餐的邀请，相当于一次大规模自然现象。1887 年生于不来梅 ① 的罗沃尔特，天性强势，是个金发蓝眼、握手的力气能握碎石头的庞然大物。恩斯特·罗沃尔特精力充沛，能

① 不来梅（Bremen），全称不来梅汉萨自由市（FreieHansestadt Bremen），是德国最小的州，面积 408 平方公里，位于威悉河下游及河口，包括被下萨克森州分开的相距 60 千米远的不来梅（327 平方公里）和不来梅哈芬两市。两市居民共约 66.4 万人。

把生活过得让人眼花缭乱。然而对罗沃尔特来说，有意克制的谈吐才是最为放荡不羁的狂欢。"今天晚上，"罗沃尔特对他的客人说，"您来我家用餐。没有外人会在，只有我和我的妻子，我们可以好好聊天，度过一个祥和的夜晚。"紧接着，他带着神秘兮兮的满意神情点头确认道："我们一起吃饭、聊天，但不会喝酒，没有一点酒精。你听了太多废话了，只是也许我们会喝一点葡萄酒。是的，我觉得……我们会喝一点葡萄酒，不喝烈酒，你懂的，就一点点低度的莱茵葡萄酒。我偶尔会喝上一杯，因为它对我的肾有好处。我们可以保证，您能早早回家。"这一夜的经过跟预先说的一样：艾丽女士做了丰盛的饭菜——如罗沃尔特盼咐的，是一些家常菜，他们喝了那杯养肾的酒，抑或更多，而且沃尔夫这次确实早早就回家了，只不过跟预想的稍有不同。沃尔夫离开兰克大街，摇摇晃晃地穿过奥格斯堡大街和约阿希姆斯塔尔大街，来到选帝侯大街时，天已经亮了，威廉皇帝纪念教堂的时钟指向 5 点。此时，罗沃尔特家的女仆清理掉了 14 个小巧的、细长的、精美的吕德斯海姆酒瓶[1]。

多亏了一片阿卡赛则泡腾片[2]，托马斯·沃尔夫的状况有所好转，他既向往又恐惧地想着他接下来在柏林的几天会遇到的事：裹挟着派对、茶会、晚宴、夜间酒会、报社采访、广播节目、摄影展会的一场场接连不断、永不停歇的交谈和种种情形的狂野、梦幻般的漩涡。

柏林警察局每日通告："意大利运动员乘十辆车到达火车站，这些车上贴着墨索里尼的照片和多个 'Duce'[3] 标签。1936 年 8 月 4 日经查发现，一张墨索里尼的照片被人用复写铅笔画上了小胡子，一张海报被贴上了'莫斯科万岁'的标签。涂鸦是在何时何地完成的，目前还不能确认，因为这件事是车辆到达

---

① Thomas Wolfe, Brooklyn, Europa und ich, in: *Die Dame, Illustrierte Mode-Zeitschrift*, Heft 3/1939, S. 41f.

② 一种抗酸止痛药。

③ Duce 是意大利语中表示"领袖"意义的一个特殊名词，Duce 一词源于拉丁语 Dux，并因意大利法西斯主义独裁者贝尼托·墨索里尼在 1925 年至 1945 年间使用此称谓而著称。

滕伯尔霍夫编组站之后才得到查证的。"[1]

"欧文斯今天会拿到他的第二块金牌吗？"[2]在这位美国运动员前一天创下新纪录之后，《午间新闻》这种报纸便在首页上如此猜测道。比赛的第三天，奥运会场里的一切都围着一个男人转：杰西·欧文斯。10点30分，跳远预选赛开始了。只有跳到7.15米的人才能参加下午的淘汰赛。七米出头——这对欧文斯来说简直小菜一碟。高中时代，他就时常跳得比这要远了。于他而言，第二块金牌似乎是毫无悬念了。但是欧文斯还有一位有威胁的对手：莱比锡人卡尔·路德维希·朗，人称路茨，23岁，高大、金发，自信得可怕。欧文斯把他当作头号死敌，用余光猜疑地观察着他。"这伙计怎么这么平静，"欧文斯悄声对教练说道，"他难道不知道他在跟谁比赛吗？"[3]路茨当然清楚得很，但他内心足够强大，并且已经决计不让人看出自己心里的任何状况。一边是欧文斯明显很紧张，忙着跟教练说话，另一边路茨则内心平静地等待着自己被叫到名字。

关于欧文斯对路茨的这场决斗流传着许多谣言。欧文斯为世界创造了新的历史记录。上午的资格赛中，在路茨一次成绩无效和一次距离不够之后，欧文斯凭借有效踏板赢得了决定性的一轮。实际上两位运动员都在第二次试跳时达到了指定距离。欧文斯10年后说起这件事，不带恶意地指出："这就是人们想要听到的故事。"[4]

下午便是一决雌雄的时刻。十多万观众翘首盼望比赛开始，其中就有希特勒、戈林、戈培尔和意大利王储翁贝托。天气变差了。天凉了一些，一阵令人不适的风吹过观众席，让运动员有些受凉。气氛紧张，令人窒息。路茨首先开局——7.54米，随后欧文斯跳出7.74米。路茨将成绩提高到7.84米，欧文

① BAB, NS 10/51.

② *B.Z. am Mittag*, 4. 8. 1936, S.

③ Jeremy Schaap, *Triumph. The untold Story of Jesse Owens and Hitler's Olympics*, Boston 2007, S. 200.

④ Jesses Märchen, in: *Der Spiegel*, Nr. 1/2015, S. 105.

斯跳得比上一局远了 3 厘米，7.87 米——新的欧洲纪录。路茨再次来到起跑处，助跑，同样跳出了 7.87 米。平局。"杰西，"他回忆道，"马上跑起来开始庆祝。"欢呼声向场中蔓延，这时欧文斯和路茨互相拥抱，然后距离彼此几米远，面带笑容，并排走着。"一眼望向观众，他们没有平静下来的意思；再看向元首包厢，如何呢？整个包厢里炸开了锅。元首激动地鼓着掌，"路茨·朗说道，"我站在元首下方致以谢意。我几乎不能相信，他站起身，向下对我报以和善的、父亲一般的微笑，他的眼中只有唯一的愿望，就是想要我获胜。"[1]然而这份期待对他无用。欧文斯最后一次起跳：8.06 米。新的世界纪录。路茨回忆道："我做不到别的，我跑向他，成为第一个祝贺他的人，拥抱他。他回答我：你逼我拼尽了全力！"

比赛进行期间就已经诞生了一张著名摄影，照片上是这两位运动员趴在奥运会场的地上。两位二十出头的年轻人，轻松自在，看起来没有遗憾。接下来是颁奖仪式，无数的相机所捕捉的照片，在全世界流传着：杰西·欧文斯，来自哥伦布市俄亥俄州立大学的黑人大学生，第二次大获全胜，他望向美国国旗的方向——它在美国国歌《星条旗》[2]的乐声中升上云端。欧文斯敬礼的时候，约瑟夫·戈培尔恼羞成怒："我们德国人赢了一块金牌，而美国人是三块，还有两块是黑人拿的。这是种耻辱。白人应该感到着耻。这就是在这个没有文明的国家会发生的事。"[3]

戈培尔马上明白了，欧文斯的再次胜利意味着一个鲜明的政治信号。于他而言，这是对"白色人种优势论"主张的最大侮辱。就算最为忠实的纳粹党人，也会因为杰西·欧文斯卓越的成绩，生出这样的念头：假定的雅利安人优势地位论可能是站不住脚的。欧文斯和路茨似乎对这些丝毫不关心。国歌声渐

---

① Luz Long, Mein Kampf mit Owens, zit. nach: Kai- Heinrich Long, *Luz Long – eine Sportlerkarriere im Dritten Reich. Sein Leben in Dokumenten und Bildern*, Hildesheim 2015, S. 101f.

② 《星条旗》(*The Star-Spangled Banner*) 是美国的国歌。由美国律师、业余诗人弗朗西斯·斯科特·基作词，英国作曲家约翰·斯塔福德·史密斯作曲。

③ Fröhlich (Hrsg.), *Die Tagebücher von Joseph Goeb- bels*, Teil I, Bd. 3/II, S. 149.

止，他们两人手挽手离开了会场内场。这种彼此友好的举动却给路茨招致了麻烦。不久以后，阿道夫·希特勒派来他的副手鲁道夫·赫斯，直截了当地威胁道："你不该去拥抱一个黑人。"①

柏林警察局长指示："柏林数个城区内，在内外阳台、屋顶以及朝街的窗边晾晒衣物、被单的现象，已经成为一种恶习，引发了讲究整洁的市民日益强烈的不满和愤懑情绪。这种恶习，尤其在奥运期间，是不能容忍的。"②

现在托马斯·沃尔夫已经摆脱了昨夜残留的不适，开始等待一位《柏林日报》记者的采访。被迫一体化的各家报社，在关于奥运会的问题上展现着国际意识。《柏林信号》在其专栏"奥运食谱"中对于国内外的烹饪习俗做了如下阐释："意大利面和通心粉是怎么做成的？"③可以看出，他们在向外国游客展示柏林美食的优势："完美的柏林猪脚，一向备受北欧人、英国人和荷兰人的喜爱。"④不管这是否是事实。

《柏林日报》再度刊登了名人游客的访谈，其中就有特里普拉邦⑤的侯爵和侯爵夫人、巴尔的摩⑥的出版商威廉·N·琼斯以及英国顶级外交家罗伯特·范西塔特先生及其夫人萨丽塔女士。

现在托马斯·沃尔夫在德国相当出名，所以对恩斯特·罗沃尔特来说，说服报纸编辑去采访他，并不是一件难事。这次访谈，遵从简便的原则，将有一半在沃尔夫的酒店客房里进行，并且以他和德国之间的渊源为主题。这位出版

---

① Long, *Luz Long – eine Sportlerkarriere im Dritten Reich*, S. 208.

② BAB, R 58/2320.

③ Speisekarte für Olympia-Gäste«, in: *Berliner Lokalanzeiger*, 17. 7. 1936.

④ Speisekarte für Olympia-Gäste«, in: *Berliner Lokal- anzeiger*, 14. 7. 1936.

⑤ 特里普拉邦是印度的一个邦，位于印度东北部，邦的南边与孟加拉接壤。特里普拉邦首府为阿加尔塔拉（Agartala），官方语言为孟加拉语和廓博罗克语（Kokborok language，或直接称特里普语）。

⑥ 巴尔的摩是美国马里兰州最大的城市，也是美国最大独立城市和主要海港之一。

美国作家托马斯·沃尔夫在奥运会期间经历了一个充满矛盾的夏天。"托马斯·沃尔夫来了，他引发了巨大的轰动。"

商摩拳擦掌，因为《柏林日报》的采访是颇具影响力的，此外这还是对沃尔夫著作的免费宣传。罗沃尔特很清楚，他的这位笔者对于跟记者周旋很是在行，总是用"雕琢的说话方式"出口成章。沃尔夫完全掌握了这一技能。当然，记者还得提前弄清楚，是否能够带一名女插画师。答案是：他可以。

记者如约而至。沃尔夫开了门，看到一位不起眼的男人——他说自己是《柏林日报》的记者。随行的还有一位年轻女士，显然就是之前说好要来的女插画师。她礼貌地、几近羞涩地说了自己的名字：

西亚·沃尔克。沃尔夫与两位陌生人握手，同时凝视西亚的双眼。这位记者似乎并未察觉沃尔夫和西亚之间产生的奇妙磁场，马上着手他的工作。他例行公事地向这位美国作家提出了第一个问题：对德国印象如何？"棒极了！"沃尔夫竭力整理着自己的思绪，"如果没有德国这个国家，那么必须有人来创造它。这是一个有魔力的国家。我很了解希尔德斯海姆、纽伦堡和慕尼黑，喜欢那些内涵丰富的建筑，以及闪耀着光辉的历史与艺术。"①沃尔夫述说着对德国的崇拜，这位记者看起来很是中意他的说辞，而西亚在背后观察着所发生的一切。她聚精会神，试图记住沃尔夫每一次表情的变化。她用细致的铅笔线条画出了第一张草图，以便随后进行加工。

这时沃尔夫讲起了一件趣事，有一次他去参加慕尼黑啤酒节，被卷入一场

---

① Wir sprachen Thomas Wolfe, in: *Berliner Tageblatt*, 5. 8. 1936.

斗殴，一个啤酒杯在他头上被打碎了。接下来几天，他不得不待在大学诊所的外科。尽管这个小插曲到现在已经过去 8 年了，沃尔夫却没有忘记那时给他治疗的医生的名字：格海姆拉特·莱克赛尔。好极了，记者鼓励着沃尔夫。这会是《柏林日报》的男女读者们感兴趣的那种问题。可以看出沃尔夫有些走神，他总要时不时地去看西亚。西亚的外表让人印象深刻，对于一个女人来说，她太高了，长着茂密的金发，梳成一种王冠的样子。"女神！"这是沃尔夫见到她第一眼时首先想到的。虽然他对北方的神话了解不多——他也并不知道理查德·瓦格纳的同名歌剧作品，但西亚就是他想象中的女神的模样。这位有些魁梧的金发女士显然非常符合他的审美。"她绝妙的身材完全没有粗糙的男性特征，"沃尔夫说道，"她完完全全是一名富有激情的女人，是女性所能达到的极致。"[1]西亚也同样因为她对面的人感到兴奋。"我既不知道你的著作，也不曾听说你的名字，"她向沃尔夫坦承，"但当我走进你的房间，看到你的时候，我的本能告诉我，我无须恐惧。我感觉到一位挚友就在这里。"[2]

至今，西亚··沃尔克的人生充满坎坷。悲惨的童年、早年的心理问题、失败的艺术学业、一段结婚四年就离婚的不幸婚姻，这一切让她成了一个脆弱敏感的女人。但沃尔夫不会知道这些。采访结束后，这一天里他脑海中萦绕的只有一个想法：他怎样才能尽早与西亚再次相见。

维克多·穆勒－赫斯做着一份令许多人毛骨悚然的工作。穆勒－赫斯先生作为柏林大学的教授，是当代受人尊敬的名人，常常受邀参加国际性会议，或被刊登在著名学术杂志上，还教出一大群学生。关于他的工作可怕的地方在于，他在跟死亡打交道，准确来说，他研究人如何、为何会从此世去到彼世的问题。简而言之，维克多·穆勒－赫斯是位法医。

穆勒－赫斯教授带领的法医及犯罪侦查学学术机构，将在今年进行约 500

---

[1] Wolfe, *Es führt kein Weg zurück*, S. 606.

[2] Thea Voelcker an Thomas Wolfe, 20. 10. 1936, HLB.

次官方安排的尸检。此外，大学内以科研为目的尸体解剖量也一直在上升。总之，这所机构的人在 1936 年进行了足有 3000 次尸检，按照六天工作周来算的话，一天约有 10 次。为了能胜任这一数量，仅去年就置备了七个新的解剖台。医生们首先检查尸体的外部，然后检查内部，这一过程中颅腔、胸腔和腹腔都会被打开。

引人注意的是 1936 年 8 月上旬记载于解剖报告中的原因不明的死亡事件。其中，退休的赫伯特·弗路德于 8 月 1 日在特雷普托火车站落轨的事件被记录在案。58 岁的奥古斯特·海涅梅尔在 8 月 2 日被发现上吊死亡，同日，医生威廉·伊万记录了在柏林策伦多夫区发生的一起过量服用佛罗那安眠药的事故。今天，即星期二，阿道夫·汉恩和艾丽卡·汉恩夫妇在他们舍内贝格的住宅内气体中毒死亡。贝尔塔·泰尔女士，原姓哈克，36 岁，她将在明天结束自己的生命。在 1936 年 8 月的 1 日至 16 日这段时间里，共有 26 人气体中毒身亡、23 人上吊、12 人溺死、6 人中弹身亡、4 人遭列车碾压、3 人药物服用过量、2 人死于酒精摄入。

作为法医是不能多愁善感的，永远都会有新的案件等待经验丰富的医师来解决。今天穆勒 - 赫斯手下的人完成的解剖之中，就有玛莎·盖德尔和格特鲁德·盖德尔的尸体。死因很快被查明，而死亡场景的重现要更加困难。

玛莎·盖德尔 36 岁，是一位裁缝，和她 9 岁大的女儿格特鲁德共住柏林北部赖尼肯多夫的沙恩韦贝尔大街。她与丈夫恩斯特·埃米尔——他靠在一家大型洗衣店里做熨衣工讨生活——的婚姻在几天前以离婚告终。玛莎和恩斯特·埃米尔只是单纯地无法共同生活下去了，最初使他们相聚的爱情已经退却，变成了深深的反感。只要他们相见就必定会吵架，自然地，在离婚法官面前，场面也闹得不太好看。玛莎给法官留下了一个脆弱不堪的印象，法官甚至认为年幼的格特鲁德如果留在母亲身边，健康是没有保障的。这个孩子最终被判给了父亲。

玛莎·盖德尔在判决后彻底崩溃。交出她的孩子？永远也不。玛莎心生一计。7 月 31 日晚上，她送格特鲁德上床睡觉，也许她还给女儿读了童话故事，然后给她一个晚安吻——我们无从得知。可以确定的是，玛莎等到格特鲁德睡着了，她到厨房，给燃气灶连上一根橡皮管，打开气阀，把橡皮管沿着走廊连到了卧室。她关上了门，将橡皮管固定在床头，然后在女儿身边躺下，把她抱在怀里。

第二天，即 8 月 1 日，煤气味逸出房子，玛莎·盖德尔的邻居们感到忧虑，强行打开她的房门，这时奥运会场中的开幕式刚刚结束。

全世界的女人在运动会期间会穿什么呢？某种程度上相当于 20 世纪 30 年代的《布里吉特》①的《女性》给出了如下建议："尤其是上午，在各式体育场、体育馆或是德意志竞技场里，运动装都非常合适，从头到脚都是运动风格！"然而就是到了下午，人们也都穿着运动服，而且人们注意到："短裙配衬衫，不穿上衣外套的搭配，永远也不会沦为俗套。"《女性》杂志向其女读者植入一种观念，认为作为女性必须要承担起榜样的作用："一座城市或一个国家给人留下的印象，很大程度上取决于人们在此地见到的女人。"②

17 时 30 分，德国队的奥运足球赛开始了。八分之一决赛中，由帝国教练员奥托·内尔茨③带领的德国队碰上了卢森堡公国的代表队。一万两千名男女观众在位于莱尔特大街的博斯特体育场内期盼着比赛开始的哨声，其中还有作为希特勒副手在场的鲁道夫·赫斯。开场 16 分钟后，来自沙尔克 04 俱乐部的阿道夫·乌尔班④首次射中球门，第 30 分钟慕尼黑人威廉·西姆斯特莱特射进第二球，改写了比分。比赛留有悬念，因为卢森堡人证明了自己是活力十足的对手。但中场休息后，局面发生了改变。裁判员帕尔·冯·和赫茨卡再次吹响狂欢的哨声，第 48 分钟西姆斯特莱特射门，将比分改写为 3：0。于是进球开始

---

① 德国女性杂志。

② Die Dame, Heft 16/1936, S. 33f.

③ 奥托·内尔茨（Otto Nerz，1892—1949），已故德国前足球运动员及主教练。他曾于 1923 年至 1936 年担任德国国家足球队历史上的第一任主教练，其间率队参加了 1928 年奥运会及 1936 年奥运会，并在 1934 年世界杯中夺得季军。

④ 阿道夫·乌尔班（Adolf Urban，1914—1943）是一名已逝世的德国足球运动员。乌尔班曾是一名粉刷匠，亦是德国足球队沙尔克 04 在 20 世纪 30 年代的传奇前锋，帮助球队五次获得德国锦标赛冠军。他在 1935 年至 1941 年之间代表德国国家足球队出场 21 次，射进 11 球。

以分钟计算：第 50、第 52、第 74、第 75、第 76 和第 90 分钟。德国队对卢森堡队的比赛以 9：0 收场。东道主的队伍获得了下一轮的比赛资格，而来自卢森堡的客队只得离开赛场。"这是一场巨人和地精的对抗，"德国的报纸上自豪地写道，"勇敢无畏的卢森堡战士，竭尽所能为这场狂欢画上了句号。"① 然而这种狂妄此时已众所周知。德国队的支持者三天后终将明白。

奥运会前几天的天气有些炎热。下雨后气温保持凉爽。但对于仍然想喝软饮的人给出如下建议："阿斯巴赫②配矿泉水。"

柏林警察局每日通告："1936 年 8 月 4 日，保加利亚国王殿下及保加利亚王后化名赖尔斯基伯爵夫妇乘轿车抵达柏林。国王殿下在布里斯托尔酒店订好房间，而王后前往位于柏林蒙比修大街 2 号的大学妇科诊所。"

---

① *Die olympischen Spiele* 1936, Bd. 2, Berlin 1936,S. 120.
② 德国白兰地品牌。

1936 年 8 月 5 日
星期三

帝国天气预报，柏林地区：

持续的凉爽天气，间或有阵雨，

伴随活跃西风，间歇出现多云天气。18摄氏度。

"勒迪希，你的脑子又偷懒了，15号当1号过！"勒迪希同往常一样从恩斯特·罗沃尔特嘴里听到这句话。这位上司时而摆出威胁的架势站在他面前，时而在经过他身边的时候嘟囔着那些话，更有一次，他的骂声响彻了办公室："勒迪希，你的脑子又偷懒了，15号当1号过！"其实那意思无非是：勒迪希，你被解雇了！勒迪希低声答道："是的，罗沃尔特先生！"海恩里希·玛丽亚·勒迪希，大家都叫他海恩茨，是个不到30岁、不起眼的年轻人。他的母亲玛丽亚·勒迪希作为莱比锡的演员，上台时以玛丽亚·李作为艺名，他的父亲则身份不明，至少从官方角度来说。勒迪希在罗沃尔特的出版社里已经工作五年了，最初是管理销售数据，后来是在新闻处，之后又在各个部门之间不停地调换。罗沃尔特越是威胁要解雇他，越是离不开这个年轻人。

　　海恩里希·玛丽亚·勒迪希是恩斯特·罗沃尔特手下重要的员工——也是他的私生子。两位尽力保守这个秘密，尤其是对彼此。"他肯定根本就不知道，他是我儿子，"罗沃尔特向作家恩斯特·冯·所罗门保证道，"请您发誓为我保密！"他发了誓。不久以后，恩斯特·冯·所罗门又取得了海恩里希·玛丽亚·勒迪希的信任。"他肯定根本就不知道，他是我父亲。请您发誓为我保密！"恩斯特·冯·所罗门再次发了誓。最后，汉斯·法拉达也来跟他提起勒迪希和罗沃尔特之间的古怪关系，所罗门回忆道："汉斯·法拉达问我：'您知道吗，勒迪希是罗沃尔特的儿子。'我说：'啊呀，我不知道啊！'法拉达说：'千真万确。罗沃尔特跟我说的。他觉得勒迪希不知道这件事。我还必须要虔诚地发誓。但是整个出版社都知道了，而且整个出版社都在拿这件事开心，两位都不知道整个出版社已经知道了。'"①

　　历史悠久的普鲁士科学院 11 点钟将迎来重要访客。斯文·赫定②——著名瑞典探险家，受奥组委的邀请来作一个学术报告。原本每个参与奥运会的大洲都要派一名学者来演讲，然而这个计划夭折了。现在只剩下作为德国的朋友、阿道夫·希特勒的追随者的斯文·赫定。约瑟夫·戈培尔的宣传部把这位 71 岁学者的来访阐释成一件轰动的大事。若这位老者在奥运会场比赛间歇发表演讲，大可放心说"致全世界的青年"。然而，他今天报告的题目却没有那么宏大："马在亚洲历史上所扮演的角色"。

　　他友好地向希特勒和戈培尔道歉——他们为此舍弃了重要的日程安排。漫长的演讲结束后，特奥多尔·莱瓦尔德不情愿地展示了自己的幽默。他赞美这位来自斯德哥尔摩的客人，说自己很肯定，斯文·赫定在普鲁士科学院的演讲就是两千年后都还会被人想起。

　　早上，托马斯·沃尔夫坐在布里斯托尔咖啡馆，喝着他的第一杯啤酒。这不是他今天喝的最后一杯酒。他早上喝啤酒，午餐时喝白葡萄酒，下午喝威士忌，而晚餐时又是白葡萄酒。有时候他也会变换顺序。可以说，托马斯·沃尔夫是有酗酒问题的。但他自己却从不这么看——在他的认知当中，他喝酒更多是出于纯粹的人生意趣。沃尔夫去年就已经熟知柏林许多的咖啡厅、餐馆和酒吧，他会定期造访。在柏林所有的咖啡厅中，沃尔夫尤爱布里斯托尔。它有一个宽敞的露台，面向街道，而且离他的酒店仅数百米远。在那里，沃尔夫感到自己正坐在一个剧院包厢中，有着完美的观看舞台的视野。这里每天都在上演剧目《夏日的选帝侯》。每分钟都有几百人经过布里斯托尔的露台。他们有的

　　① Ernst von Salomon, *Der Fragebogen*, Reinbek 2003, S. 273f.

　　② 斯文·赫定（Sven Hedin，1865—1952），瑞典人，世界著名探险家。他从 16 岁开始从事探险事业，因为喜爱探险，终身未婚，一生与姐姐相依为命。他的名字，在他的祖国，不但路人皆知，而且为人们所热爱崇敬，与诺贝尔有齐名之誉。

从左边走来，有的从右边走来，路线交错时，有的人会绕道，有的人会停下脚步。这儿可以看到老老少少的行人，包括推着婴儿车的女人、匆忙赶赴行程的商人、希特勒青年团成员、游手好闲的人，还有无数的来自各个国家的游客。

为了迎接奥运会，选帝侯路边的树枝上都安装了扬声器，来转播体育场中发生的事。沃尔夫坐在布里斯托尔喝他的啤酒的时候，他有种那些树在对他说话的感觉。用微弱的声音说着体育术语"预赛""复赛"，或是"决赛"，还有运动员的名字，混杂在街上的噪音和行人的呢喃之中。选帝侯大街的繁华和会说话的树枝，在沃尔夫的身上施以一种奇妙的魔法，使他在其中无法自拔。

这时海恩里希·勒迪希到了。恩斯特·罗沃尔特委任了他的儿子兼手下，在奥运的几天时间里去关照这位来自美国的游客。罗沃尔特的照顾出自相当切实的考虑：虽然沃尔夫热忱深切地爱着德国，但他还没有充分掌握语言。他的"出租车司机德语"——用沃尔夫自己的话来说，好到能够点一杯饮料，或是告诉出租车司机目的地，此外无他。因此沃尔夫需要一个口译人员。勒迪希英语说得不错，尽管口音很重，有时听着很滑稽。沃尔夫可以完美地模仿他："'介年亲人'叼着烟管——你'偏得'他不奇'卦'吗？"[1]

然而，勒迪希不仅仅是沃尔夫的翻译。两位男士去年就已相识，并且自然地缔结了友谊。而一眼看上去他们就毫不相同：一边是沃尔夫，巨人的身材，活力四射，有着难以平息的对生活的渴望；另一边是勒迪希，比沃尔夫小了有八岁、瘦小、羞怯，而且更加不起眼。然而恰恰是这种不同，使他们对彼此有好感。每当沃尔夫与勒迪希一同坐在布里斯托尔咖啡馆，在选帝侯大街闲逛，光顾一家餐馆或是在柏林彻夜饮酒时，二位看起来就像长相不一样的兄弟。

在布里斯托尔咖啡店前的喧嚣之中，勒迪希突然发现了一个报童。"日报……《柏林日报》！"小男孩喊道，高高举起一份样报。像是给自己的货物出价的市场女贩那样，这个小孩子大声诵读着报纸首页的新闻标题："六枚金牌！美国四枚——德国一枚——意大利一枚！元首再次现身运动场！"勒迪希

---

① Zit. nach: Kennedy, *The Notebooks of Thomas Wolfe*, Bd. 2, S. 834.

选帝侯大街的布里斯托尔咖啡店是闲散人等爱去的地方。"这家咖啡店的露台坐满了人，这金光灿烂的日子摇摆着，如同音乐一般。"

用明确的手势招呼这个男孩过来，说道："请给我一份日报！"男孩老练地回道："20芬尼，先生。"勒迪希立即把报纸在面前展开，心情紧张地一页页翻看，直至找到沃尔夫的访谈。他匆匆通读了这篇文章，发现沃尔夫的啤酒节趣闻和他对德国内在精神的赞美一同被收录了。太好了，已是出版商的勒迪希心想，这篇文章既是对沃尔夫本人，也是对其著作的良好宣传。勒迪希把报纸叠起来，满意地点点头，把它推给沃尔夫。然而，沃尔夫对自己的访谈不感兴趣，无言地把报纸插进了外套。他更愿意听那些树说话。他的时间本来已所剩不多。下午，沃尔夫先生要去奥运会场赴约。

15时，女子击剑决赛开始了。有资格参加最终决战的8位女运动员将依次交手。也就是说，每位击剑手都必须总共完成七轮比赛。来自匈牙利的伊洛纳·沙希尔拉-艾丽克凭借胜六场负一场的成绩位列第一。决胜局中代表德国的海伦妮·迈尔遇上了代表奥地利的爱伦·普莱斯。圆顶大厅中弥漫着令人窒息的紧张气氛，因为比赛的结果全无定数。如果海伦妮·迈尔获胜，将以同样胜六场负一场的成绩并列第一，并且需要同伊洛纳·沙希尔拉-艾丽克一决胜负。但如果爱伦·普莱斯获胜，匈牙利人便稳获金牌了。哈布斯堡王朝[1]没落的18年后，似乎有那么一瞬间，好像曾经的K.U.K贵族[2]依然存在——至少是在体育界。奥地利人获胜了，并且帮助来自布达佩斯的参赛者夺得了奥运金牌。"海伦妮·迈尔输掉了关键的战局，"《奥林匹克报》总结道，"总之，德国的银牌也同样是不可小觑的。"[3]这时候亚军也是值得尊敬的。然而，德国真的拿到了这块奖牌吗？

海伦妮·迈尔曾是德国击剑运动最大的希望之一。她在1925年的德国锦

① 哈布斯堡王朝（Habsburg），欧洲历史上统治领域最广的王室，曾统治神圣罗马帝国、西班牙帝国、奥地利帝国、奥匈帝国。

② 1867年出现的奥匈帝国贵族。

③ H.P. Tillenburg, Klirrender Stahl im Kuppelsaal.Wir besuchen die olympischen Amazonen, in: *Olympia-Zeitung*, 7. August 1936.

标赛上得到了她的第一枚金牌——那时她只有 14 岁。1926 年至 1930 年的每届德国锦标赛上，她也都是冠军。1928 年，她首次于阿姆斯特丹参加奥运会，并且也在此夺冠。两年后，她在法兰克福大学注册入学，学习法学。她在一次访谈中解释道，当她结束体育生涯时，想要成为一名外交家。这个时候她已经是位明星了。海伦妮有一样别人既不能学会也得不到的东西：魅力。人们会在这位"金发剑手"踏入体育场时真正体会到这一点。在她白色的击剑服之下，梳着时髦发辫的金色发型，让她看上去格外出挑。

长久以来，德国都以海伦妮·迈尔为自豪。作为表彰，她甚至获得了"帝国荣誉奖"，那是她在跟帝国总统保罗·冯·兴登堡①喝茶时被授予的。接下来就是 1933 年 1 月 30 日，阿道夫·希特勒出任德国总理。那之后过了还不到三个月，奥芬巴赫击剑俱乐部——海伦妮家乡的击剑协会——就把她的名字从会员名单中移除了。根据新的当权者的意识形态，海伦妮是"半犹太人"。海伦妮得知此事时身在加利福尼亚，当时她托奖学金的福正以交换生的身份在学习。她决定暂时先不回德国，特别是她还在奥克兰一所学院意外地得到一个就业机会。1934 年秋，她开始在那里教德语和击剑。

故事本可以在这里收尾。如果海伦妮一直留在美国，她有朝一日会取得美国公民身份，在美国的旗帜下继续她的体育职业生涯。但是现实却是另一番风景。

米加·尼基施在威尼斯告别了他的一生。米加曾经在柏林有一定知名度，他在这座城市最高档的俱乐部里，携舞曲乐团登台表演。按通常情况来讲，他此时也应该在施普雷河畔为奥运会做访问演出并且获得巨大成功，然而阿道夫·希特勒任国家元首时，有人会死去才是通常的情形。

---

① 保罗·冯·兴登堡，全名是保罗·路德维希·汉斯·安东·冯·贝内肯多夫和冯·兴登堡，德国陆军元帅，政治家，军事家。

米加是阿图尔·尼基施①的儿子，阿图尔是柏林爱乐乐团的前首席指挥。在其老父亲的严格监督之下，米加在莱比锡音乐学院被培养成为钢琴家。1917年，在他18岁时，他在柏林首次登台——指挥棒交于他的父亲，自此开启了节节高升的职业生涯。米加与当代所有伟大的音乐家合作过，他的演出曲目就是一本厚重的钢琴文学巨著——比如弗朗茨·李斯特、约翰内斯·勃拉姆斯②、彼得·柴可夫斯基③或是谢尔盖·拉赫玛尼诺夫④的协奏曲。当这位年轻人带着他雅利安人的外表、迷惘而忧郁的眼神登上指挥台，许多女士便为此心醉神迷。

20世纪20年代中期，米加着手爵士乐演奏，同米加-尼基施舞曲乐团一起继续取得巨大成功。对于不少音乐爱好者而言，他是30年代初期最好的乐团领队，这段时间他几乎不再开钢琴演奏会。然而，1933年纳粹上台时乐队解散了。许多乐手是犹太人，现在他们不得不流亡在外。米加再次将侧重点转向钢琴演奏，希望能够延续之前的钢琴演奏家的职业生涯。起初一切进行得还不错。1933年12月，米加八年以来首次同柏林爱乐乐团合奏，他在指挥台上绝不逊色于威廉·富特文格勒⑤。不久后他甚至还跟乐团一起为广播电台录制了一场沃尔夫冈·阿玛德乌斯·莫扎特钢琴演奏会。私下里，他的生活也再度处于上升期。他的意中人名叫亚历珊德拉·米洛诺夫，来自莫斯科，比米加年轻十二岁，她在柏林席勒剧场用芭芭拉·迪伍的艺名做女高音演员。米加热切而

---

① 阿图尔·尼基施（Nikisch Artúr，1855—1922），匈牙利指挥家。他被视为布鲁克纳、柴可夫斯基、贝多芬和李斯特作品的杰出指挥家。作曲家约翰内斯·勃拉姆斯曾称赞尼基施把勃拉姆斯的第四交响曲演奏到"杰出、无以复加"的境地。

② 约翰内斯·勃拉姆斯（Johannes Brahm，1833—1897）是浪漫主义中期德国作曲家。他生于汉堡，逝于维也纳。

③ 彼得·伊里奇·柴可夫斯基（ПётрИльичЧайковский，1840—1893），俄罗斯浪漫乐派作曲家，作品有民族乐派特征，但仍以浪漫风格为基准。其风格影响了很多后来者。

④ 谢尔盖·瓦西里耶维奇·拉赫玛尼诺夫（Sergei Vasilievich Rachmaninoff，1873—1943）是一位出生于俄国的作曲家、指挥家及钢琴演奏家，1943年入美国籍。他是20世纪最伟大的钢琴家之一，作品充满激情、旋律优美，以高难度见称。

⑤ 威廉·富特文格勒（Wilhelm Furtwängler，1886—1954），德国指挥家、作曲家。1922年，富特文格勒成为柏林爱乐的音乐总监，他将自己视为德奥音乐乐团的传人，总是能完美地诠释贝多芬、勃拉姆斯及布鲁克纳等人的作品，具有相当权威性。

真挚地爱着他的亚历珊德拉，然而他不喜欢她的俄罗斯名字，于是就叫她芭芭拉。米加和芭芭拉本想尽早结婚，而命运的打击是沉重的。

米加被诊断出患有淋巴癌时，他正在意大利北部避暑。他坦言，自己已经不必活得更久，尽管如此，他仍着手为一场大型钢琴演奏会作曲。这场病激发出他巨大的能量，如同醉酒一般，他每天要花几小时在他的巨作上。长达40分钟的作品完成了，共分三个乐章：行板浪漫曲，谐谑曲，还有悲怆幻想曲。人们不需成为心理学家，就能听出曲中自传叙述的痕迹。

开场的浪漫曲是对芭芭拉的表白，这段音乐柔情而热切地沁入人心。在谐谑曲部分，作曲家忆起他的音乐创作和诸多成就。这一乐章时长仅4分钟，是对过于短暂的人生和音乐事业的怀念。终章的悲怆幻想曲以刺耳的不谐和音开始，可以听出对癌症诊断的象征。接下来则是表达哀痛的杰作。音乐时而悲不自胜，而后又变得盛气凌人，甚至是具有侵略性，有时又是充满悲痛的抒情。米加的绝望此刻变得触手可及，和弦音同瀑布般密集地倾泻而下，像是一次次地拷问：为什么？为什么是我？在一段狂放的钢琴独奏华彩乐段之后，缓缓进入了尾声。乐团中的大鼓和军鼓敲响铿锵的节奏，大提琴和中提琴奏响神秘般的旋律，钢琴以阿拉伯风格的乐声融合其中。随后米加将"庄严"写在了总谱上，此时鼓应以最大音量敲击，各声部相互交叠，音乐似乎朝着它阴暗的结尾不可阻挡地行进着。作曲家确实已经不能自已。

今天，也就是周三，米加·尼基施完成了钢琴演奏会的作曲——也在同一天逝世。他年仅37岁。柏林的报纸上尽是关于体育最佳成绩的报道和对如何玩乐给出的建议。关于这座城市曾在1933年之前拥有的最优秀也最知名的音乐家的逝世，没有一行相关文字。芭芭拉的未婚夫逝世的时候，她正在伦敦工作。回到威尼斯时，她找到了钢琴演奏会总谱的手稿，在上面读到了以下的题词：

（献给我的妻子芭芭拉·尼基施）

停下脚步吧，旅行者，

我到家了。

在我的天空

闪耀着星光。

想想你自己,

在这世上

你只是一位过客,

所做一切只是徒劳。

稍作休息,采一枝花

然后再度上路。

柏林警察局通告:"1936 年 8 月 5 日 15 时 30 分和 20 时 45 分到达火车站的列车接受了详细检查。未发现贴好的标签或是煽动性文章。"①

约瑟夫·戈培尔的日记中写道:"下午,体育场。赛跑和跳跃项目,我们继承下来的东西太少了。我把那个行为不堪的里芬斯塔尔②狠狠训斥了一通,一个疯女人,不如去做男人!"③莱妮·里芬斯塔尔在拍摄一部关于奥运会的官方电影。她一年前从希特勒那里接到这个任务,而东道国将此次体育赛事记录在胶片上,也是这位独裁者从国际奥委会那里得到的任务。在电影的问题上,33 岁的莱妮是希特勒的首选。前几年她拍摄的有关纳粹党代会的纪录片,令这位独裁者相当满意,其中希特勒被赋予了神一般的形象。这部奥运影片同样也要满足这样的政权宣传功能,但是考虑到其他国家,这一点不能表现得过于明显。根据希特勒的意思,这部影片应当尽量艺术性地让全世界看到貌似客观的德国国际化与和平的形象。为此莱妮·里芬斯塔尔从希特勒那里拿到一张空

---

① BAB, R 58/2320.

② 莱妮·里芬斯塔尔(Leni Riefenstahl,1902—2003),德国舞蹈家、摄影师、电影演员和导演。作为导演,尽管她创作了非凡的电影作品,但她仍被许多人从一般电影导演中区分开来,因为她曾效力于纳粹德国。

③ Fröhlich (Hrsg.), *Die Tagebücher von Joseph Goebbels*,Teil I, Bd. 3/II, S. 150.

女导演莱妮·里芬斯塔尔负责拍摄奥运会的官方影片，她自己也很愿意出镜。

白支票：没有人能够合理干涉她的影片计划，即使是约瑟夫·戈培尔。这种做法丝毫不合这位宣传部长的胃口，他正以狐疑的目光审视着里芬斯塔尔。

为拍摄这部奥运影片，莱妮·里芬斯塔尔将在这段时间总共获取 2800 万马克。她的个人酬金一开始就达到 25 万马克，后来又涨到了 40 万马克。为了掩盖帝国政府布置任务和投资的事实，奥运电影有限公司被用作挡箭牌，而其合伙人是莱妮和她的兄弟。凭借如此巨额的投资，这位女导演便能够用独特的方式运用这笔开支。投入的人力约有 200 人——他们将在奥运期间曝光长约 40 万米的电影胶片。莱妮在奥运赛场中建了拍摄塔，还挖了些坑，这样便能够获得一些非同寻常的拍摄角度。一架特地为此制造的移动摄像机在轨道上跟随跑者运行，并且提供最新的照片。莱妮使用手持摄像机，以此足够靠近运动员们进行拍摄，她将设备固定在小型氢气球上，令其升至体育场上空；她还在游泳池设置了水下摄像机，并且尝试慢动作摄影。这笔巨额支出不仅仅停留在经济层面。莱妮·里芬斯塔尔的摄像师们总是挡在路上：他们有时候挡住了运动员或是裁判员的去路，有时候则带着怪物一样的机器阻挡了观众甚至贵宾们的视线。对于莱妮来说，她明亮的聚光灯和刺眼的闪光灯是否会让运动员眼花或是让赛马受惊，都是无所谓的。好几次，莱妮·里芬斯塔尔和约瑟夫·戈培尔之间产生了强烈的分歧。如同这位部长所声称的那样，他狠狠责骂了她，而莱妮同样理直气壮地骂了回去。莱妮·里芬斯塔尔女士似乎还很享受这场闹剧。

她穿着一条灰色法兰绒长裤和一件时髦的运动夹克，戴着某种马术帽，看起来像一位好莱坞影星。在她身边一直有两位摄影师，他们唯一的任务就是，拍摄正在工作的她。她说行就行。

"她时不时地坐在元首旁边，"犹太记者贝拉·弗洛姆回忆道，"她的笑容像一张封面插图那样凝结，她的头上闪耀着受人重用的光环。"在莱妮不那么直接地显露对希特勒的拥护时，她就大动干戈地在各摄影组之间跑来跑去，下达指示。她手下的人这时都笑脸奉承。莱妮要是发现媒体看台上有摄影师想要抢占她的风头，她就会派人送去一张可怖的纸条："莱妮·里芬斯塔尔要求您，拍摄时请不要离开您的座位。请勿四处走动。若您不能遵守，将会被吊销记者证。"①也难怪这位女导演在奥运会场中没什么朋友。有些游客会逮住莱妮摆谱的时机，并以此寻开心。"莱妮，莱妮……你看看你！"他们这样喊道。而当这位女导演摆起架子，朝她假想的支持者们挥手时，他们就会嘲笑道："呸，老奶牛，老奶牛！"②

对于作家卡尔·楚克迈尔③来说，原本是通过山区纪录片出名的莱妮·里芬斯塔尔，不过是"帝国的冰川裂隙"。"完全可以确信，她不是个叛变者，而是对希特勒比对救世主还要笃信的追随者，"楚克迈尔1943年到1944年流亡美国期间如此评价，"当她的奥运会及纽伦堡党代会影片上映，元首当面为她授予荣誉金奖章之类的东西时，她激动地摔下舞台，昏了过去，她没能成功倒在元首怀里——她倒在了他的脚下，而他则明显以嫌弃的神情从她身上跨过去，离开了那里。"④

好事接踵而至。杰西·欧文斯今天将毫无悬念地拿下他的第三块金牌。18时，200米赛跑决赛提上日程。这一项目中欧文斯只有两位可以称得上对手的人：尤雷斯·皮考克和拉弗·梅特卡夫。皮考克正在距柏林6000公里的新泽西治疗大腿的伤，而梅特卡夫没能获得参赛资格。还有什么可失败的呢？唯独天

① Bella Fromm, *Als Hitler mir die Hand küsste*, Berlin 1993, S. 250.

② Jürgen Trimborn, *Riefenstahl. Eine deutsche Karriere*, Berlin 2002, S. 256.

③ 卡尔·楚克迈尔（Carl Zuckmayer）是一名电影编剧，主要作品有《蓝色天使》等。

④ Carl Zuckmayer, *Geheimreport*, München 2007, S. 93f.

气令欧文斯担忧，因为傍晚已经能够感到寒意。一位裁判员看了一眼起跑线前的标准温度计，读数只有 13.3 摄氏度。除此之外，天气还很潮湿，因为下午下了一会儿雨。总而言之，这不是什么良好的比赛环境。

这时托马斯·沃尔夫也同一名美丽的棕发女士抵达了体育场。这位年轻女士就是玛莎·多德，沃尔夫在多年前第一次拜访柏林时就与她相识了。玛莎是美国驻德大使的女儿，她已经同父母在帝国的首都定居三年。玛莎的父亲威廉·爱德华·多德，是一位知名的历史学家及有杰出贡献的高中教师——而他却不是名经验丰富的外交家。自从富兰克林·D·罗斯福数次拒绝担任驻柏林美国大使这一重要职务以来，这个差事就落到多德头上，他曾在莱比锡上过大学，能说流利的德语，并且喜爱德国文化。"噢，他简直就是这里最了解德国历史的人——到 1870 年为止的！"[1]多德的一位外交部同事嘲讽道。人们把他的任职理解为一种权宜之计并非有失公平，就连他自己也有这种感觉，比起在柏林，他宁愿住在他弗吉尼亚的小农场，写成一部分多卷的美国南部历史书。

26 岁的玛莎协助他的父亲应付各式各样的交际。她乐此不疲地在大使馆里开派对和招待会，取悦着各种各样的观众：记者、艺术家、军事家、外交家和特工。玛莎在外界有着令其父困扰的名声，她对优秀的男性态度很是开放。她的追求者中就疑似有鲁道夫·迪尔斯这样的人，他是秘密警察局的局长。这样的人还有恩斯特·汉弗施坦格，纳粹海外媒体总部的部长，他还安排了希特勒和玛莎·多德在王宫酒店的会面。"希特勒需要一个女人！"恩斯特此前怂恿她说道，"玛莎，你就是那个女人！"[2]玛莎很明显不是。与之相对地，玛莎同鲍里斯·维诺格拉多夫坠入了爱河，他是苏联使馆的秘书长。

1936 年 8 月的这个星期三，沃尔夫和玛莎在奥运会场的外使包厢里占有了一席之地，为此多德小姐是以美国大使之女的身份入场的。威廉·爱德华·多德正在从美国返程的路上，几天后才能到柏林。没有父亲的监护，玛莎便诱

---

[1] Salomon, *Der Fragebogen*, S. 277.

[2] Martha Dodd, *Meine Jahre in Deutschland 1933 bis 937. Nice to meet you, Mr. Hitler!* Frankfurt/Main 2005, S. 74.

惑起了她的汤米——她是这么叫托马斯·沃尔夫的,用上了一切手段。沃尔夫似乎也很买账。他对朋友承认道:"玛莎就像一只蝴蝶,绕着我的阴茎翩翩飞舞。"① 而西亚·沃尔克,也就是那位几天前令他难以忘怀的女神,显然被他抛在脑后。

沃尔夫是第一次来奥运会场,这里给他以震撼。他向玛莎坦言,这是堪称典范的、最为完美的体育场。在这里沃尔夫不仅仅拥有观看赛场的完美视野,还能一窥外使包厢上方的"元首包厢"。沃尔夫略微转过头去,马上就认出了希特勒,他在自己的座位上焦躁地来回挪动。希特勒左侧的男人肯定就是约瑟夫·戈培尔。希特勒身后坐着一个身穿白色西装的人,玛莎简短地指出,那是帝国体育部部长汉斯·冯·查摩尔-欧思登。那个秃顶的年长男人呢?他叫特奥多尔·莱瓦尔德,是奥组委主席。沃尔夫目不转睛地看着希特勒,放心大胆地凝视着,而这时扬声器宣布比赛开始,沃尔夫再次将目光转向前方。

参加 200 米赛跑决赛的有两个美国人、两个荷兰人、一个瑞士人和一个加拿大人。几秒的时间里起跑处笼罩着一片死寂,简直是针掉在地上都能听见。随后信号枪响,现场爆发出欢呼声。杰西·欧文斯马上处于领先地位,他遥遥领先,很快进入终点直道。最终,他与同胞麦克·罗宾逊相差 4 米率先冲破了终点线。此刻全场都在等待最终成绩。过了不久,解说员就宣布道:" 20.7 秒——新的奥运会纪录。"这一刻,沃尔夫从座位上跳了起来,发出撼天动地的喝彩声。沃尔夫喊得如此大声,来表达他为欧文斯第三枚金牌感到激动的原始情感,使得周围的人又惊恐又好笑地看向他。就连希特勒都听到了沃尔夫的欢呼声——毕竟他离"元首包厢"只有短短几米远。玛莎可以清楚地看到,元首站起身来,靠在栏杆上身体微微前倾,皱着眉头审视着这个捣乱的人。沃尔夫着实有着巨人的身材,他站在长椅上确实会挡住别人的视线。有那么几秒钟,希特勒和沃尔夫的目光相对。希特勒目光愠怒地看着他,更严重的是,他

---

① Shareen Blair Brysac, *Mildred Harnack und die Rote Kapelle. Die Geschichte einer ungewöhnlichen Frau und einer Wider standsbewegung*, Berlin 2003, S. 229.

还用目光严厉地惩罚着他。然而，沃尔夫却并不在意。"虽然很可惜欧文斯是黑人，"沃尔夫回忆道，"但这家伙却该死地属于我们的国家队，而他真是棒极了。我为他而自豪，所以我要欢呼。"[1]

奥地利驻德大使斯蒂芬·陶施茨写信给维也纳外事处："奥地利国家队领队赛弗提茨伯爵感到很不满，奥运村的人都被惯坏了似的，不需多加注意，就能时不时地从他们眼中看到他们的愿望。"[2]

---

[1]　Zit. nach: David Herbert Donald, *Look Homeward. A Life of Thomas Wolfe*, Boston 1987, S. 386.

[2]　Stephan Tauschitz an Guido Schmidt, 5. 8. 1936, ÖSTA/ADR, Neues Politisches Archiv, Politische Berichte Berlin, Nr. 175/1936.

1936 年 8 月 6 日
星期四

帝国天气预报，柏林地区：

随着西风的停息，气候逐渐趋于稳定，

然而天气仍有凉意并且大部分时间多云。

下午可能有小雨。18摄氏度。

托马斯·沃尔夫活力十足地拉开了酒店房间的窗帘，打开窗户。窗外的选帝侯大街像往常一样繁华。他很享受这样的时刻，那些喧闹声像一阵风吹进房间。每个城市都有其各自的声音——柏林听起来和纽约不同，而纽约又和其他城市不同，例如巴黎。沃尔夫对城市的声音有着灵敏的感觉。比如说选帝侯大街上通行的城铁线路有三条，每过几分钟城铁就会经过他的酒店。沃尔夫站在打开的窗边，观察着这些奶油色的列车时，注意到，它们几乎没有声音。这些列车就像玩具火车那样掠过。偶尔电缆上会有火花噼啪作响——这便是全部的声音。根本没有美国城铁会发出的那种噪音。在德国一切都运转得很完美，他自言自语并不自觉地笑了起来：“就连铁轨之间的铺路石都干净得一尘不染，就像每一颗都用扫帚清理过一样，而且铁轨两旁的草带都如此翠绿，就像是牛津的草坪一样。”[1]

沃尔夫将身子微微探出窗外，看向“老房子”的露台，那是紧挨动物园酒店的一家很受欢迎的啤酒餐厅。他会在中午时分和勒迪希在这里喝上一两杯。柏林新的一天开始了，沃尔夫想道，他深呼吸，像是要把这座大城市的样子印在自己心里。有人在敲门，沃尔夫关上窗户，喊道：“进来！”接下来便是沃尔夫每天早晨都会看到的场面：几秒钟以后门被打开，房间的侍者推着“咔嗒咔嗒”轻响着的餐车来到屋子中间。“早上好，先生！”这个年轻人用有力的声音说出这句话，就像为自己会说零散的英语而自豪的人一样。沃尔夫窃笑，因为在他听来，这句问候就像是“早上‘嚎’，先‘申’！”服务生彬彬有礼地鞠了一躬，把杯盘、刀叉、餐巾纸，装有热巧克力的罐子，装了小面包、甜牛角面包的篮子，还有黄油

---

① Wolfe, *Es führt kein Weg zurück*, S. 616.

和果酱从餐车里拿出，在桌上摆好。这个年轻人肯定是好好练熟了这套工序，因为他总是把那些东西放在完全相同的位置上。餐巾和刀叉自然摆在桌子右侧，面包篮在桌子中央，旁边是巧克力罐。他从来都不会去想，比如把面包安置在桌子右侧，或是把果酱放在那里之类的，那里本来要放的是黄油。这套工序不超过两分钟，并以一句"请您慢用，先生"收尾。像这位服务生进房间时一样，他同样悄无声息地离开。在他要把门在身后关上前，他会以"非常感谢，先生"作别。这是沃尔夫觉得最为滑稽的时刻，因为他听成了"肥肠感蟹，先申"。

沃尔夫吃了早餐，去过洗手间，做好了离开房间的准备，这时勒迪希前一天在布里斯托尔咖啡馆塞给他的报纸意外地掉到他手里。翻看的时候，他发现了那篇访谈，但是他还没有试图去读这篇德语文章，便脱口说出："猪脸！"令他惊呆的是西亚·沃尔克的肖像画。这位女神，据他所说，给他强加了一张难看的猪脸。他刚刚滑稽地念出了这个糟糕的词，就像是服务生刚才跟他说那些礼貌的套话时一样，而他心情激动得没有注意到这一点。沃尔夫现在满腹怨气地往"老房子"走去，勒迪希已经在那里等他了。通常情况下，沃尔夫都会寒暄几句，跟收银台边总是亲切地问候他的那位女士，还有他离开酒店时为他开门的那位侍者。而今天他没打招呼就走了。有人惹美国佬生气了。

沃尔夫站在"老房子"的露台前，目光掠过坐在那里的人们。几秒后他发现了勒迪希。他逼问可怜的勒迪希是不是看到了那幅画。勒迪希还没来得及回答，他的话就一股脑涌上来：根据他母亲无关紧要的看法，他是沃尔夫家兄弟中最好看的一个，他肯定要搞清楚，那个金发女人怎么会把他画成这样，等等，等等。不，他绝对不想再见到这位女神了。他一边比画一边大声责骂，抓起勒迪希的手，把他往玻璃窗方向拉，看着饭馆的玻璃问道："我长了一张猪脸吗？"勒迪希很想让他平静下来，向他保证他没有长一张猪脸。他也很想对沃尔夫讲明白，那张肖像自然是很差劲，而那位金发插画师只是单纯地画技不佳罢了。其次，同样重要的是，他想要指出，他不该对此事大动干戈，毕竟那只是一张无伤大雅的画，而那篇塑造了沃尔夫卓越形象的绝佳访谈才重要得多。可是沃尔夫先生什么都听不进去，他突然声称幕后有秘密警察在，是的，他认为海因里希·希姆莱，或是其他的什么帮手应该指使了西亚·沃尔克，让她把他画得一无是处。纳粹简直什么事都做得出来，沃尔夫发起脾气，难不成是他们用什么手段逼她这么做的？随后他情绪更糟了。可怜的西亚，她令沃尔夫一见钟情，而他们又对她都做了些什么。西亚必须要收到明晚那场派对的邀请，那是罗沃尔特先生为他举办的。勒迪希答应了——同时摇了摇头。他已经习惯了沃尔夫某些疯狂的举动，而这次的风雨交加对他来说也是快得难以应付。

光是这样还不够，现在沃尔夫出了个主意，他要跟勒迪希还有他的女朋友前往波茨坦。他说自己还没去过波茨坦，他用很大的嗓门说今天是个适合郊游的日子。说到做到，但是这次踏青令人不快地彻底失败了。"几个人意见不一，他还跟我们斗嘴，"勒迪希回忆道，"他对一切都心不在焉的样子，最后他问我们，究竟为什么要把他拉到这普鲁士帝国肤浅的繁华之中转来转去。"①

纳粹想要给外国宾客留下深刻印象，就会安排他们住进伊甸酒店。这座位于布达佩斯街拐角与纽伦堡大街交点的十字路口处的房子，是这座城市最奢华也最昂贵的住宿地之一。最广为人知的是这里屋顶露台上的顶级5时下午茶，知名的国内外舞团会在这时进行表演。穿着白色燕尾服的侍者会端上黄瓜小三明治，以及闪闪发光的鸡尾酒。最吸引人的是迷你高尔夫设备，它同样在露台上。在柏林的屋顶上跳舞或是玩迷你高尔夫——这就是1936年夏天上流社会的生活缩影。

亨利·查农和他的夫人哈娜尔·吉尼斯女士昨天抵达了伊甸酒店，而他们在刚才离开了他们的套房。这对夫妇是希特勒的外交顾问约阿希姆·冯·里宾特洛普②的客人，而他对他们是纵容过头了。亨利·查农甚至得到一名侍从官，

---

① Ledig-Rowohlt, *Thomas Wolfe in Berlin*, S. 74.

② 全名乌利希·弗里德里希·威廉·约阿希姆·冯·里宾特洛甫（Ulrich Friedrich Wilhelm Joachim von Ribbentrop, 1893—1946）。纳粹德国外交部部长。战后，里宾特洛甫被英军抓获。1946年10月1日，他被纽伦堡国际军事法庭判处绞刑，15天后受刑而死。

也就是一位私人副手，以及一辆豪华轿车，连同有冲锋队军衔的轿车司机也供他随意使用。他看起来也欣然接受这种礼节上的重视。

亨利·查农，昵称"薯片"，是一个令人捉摸不透的人。他生于芝加哥，但早早离开了他美国的家乡而移居大英帝国。1933 年，他已拥有英国国籍，两年后又经选举进入了下议院。这位保守的政治家也以作家的身份活动，他的《维特尔斯巴赫王朝①传》被译成德语且备受好评。这位机敏的先生是个有教养、有风度、社交技巧堪称完美的男人。他在谈话和闲聊中闪现着智慧的光芒，以及魅力和幽默感的光辉。有的人认为亨利·查农是个喷香水的美男子而且空有其表——一种不够确切的印象。他和比他年轻十二岁的吉尼斯女士——这个姓来自同名（Guinness）的酿酒世家②——的婚姻，大概不过是一种象征性的关系，因为亨利先生是同性恋。

亨利·查农并非约阿希姆·冯·里宾特洛普请来观看奥运会的唯一一位有影响力的英国人。印刷界巨头哈罗德·哈姆斯沃斯，拥有知名报纸如《每日邮报》③和《每日镜报》④；他的竞争者麦克斯·艾特肯，拥有《标准晚报》和《每日快报》⑤；功勋累累的弗朗西斯·罗德将军——他们都住进了伊甸酒店。借由英

---

① 维特尔斯巴赫家族（Wittelsbacher）是一个德意志的王公世家，曾经在德意志境内的数个公国和其他一些欧洲国家进行过长期的、连续的统治。自 1996 年开始，该家族首脑是巴伐利亚的弗朗茨。

② 指阿瑟·健力士公司（Arthur Guinness Son & Co.）。它是由阿瑟·健力士（Arthur Guinness）于 1759 年在爱尔兰都柏林建立的酿酒公司。

③ 《每日邮报》（*Daily Mail*）是在英国每日发行的老牌报刊，由每日邮报集团和通用信托集团拥有，立场偏向保守派。《每日邮报》的创办人为艾尔弗雷德·哈姆斯沃思，于 1896 年首次印刷发行，是继《太阳报》后英国第二大报纸。

④ 《每日镜报》（*Daily Mirror*）是英国一家小型报纸，创立于 1903 年。现为三一镜报集团旗下。该报在历史上曾有两次改名为《镜报》，此名称也是英国对该报的流行称法。其姐妹报纸为《星期日镜报》。

⑤ 《每日快报》（*Daily Express*）是英国的小型报，为每日快报系的旗舰报纸，创刊于 1900 年。每日快报社同时发行《星期日快报》（创刊于 1918 年）、《每日星报》和《星期日星报》等报纸。除了 2001 年英国大选之外，《每日快报》在第二次世界大战后的历届选举中均公开支持保守党。

国人的来访，希特勒瞄准一个野心勃勃的目标，他希望柏林和伦敦结成紧密的盟友关系：一方面，希特勒想借此离间英国人和法国人的同盟；另一方面，他希望如此为他的向东扩张计划赢得一些必要的政治上的回旋余地。时间看上去是掐算好了的，因为有不少英国保守人士面对这一危机以及在西班牙打响的内战，为自身的利益提出要向柏林靠拢。亨利·查农也同属泰晤士河沿岸这个亲德派。难怪里宾特洛普要给他和他夫人铺好红毯。

作为所谓的和事佬，亨利·查农在英国政界采取跟罗伯特·范西塔特相对的立场。55岁的罗伯特，自1930年起任英国外交事务部永久副部长，并借此成为最有影响力的英国外交家之一。他很鲜明地质疑并反对"第三帝国"。多年以来，他一直警告说希特勒很危险，绝对不能信任他，他会让欧洲陷入一场新的战争。约阿希姆·冯·里宾特洛普恰恰能够把罗伯特·范西塔特连同他的夫人萨丽塔请到柏林看奥运会，完全可以用惊人之举来形容。没有人会想到。巴黎的人们也在密切关注这一来访。

罗伯特和萨丽塔的官方说法只是说来度假。"塞西尔（萨丽塔·范西塔特女士第一次结婚生的儿子）是个体育迷，他很高兴能来普雷河畔旅行。"萨丽塔·范西塔特在一次采访中如此解释道。除此之外，她还能趁机见到他的姊妹弗兰西斯，她跟英国驻德大使埃里克·菲普斯先生结了婚。尽管存在私人性质，范西塔特一家在纳粹德国为期14天的逗留还是具有巨大的政治意义。这位度假中的顶级外交家与阿道夫·希特勒、帝国外交部部长康斯坦丁·冯·诺伊拉特、鲁道夫·赫斯、赫尔曼·戈林以及约阿希姆·冯·里宾特洛普进行了私人会谈。罗伯特·范西塔特见到了他的外交部德国同行，接待了企业家和记者，参观了奥运会场，参加了大量的欢迎会和派对。简而言之，范西塔特一家在柏林逗留的政治性已是人尽皆知。

今天上午，罗伯特的日程安排是拜访约瑟夫·戈培尔。这位宣传部长起初以怀疑的态度会见了他的英国客人："一位过于拘谨的先生，他很聪明，但没什么活力，他还是乳臭未干，肯定很轻易就能被拉到我们这边来。我对他做了几个小时的思想工作。"对于罗伯特，戈培尔说他在离开时给自己留下了深刻印象："我给他好好上了一课。"①

就连希特勒的首席思想家阿尔弗雷德·罗森堡也声称从罗伯特那里得知了不得了的事情："关于美国黑人，他态度恶劣——像所有英国人那样，因为他们抢了英国人在奥运会上的风头。我笑着问他：'为什么执此种族偏见？'V.（范西塔特）过去和现在都作为我们的反对者出现，天主教亲法国。现在这个自负的先生，因为西班牙的事，显得对自己的信念有些动摇。同时我还试图向他的夫人问出一些关于跟犹太人通婚的想法。她也在说着对美国黑人跑步运动员的不满，这时我说，这些人确实对美国产生了一种普遍威胁。而且有朝一日犹太人会给这些黑人钱财，用以起义。我听到回答时相当震惊：'您说得有道理。'"②

他在要什么花招吗？罗伯特是在迎合东道主，好让他们喜欢他吗？可以肯定，在柏林所见的一切，都让罗伯特兴奋不已。奥运会的组织工作、新设施林立的帝国体育场馆、德国队的体育成绩、座无虚席的招待会、大大小小值得注意的事情———切都给他留下了印象。"这些专心致志又充满意志力的人们显得我们就像个三流国家一样。"罗伯特在他给伦敦外事局的机密报告里写道。在所有的纳粹领导人里，他跟约瑟夫·戈培尔处得最好。他觉得戈培尔有着绝对的魅力："一位跛脚的、说话充满自信的、身材瘦小的雅各宾党人，相当机敏，却又同样危险。"而戈培尔又很斤斤计较，所以是个可以商量的人。"我的爱人和我立刻就喜欢上了他和他的夫人。"③这位纳粹党人费了好大劲，把德国的政治描述成热爱和平且十分可靠的形象。这种表演相当诱人，致使罗伯特·范西塔特开始质疑他最初的观点。也许他误会了希特勒？如果"第三帝国"根本就不是挑起战争的国家呢？罗伯特陷入了深思，至少就会见英国游客这一点，戈培尔和罗森堡的说法应该还是属实的。这代价高昂的魅力进攻战略对德

---

① Fröhlich (Hrsg.), *Die Tagebücher von Joseph Goebbels*, Teil I, Bd. 3/II, S. 151.

② Alfred Rosenberg, *Die Tagebücher von 1934 bis 1944*, Herausgegeben und kommentiert von Jürgen Matthäus und Frank Bajohr, Frankfurt/Main 2015, S. 186f.

③ *Documents on British Foreign Policy* 1919—1939, Second Series, Vol. 17, London 1979, S. 768.

国政府似乎是值得的。不料发生了一个变故，使这位英国外交家看穿了他们煞费苦心经营的表面工作。范西塔特和里宾特洛普共进午餐，他们边吃喝边聊天，探寻着未来政治的可能性。谈话过程中突然有那么几分钟，里宾特洛普好像是失控了，说出了他的真实想法，罗伯特在他的报告里描述道："这次冯·里宾特洛普先生提出，若是英国削减德国的'生存潜能'，将无疑会爆发一场毁灭性的战争。我足够机警，没有问他这话究竟是什么意思。"[1]

帝国记者会每日指示节选："奥运会的新闻报道中含有种族主义观点，这一现象遭受了严重警告。"[2]

戈培尔家的婚姻危机得以化解。阿道夫·希特勒在当事人双方之间调停已经不是第一次了。"日后还会长期跟随元首，"戈培尔在日记里写道，"他把玛格达赞扬了一番，说她魅力十足，是我能找到的最好的女人。"[3]希特勒的关心纯粹是一种自私的考虑，因为他实际上是问题的一部分。戈培尔夫妇与他们的元首之间是复杂的三角关系，私下里和工作上他们都紧紧捆绑在一起。希特勒1931年认识了玛格达并且爱上了她。后来她嫁给她的追求者约瑟夫·戈培尔的时候，希特勒自然是非常失落，这再度激发了戈培尔心中原有的忧虑："可怜的希特勒！我简直为我的幸福感到羞愧。希望这不要毁了我们的友谊。"[4]而第二天戈培尔就已经可以发出安全信号了："他确实爱着玛格达，但他不嫉妒我的幸福。"接着是那句关键的话："我们三个会善待彼此的。"他们达成了某种共识：希特勒同意戈培尔和玛格达的婚事，戈培尔允许妻子和希特勒之间特殊的柏拉图式的关系，这让两个男人的关系以特别的方式再度变得亲密起来。此时玛格达摇身一变成了"第三帝国"的第一夫人——她是希特勒的顾问，总是单独跟他待在一起。戈培尔陷

---

① Ebd., S. 767f.

② Bohrmann, *NS-Presse-anweisungen der Vorkriegszeit*, S. 853.

③ Fröhlich (Hrsg.), *Die Tagebücher von Joseph Goebbels*, Teil I, Bd. 3/II, S. 151.

④ Fröhlich (Hrsg.), *Die Tagebücher von Joseph Goebbels*, Teil I, Bd. 2/II, S. 98.

入了对希特勒完全的依赖，这也是事实。希特勒不仅仅是"上司"——他在日记里这么称呼他，他也是家庭秘密首脑。戈培尔清晰地认识到这一点，然而好几次一说到希特勒，他就会随意篡改他们的关系，并使之理想化："他很吸引我。我与他单独交谈时，他像父亲那样对我说话。他是我最为敬爱的人。"[1]

玛格达外遇这件事现在算是过去了，奥运会的第一周也接近尾声，今天晚上戈培尔是国家剧院一场盛大欢迎会的焦点。这位部长对自己非常满意，一切似乎又都步入正轨。然而短短几天后，约瑟夫·戈培尔会遇到一位女人，她将让他和玛格达的生活全线脱轨。

"短句子比长句子能表达得更多，多级套句对于德语来说是异类，"帝国内政部长威廉·弗利克[2]在《柏林信号》中阐释道："特别是在今天，用词要达意，不可产生歧义，我们现代生活中的大量事件都需要及时、简洁、明确地被表述和理解——今天我们的语言尤其要条理清晰，意义明确。"[3]威廉·弗利克是法学家，1901年在海德堡大学取得了博士学位。那时候那里的博士生还不需要写书面的论文。

奥运会期间从未有哪一天，柏林的政要名流不选择安排一场正规的欢迎会、一场时髦的派对或是什么别的社交活动。"第三帝国"的每一位对自己足够重视的代表人物，在夏季运动会期间都会举行一些个人庆祝活动。帝国内政部长威廉·弗利克邀请客人到帕加马博物馆[4]，而帝国体育部长汉斯·冯·查摩尔-欧思登则是在他的公务别墅招待宾客；希特勒多次在元首府接待客

---

① Fröhlich (Hrsg.), *Die Tagebücher von Joseph Goebbels*, Teil I, Bd. 3/II, S. 151.

② 威廉·弗里克（Wilhelm Frick，1876—1946）是著名纳粹官员，曾任"第三帝国"的内政部长。在第二次世界大战结束后，他因战争罪而被处以绞刑。

③ Deutsch – nicht Schachteldeutsch!, in: *Berliner Lokal-Anzeiger*, 6. 8. 1936.

④ 帕加马博物馆（Pergamonmuseum，或译"佩加蒙博物馆"）位于德国柏林博物馆岛，兴建于1910年到1930年。佩加蒙博物馆包括古典收藏、中东博物馆和伊斯兰艺术博物馆，收藏有复制原有尺寸的纪念性建筑物，如小亚细亚佩加蒙祭坛、米利都市场大门，以及巴比伦的伊什塔尔城门等。

人；帝国外交部部长康斯坦丁·冯·诺伊拉特为他的宾客们开放了夏洛腾堡宫的纪念厅；至于柏林警察局长沃福 - 海恩里希·冯·海尔多夫，则在普鲁士议会大楼请客。接下来几天还要开赫尔曼·戈林、约阿希姆·冯·里宾特洛普和约瑟夫·戈培尔的私人招待会，不过今天晚上的重点还是在国家剧院，帝国政府及普鲁士政府的庆祝活动在此举办。

几星期以来，这栋建筑为了这一活动而进行了翻修。一个独立的露天台阶现在从前厅通往前排座位，为此第一排和第二排的部分座椅不得不被拆除。建筑文物保护问题这时候简直不值一提。所有的包厢和隔间都盖上了奶油色的丝绸，观众席被抬高了，和舞台一并被建成了宴会厅和舞厅。到处都站着侍者，他们排成长龙形成一道风景线。他们穿着红色的燕尾服、束膝裤，戴着上了粉的假发。"那些外国人被惯坏了，受尽了谄媚和迷惑，"记者贝拉·弗洛姆在日记里记下，"人们都以奥运为借口，宣传机器便借机试图给游客们留下有关'第三帝国'的良好印象。"[1]那句外来谚语"面包与马戏"在这几个星期颇具现实意义。

赫尔曼·戈林以普鲁士首相的身份、约瑟夫·戈培尔作为帝国政府的代表对众多的客人表示问候，其中有几乎全体的外交队伍、党派和政府的代表、各国国内及国际奥委会成员，以及许许多多的艺术家和贵宾。为了互不妨碍，两位东道主照顾各自对面的重要包厢，他们在那里安排了各自的跟班团队。女演员詹妮·尤格在戈培尔身旁，而尤格的同事卡罗拉·赫恩在戈林那里奉承着他。古斯塔夫·格林德根斯和威廉·富特文格勒则足够机灵，跟两位先生都寒暄了一番。

这个夜晚以音乐开场。"阿道夫·希特勒贴身市委团"的乐团演奏一段军乐进行曲之后，柏林爱乐乐团奏响——还能是别的吗——理查德·瓦格纳的《名歌手》序幕。

"戈林和我上台发言，"约瑟夫·戈培尔在日记里简要写道，"每人3分钟。我处于最佳状态。每句话都很到位。"[2]戈培尔简短的演讲是煽动和操纵人心的

[1] Fromm, *Als Hitler mir die Hand küsste*, S. 250.

[2] Fröhlich (Hrsg.), *Die Tagebücher von Joseph Goebbels*, Teil I, Bd. 3/II, S. 151f.

国际奥委会主席亨利·德·巴耶–拉图尔在柏林国家剧院的帝国政府官方招待会上。

杰作。如此开诚布公地对外国客人讲话，对他来说可不是易事，戈培尔暗自嘟囔，因为很多人只把他的话当作是为"第三帝国"宣传。而他今天晚上抛弃了这种宣传。德国仅仅邀请各位来到一个"充满欢乐与和平的庆典"，这位半专家允诺道："我感到这场庆典的重要性也许胜过战后开的一些会议。"他还说："我们希望彼此熟知、彼此敬重，以此建立起一座欧洲人民相互理解的桥梁。"[1]阿道夫·希特勒的德国是欧洲的和事佬？戈培尔似乎因自己的语言技巧大为振奋。他在日记里原形毕露："一次盛大的宣传活动。"[2]

阿道夫·希特勒呢？帝国元首没有参加他的政府办的招待会。如同奥运期间的一切，希特勒的缺席也是做戏的一部分。他在培植一种不辞辛劳地工作的元首形象，以及不在乎娱乐和交际活动的可敬领导人形象。希特勒的受欢迎程度在 1936 年夏天达到了顶峰，这也对工人阶级产生了深远的影响。这种影响在维利·勃兰特[3]身上丝毫没有减弱，他在那几周从挪威的流亡地秘密返回柏

---

① Festlicher Abend in der Staatsoper, in: *Berliner Lokal-Anzeiger*, 7. 8. 1936.

② Fröhlich (Hrsg.), *Die Tagebücher von Joseph Goebbels*, Teil I, Bd. 3/II, S. 151f.

③ 维利·勃兰特（Willy Brandt，1913—1992），德国政治家，1969—1974 年任西德总理。1933 年 4 月初，勃兰特被派往挪威。挪威工人党安排他负责政治流亡者协会的工作。稍后，又吸收他为党员，挪威工人党机关报《工人报》则特辟专栏，由他撰稿揭露希特勒统治下德国的真相，而稿酬则成为他的主要生活来源。很快他又从丹麦转到了挪威，在异国他乡坚持反法西斯斗争。

林："搞不清楚，怎么就连之前属于左翼的人，都会被打动了呢？"[1]

到1936年夏为止，希特勒对外交政策的干涉是有独创性的，他实施了一系列大胆的政治性煽动举措。1933年10月中旬，德国宣布退出国际联盟[2]和日内瓦裁军会议，并且开始了大规模重新武装。没过两年——1935年3月中旬，希特勒实行了普遍兵役政策，违反了《凡尔赛和约》的重要协定。国防军数量不再是10万人，其将来的规模将达到55万人。1936年3月初，希特勒动用了他目前最为大胆的手段，他让德国部队行进至解除武装的莱茵地区[3]。"重拾国家荣誉和帝国主权！"希特勒为其手腕正名道，其实他是在破坏国际协约。因为在《凡尔赛和约》与《洛迦诺协定》里，禁止了该帝国在莱茵地区装配武装势力，这一缓冲地带的存在基本上是出于对法国安全需求的考量。违反协定是一种敌对的行动，并且会成为世界和平的威胁。换言之，德国政府以其所采取的措施为其他协约成员提供了确凿的开战理由。

1936年初，希特勒孤注一掷——相应地，这位独裁者也相当不安。"进军莱茵地区的48小时之后是我一生中最为紧张的时刻。"多年后他承认道。巴黎将作何反应？会引发战争吗？希特勒说："如果当时法国人已经进入莱茵地区，我们就得在骂声和耻辱之中撤退，因为我们所拥有的武装力量，是无论如何也不能正常抵抗的。"[4]然而什么也没有发生——到抗议照会之前，伦敦和巴黎政府的反应都相当平淡。如此一来，希特勒只是让西方列强心生迟疑，他挫败了他们，在政治竞技场上牵着他们的鼻子走。由于柏林奥运会，希特勒在进军莱茵地区的短短几星期之后又摆出了友好的姿态。对于纳粹独裁政权的最初几年，典型的做法就是，让表面上的观望态度和可信的形象服务于煽动和违约行

---

[1]　Willy Brandt, *Erinnerungen*, Frankfurt/Main 1989, S. 110.

[2]　国际联盟，简称国联，是《凡尔赛和约》签订后组成的国际组织，1934年9月28日至1935年2月23日处于高峰时期，曾拥有58个成员国。

[3]　莱茵非军事区是莱茵河以东50公里的范围。《凡尔赛和约》规定莱茵河以东50公里内德国不得驻军设防。

[4]　Paul Schmidt, *Statist auf diplomatischer Bühne 1923—1945. Erlebnisse des Chefdolmetschers im Auswärti- gen Amt mit den Staatsmännern Europas*, Bonn 1953, S. 325.

为。在这层意义上，柏林的体育盛典就使莱茵地区的违约正当化了。

柏林奥运会是这种伪善的极致表现。尽管前几个月的违约众所周知，希特勒还是成功地扮作一个热爱和平的政治家。这位独裁者将其真正在计划的事情，在那几天之内写成了书面的备忘录。很遗憾我们并不清楚这一记载的具体日期，但是可以确定，文件完成于 1936 年 8 月。说不定希特勒怪异可怖的想法就是在今晚成型的——正当约瑟夫·戈培尔在国家剧院信誓旦旦地说着民族和平的时候。在希特勒眼里，跟苏联的战争在所难免，德国现在"人口过剩"，需要新的"生存空间"。绝密备忘录的最后写道："为此我进行如下要求：（1）德国军队必须 4 年以内达到可投入使用水平。（2）德国经济必须 4 年以内达到可承担战争水平。"[①] 三年后，第二次世界大战就开始了。

托马斯·沃尔夫，以及海恩里希·勒迪希和他的女朋友这天晚上依然在波茨坦。但他们现在已经离开无忧宫[②]，来到一家朴素的旅店。现在这三个人坐在一个装满了结实的特色香肠的盘子跟前，喝着啤酒，有说有笑，这就意味着沃尔夫的心情有所好转。"但是回火车站的途中他还是要在橱窗或是反光的广告牌前停上好几分钟，"勒迪希回忆道，"滑稽地伸着脖子，若有所思又有些恼火，把他强大而又好看的脑袋跟'猪脸'比较，因为那位女画家以此蔑视了他母亲的看法。"[③]

① Wilhelm Treue, Hitlers Denkschrift zum Vierjahres- plan 1936, in: *Vierteljahrshefte für Zeitgeschichte* 3 (1955), Heft 2, S. 210.

② 无忧宫（Sans Souci Palace）是 18 世纪德意志王宫和园林，位于德国波茨坦市北郊，为普鲁士国王腓特烈二世模仿法国凡尔赛宫所建。

③ Ledig-Rowohlt, *Thomas Wolfe in Berlin*, S. 74.

1936 年 8 月 7 日
星期五

帝国天气预报，柏林地区：

高压天气，多数时间天气晴朗温和，

有较强升温，微风，干燥。23摄氏度。

今天，在艾斯莱本大街 7 号的罗沃尔特出版社的办公室里充斥着混乱。一大早这里就开始打包装箱、整理搬运。那些占据了这座老楼一整层的书堆，都被挪到一边或是被当成了座位。那些本来用于阅读稿件、修订校样的书桌，也都有了新的功能。可以看出，恩斯特·罗沃尔特非常紧张。他在各个房间里神出鬼没，对人颐指气使，焦急地寻找着某些重要文件，他自然是没能在这片混乱之中找到它们，他不止一次地大喊："勒迪希，你的脑子又偷懒了，15 号当 1 号过！"可是海恩里希·勒迪希和其他员工都很了解他们的上司，都没怎么把他的火气往心里去。不

出版商恩斯特·罗沃尔特是民间美食之友。"他的额头上突然出现了汗珠，就像他吃了好几盘胡萝卜猪腩时那样。"

知何时，罗沃尔特嘀咕了一句，说这一切都要把他逼疯了，然后就离开办公室去吃午饭了。罗沃尔特的秘书西波尔特小姐和普罗席斯基小姐、出版社编辑们、学徒们，以及勒迪希，这时都继续收拾着屋子。

这种演习并非像人们以为的那样是为了搬迁，而是在为一件大事做准备，就像定期在这家出版社降临的某种自然景观。这件事就是所谓的"作家之夜"，恩斯特·罗沃尔特每三个月就要办一次。这种活动无非就是狂欢酒会，但是这种说法听起来过于庸俗，罗沃尔特更喜欢使用"作家之夜"这个概念。几个小

时之前还在润色稿子的地方，现在堆满了盘子、玻璃杯和刀叉。一处角落里已经立着一个啤酒巨桶，另一处放着一箱箱葡萄酒。罗沃尔特在附近奥格斯堡大街的施利希特餐厅预订了饭菜。要是依照这位出版商的口味，他会点胡萝卜肥猪腩或是熏肉菜豆。这位老板倒也理解他的客人细腻的味觉，少点了些重口的菜品——基本上是一些清淡的沙拉、蔬菜、火腿和烤牛排。然而，在施利希特送来大量汤匙和盛满各种各样美味佳肴的盘子，摆起一桌惊艳的自助餐之前，勒迪希和其他员工还得完成他们最后的布置工作。时间步步紧逼。

"斯文·赫定拜访了一处劳役营"——今天的《柏林信号》里写道。这篇短文章几乎没有超出其标题的信息价值，约瑟夫·戈培尔却已竭其所能，大肆利用这位瑞典科学家短期访问的新闻价值。所谓的帝国劳役团①在波茨坦旁边的小城市维尔德尔运营着一处女性劳役营。在伊丽莎白赫劳役营中生活着的女孩子们——纳粹用语里称其"劳役女工"，在花园及田间做帮工，帮忙饲喂牲畜、看孩子，纳粹思想家将其说成"服务德国人民的荣誉劳动"。遗憾地，斯文·赫定跟住在这里的女孩说了什么，并未出现在文章中。强加给他的"有用的白痴"的形象——他是一位脱离了唯心主义的智者，倒是被他演绎得很像样。"见到并结识伊丽莎白赫的女孩们，对我来说是一次难忘的愉快经历，"这位瑞典人告别时在留言簿里写道，"德意志女孩就在这里！"②

奥拉宁堡距离维尔德尔约 60 公里。现在那里建起了一处劳役营，人们绝对不想把它展示给斯文·赫定这样的国际来宾。这里没有游客，也没有留言簿。7 月中旬以来，埃姆斯兰的埃斯特尔韦根集中营的囚犯们就在开垦一片紧挨着萨克森豪森区的巨大林地。囚犯们必须要用最为简陋的工具砍倒粗壮的树木，并把它们深达几米的树根挖出来。他们要铺设道路、建瞭望塔，还要拉铁丝

---

① 国家劳役团（Reichsarbeitsdienst）系 1933 年至 1945 年在纳粹统治下建立的组织，为纳粹德国重要的经济和教育组织。从 1935 年 6 月始，每个纳粹德国男青年需在服兵役前先履行六个月的劳动义务。第二次世界大战爆发后，此劳役适用人群扩大至女青年。

② Sven Hedin besucht ein Arbeitsdienstlager , in: *Berliner Lokal-Anzeiger*, 7. 8. 1936.

网。就这样，在接下来几周里，一所诡异的设施平地而起，日后这里会关押超过 20 万人。1936 年夏天，萨克森豪森集中营在此建成。

一开始这里的生活条件就相当不人道。"夜间任何囚犯都不准离开营房，"一位最初在这里的囚犯回忆道，"营房里没有厕所，只是在两侧的营房之间的一个小房间里有许多果酱桶和奶油桶之类的容器，到了早上常常就会溢出来。这些必须要搬到 100 多米远的粪坑那里——这是个恶心的差事，没人会自愿去做。"① 而且 1936 年还没有自来水供应，所以饮用水必须从附近的奥拉宁堡桶装运来。这时的囚犯们承受着纳粹看守持续的强权、虐待和酷刑。因为一些微不足道的理由，无论天气如何，囚犯们都要立正站上好几个小时，他们会遭棒打或是被反绑双手挂在柱子上。有不少的囚犯都在繁重的工作或是纳粹的恐怖统治之下崩溃了。这一切都发生在距柏林城郊约 8 公里、距柏林市中心 40 分钟城铁路程的地方。

纳粹在奥运期间的宣传显然是完美的，以致他们可以在国际公众察觉不到的情况下建立起集中营来。斯文·赫定和众多其他奥运看客，本来完全可以在 1936 年夏天得到一幅阿道夫·希特勒统治的未经修饰的德国图景。例如德国的流亡报社 ② 就在其报纸上详细报道了纳粹国家的专制独裁和不公正行为。7 月，布拉格的《工人插图报》向国内偷运了一本 60 页的小册子，这个小册子有着正经的标题：了解美丽的德国——一本柏林奥运游客人手必备的旅行指南。它的正面可以看到一处德国田园风景，而里面却出现一张德国地图，上面标注了几乎所有当时存在的集中营、劳改所和拘留所的位置。"冲锋队的刑讯室没记在上面，"一处脚注写道，"它们的数量过于庞大。"③

---

① So der jüdische Häftling Alfred Lomnitz, zit. nach: Günter Morsch (Hrsg.), *Sachsenhausen. Das ›Konzentrationslager bei der Reichshauptstadt‹*, Berlin 2014, S. 27.

② 纳粹统治期间被驱逐的德奥移民的出版物总称。

③ *Lernen Sie das schöne Deutschland kennen. Ein Reiseführer, unentbehrlich für jeden Besucher der Olympischen Spiele zu Ber- lin*, Kopie in: BAB, R 58/2320.

"这就是加的斯！"乌萨拉摩号的船长边说着边向前指点。汉内斯·特劳洛夫特站在舰楼上望向他前方的海岸。阳光映照在水面上令人眩目，汉内斯不得不把眼睛眯起来，才能看清一点东西。在一段距离外，他看到了无数漆白的房子，那中间耸立着建于 18 世纪的大教堂。"原来这就是加的斯。"汉内斯几乎难以置信地轻声说道，这里是通往非洲的门户。在海上航行了整整一周后，汉内斯、麦克斯以及其他旅行联盟的成员，将很快着手进行他们在西班牙的任务。船员们开始卸货的时候，其余的乘客都已经下船。汉内斯观察着一台起重机是如何将一个大箱子从乌萨拉摩号船体里取出，并且安置在码头上的。但是突然有一件货物从加固的包装中脱落，呼啸着飞出 10 米，落在港口的地面上。这个箱子碎掉了，露出一个巨大的、重达 250 千克的空投炸弹，它现在躺在西班牙正午的阳光下，像在一个托盘上一样。值得庆幸，这枚炸弹没有爆炸，却在这繁华的港口制造了一场巨大事故。"这一小插曲过后，我们坐在广播前，静静地听着柏林奥运会的比赛结果。"汉内斯回忆道。

至少这次海损事件过后可以确定，这个旅行联盟的成员并非游客，他们的大件行李里装的也不是轻便的夏季衣物。汉内斯·特劳洛夫特、麦克斯·冯·奥约斯以及其他人同属一个德国士兵小队，人们后来称其为秃鹰军团[①]。7 月中旬，西班牙军队发生了暴动：在弗朗西斯科·佛朗哥[②]的领导下，西班牙大部分军队对 2 月刚刚民主选举上台的第二共和国政府发起反抗。7 月底，在拜罗伊特参加瓦格纳庆典的希特勒决定，德国的战机要在部队转移的时候从西班牙殖民地摩洛哥转运到本土。为此他用船将 60 架战机和其他一些军用设备运送到了伊比利亚半岛南部。希特勒以此向面临出局危险的民族主义暴动伸出了援手，西班牙内战开始了。

[①] 秃鹰军团（Legion Condor）是一支由阿道夫·希特勒下令组织的军团，其成员来自当时德意志国防军（包括空军、坦克、通讯、运输、海军和教练人员），其目的是在西班牙内战中支持弗朗西斯科·佛朗哥的西班牙国民军。

[②] 弗朗西斯科·佛朗哥（Francisco Franco，1892—1975），前西班牙国家元首、西班牙首相，西班牙长枪党党魁。

除了德国人，主要还有意大利政府在支援这些叛乱者，同时共和国方面得到苏联和墨西哥的援助。希特勒在西班牙追求的是一个相当自私的目标：同贝尼托·墨索里尼一起打造一个右翼同盟，以对抗欧洲的左翼势力。除此之外，这个国家还有对德国军备工业意义重大的原料储备。而最初这一切看起来就像一场限时的冒险。德国人的行动遵守严格的保密原则，毕竟不能让支援军事暴动破坏了他们扮演的爱好和平的奥运东道主形象。"奥运会之后我们就会变得残暴，"约瑟夫·戈培尔今天在他的日记里透露，"然后就开炮。"[1]

纳粹通讯社报道："巴罗达（印度）王的大臣南尼和卡勒访问了纳粹种族事务处，以了解纳粹在种族问题上的立场和新德国的种族立法。两位客人都对雅利安人法特别感兴趣。这说明我们在基本问题上达成了共识。"[2]

奥运村里不断地迎来送往。有新的运动员入住，其他已经结束比赛的运动员，又会离开这里。今天，即星期五，这里住宿人数最多，共有4275名运动员。同时加入的还有1241名工作人员，包括行政人员、厨房的工作人员，以及负责接待或是负责救护的人员。总而言之，今天奥运村要为5516人提供伙食。面对这一庞大数量，就需要一套精密的后勤机制，这要依赖于工作的分配。每个国家都有一个独立厨房可供使用，有些国家甚至还带了自己的厨师。这样他们便可以满足本国的偏好，因为众口难调，这也是人尽皆知：秘鲁运动员一天最多吃上10个鸡蛋；菲律宾的运动员不吃花椰菜、蜂蜜，也不吃奶酪；波兰人爱吃白菜；匈牙利人偏爱猪肉；土耳其人只吃羊肉；卢森堡人对蔬菜的食用量相当大；而美国人则各种肉都吃（赛前吃烤得很生的牛排），却不吃熏鱼。同时，杰西·欧文斯和他的同僚喜欢将烤土豆和蔬菜作为配菜，并以英国奶油和冰淇淋作甜点；日本人每天要吃掉300克米饭，还要吃很多鱼，他

[1] Trautloft, *Als Jagd-flieger in Spanien*, S. 20f. Goebbels, Teil I, Bd. 3/II, S. 152.

[2] Unterrichtung über Rassenge- setze, in: *Nationalsozialistische Parteikorrespondenz*, 7. 8. 1936.

们还从家乡带来了必不可少的大豆制品；对阿根廷人来说，吃肉尤其重要，他们甚至提前用船运了 4000 千克上好牛肉到柏林来。如此一来，这些南美人每天都能享用烤牛排和牛肉馅饼了；德国运动员的早餐是 4 个鸡蛋、含葡萄糖的牛奶、番茄汁、加亚麻油的凝乳和加了很多黄油的面包，此外，他们还吃很多肉（比如切碎的生肝）、土豆，以及用面粉裹在一起的蔬菜。奥运村里并不禁止饮酒，但很少有人去喝，只有意大利人和法国人不愿放弃他们的 Chianti（意大利基安地红葡萄酒）和 Vin Rouge（红葡萄酒）。"伟大之国"的运动员们本来就要求很高，他们要吃上好的肉排和炖肉，而奥运村的厨师们让这些都成为可能。

奥运会期间，运动员们共计消耗了 80261 千克肉类、3047 千克鲜鱼、8858 千克面食、60827 千克面包类制品、58622 千克新鲜蔬菜、55220 千克土豆、2478 千克咖啡、72483 升牛奶、232029 枚鸡蛋、24060 个柠檬以及 233748 个橙子。[1]

莱尔特大街的博斯特体育场简直爆满。55000 名观众来到现场，观看足球的第二场四分之一决赛：德国队对挪威队。奥托·内尔茨带领的德国队是奥运足球赛的夺冠热门之一。在以 9：0 的惊人比分战胜卢森堡队之后，毫无疑问，他们也将击溃挪威队。半决赛仿佛就在眼前了，今天内尔茨想要保住能得分的队员，便派出一支有许多替补的队伍迎敌。17 时 30 分，来自英国的裁判员阿瑟·巴顿准时吹响了狂欢开始的哨声———场好戏开始，势不可挡。

德国队一次严重的防守失误让挪威队在第一分钟就顺利完成了一次进攻。阿尔夫·马丁森接球，传给雷达尔·科瓦门，接着，球又到了麦格纳·伊萨克森脚下。体育场的钟显示的时间是 17 时 37 分，伊萨克森射门，比分变为 1：0。对方如此早的进球似乎把德国人都震住了。后卫单薄，进攻依然没有起色，在下半场也没有多大改变。比赛的第 83 分钟，伊萨克森再次接过马丁森

---

[1] *Amtlicher Bericht 11. Olympiade Berlin 1936*, Bd. 1, Berlin 1937, S. 234–245.

和科瓦门的直传，再度射中球门。比赛结果是挪威队以 2∶0 进入半决赛，而德国队遭到淘汰。"元首非常恼火，我也几近失控，"约瑟夫·戈培尔在日记里写道，"真是让人大跌眼镜。观众暴跳如雷。这样的比赛前所未见。简直是震惊四座。"①

这责任自然而然又落在了教练身上。奥托·内尔茨被停职了，帝国教练协会任用了他迄今为止的助理赛普·赫伯格。这是 1936 年的夏天。

帝国记者会指示节选："意大利冠军的名字格奥吉奥·欧博维格被写成了格奥尔格·欧博维格。体育报纸编辑应当注意，不要把人名德语化。"②

艾斯莱本大街上的出版社的房间现在已经完成了转型，客人可以入场了。恩斯特·罗沃尔特的"作家之夜"深受喜爱，来 100 人的情况也不少见。除了本社的作家之外，其他出版社的作家、记者、艺术家、科学家、商人和各种形形色色的人也都会出席，他们都多少跟这家出版社有关系，或是对其有利用价值。

今天的"作家之夜"是以表彰托马斯·沃尔夫的名义举办的。罗沃尔特为他的美国成功作家而自豪，同样想要自豪地向他的客人们推荐这位作家。罗沃尔特用结结巴巴的英语问候了到场的各位，发表了简短的演讲。大家能够来到这里，他和他的"丈夫"（husband）③很高兴。沃尔夫窃笑，勒迪希绝望地摇了摇头。他已经跟这位出版商不知解释了多少遍，他的妻子（wife）不是他的丈夫（husband），而罗沃尔特就是记不住。他很肯定，罗沃尔特自信地往下说，沃尔夫有朝一日也会找到一位"好丈夫"的。而且他还把这个词念错了，听起来就像"裤带"④。他这么乱说了好多词，然后宣布了施利希特自助餐的开始，在场的人立马奔向它。

① Fröhlich (Hrsg.), *Die Tagebücher von Joseph Goebbels*, Teil I, Bd. 3/II, S. 152.
② Bohrmann, *Presseanweisungen der Vorkriegszeit*, S. 860.
③ 此处指罗沃尔特错将 husband 这个词理解成"妻子"的意思。
④ Hosenband，裤带。

　　依沃尔夫的意思，罗沃尔特不仅邀请了西亚·沃尔克——沃尔夫对她已经不再生气了，还邀请了玛莎·多德、米尔德丽德·哈纳克和她的丈夫阿尔维德。米尔德丽德来自美国威斯康星州的密尔沃基，在柏林当文学家及翻译；阿尔维德是经济学家，在帝国经济部工作。沃尔夫很喜欢哈纳克一家，他尤其欣赏米尔德丽德慎重安静的性格，跟他冲动的脾气大相径庭。总体来说，米尔德丽德是一个让沃尔夫感受到异国魅力的女人。她相对来说比较高大，直发梳到后面去，有一张表情丰富的面孔。她总是穿一身灰色，看起来像一位修女。哈纳克夫妇自去年起就在为苏联情报机构工作，沃尔夫对此当然是一无所知。

　　值得注意的是，罗沃尔特的"作家之夜"上很少谈及文学，大多是在讨论一些实际的社会问题或是政治。自然而然，奥运会也是今晚的一个话题。沃尔夫赞不绝口："在这方面，毫无经验的德国人建起了一座宏伟的体育场，它是这类建筑里最为完美的。不仅从体育比赛本身，到每场比赛最微小的细节，都以精确的计时设备确保了它们准时开始和结束，就连如此众多的观众都经过引导，保持着令人惊讶的安静、秩序、高效——没有其他大城市曾经应付过这么多人，他们肯定会让纽约的交通瘫痪，彻底把人逼疯。"[1]米尔德丽德听着沃尔夫对纳粹管理能力的溢美之词，显得无动于衷。不过，她的眼神明确提出了抗议，这让沃尔夫不知何时闭上了嘴。米尔德丽德暗示说人们应当保持警惕，但是在她把话说完之前，其他客人就加入了谈话，他们也想跟这位著名作家聊上几句。当他们心情激动地向沃尔夫打着包票，说他的新书《时间与河流》是多么震撼的时候，他禁不住去想米尔德丽德的警告。她想对他说什么呢？

　　这个夜晚的活动已经停不下来了，气氛也越来越高涨。恩斯特·罗沃尔特突然间粗声粗气地唱起一首歌："我有一杯摩泽尔[2]……一杯摩——泽尔……！"到现在为止，出现的都只有啤酒和清酒，现在则要呈上罗沃尔特最为喜爱的摩泽尔葡萄酒。每打开一瓶——真的有很多瓶，他都会用"我有一瓶

---

[1]　Wolfe, *Es führt kein Weg zurück*, S. 607
[2]　指摩泽尔（Mosel）葡萄酒产区生产的葡萄酒。

摩泽尔……"来兴高采烈地庆祝。罗沃尔特发掘了一种很幼稚的乐趣，就是教沃尔夫一些粗俗的玩笑。"舔吧，舔吧，舔舔那只小猫的屁股……"罗沃尔特在他的作家面前晃着摩泽尔酒瓶，唱着这首粗俗的歌曲。沃尔夫自然不知道，他在那里鹦鹉学舌般地重复些什么。关于这一刻，恩斯特·冯·所罗门回忆道："就像在沙场上缔结了亲如兄弟的情谊，这正是真情告白、吐露胸怀、主动去拥抱整个人生的时刻。"[①]

只有西亚·沃尔克无法享受"作家之夜"。她只见过沃尔夫一面，可以说是根本就不认识他，可她现在不得不看着，他和玛莎·多德之间亲昵的小动作。这么多的陌生人，米尔德丽德严苛的外表、恩斯特·罗沃尔特无耻的举动，还有全然炒热的气氛——这一切都让西亚深感心烦意乱。她觉得很难受，感到自己在这众多客人之中是一个局外人，没有归属感。这还不够，西亚越来越觉得勒迪希在用怀疑的目光打量着她。他们一度不小心碰上了对方的目光，西亚本能地感到勒迪希对她含有深深的反感。沃尔夫不能理解这样的敌意。两个基本上素不相识的人，一上来就互不信任，在他看来就是典型的在德国才会出现的现象。他从未在其他国家遇到过这种事。但是，如果这不仅仅涉及个人仇怨呢？如果德国是受到了恶性疾病的侵袭，这种病毒侵染了社会，又毒害了人际关系呢？沃尔夫还没来得及想下去，罗沃尔特就又一次唱起了摩泽尔葡萄酒的赞歌，把沃尔夫拉回了"作家之夜"的狂欢漩涡之中。

最后一拨客人离开艾斯莱本大街的时候，天色已经微亮。对于沃尔夫来说，他只需要回到几百米外的选帝侯大街的酒店。当他悠闲地穿过刚刚睡醒的柏林，米尔德丽德那神秘的暗示早已被他抛在脑后。

[①]　Salomon, *Der Fragebogen*, S. 265f.

1936 年 8 月 8 日
星期六

帝国天气预报，柏林地区：

严重多云天气，伴随雷阵雨。

轻微西北风，天气更加凉爽。21摄氏度。

帝国记者会每日节选："现要求对德语文章及特别页面的外语译文尤其谨慎对待。外国人再三抱怨，法语和英语译文质量极差。"[1]

伊丽莎白·L今年10岁，不久前还跟父母一起住在一间漂亮的屋子里。伊丽莎白家里有桌椅、床、大衣柜和一个五斗柜，还有些其他东西。家里有一间厨房，伊丽莎白的母亲在这里为全家人做饭。客厅门的上方装了一个十字架——他们信天主教，墙上挂了一些画，沙发上摆着靠垫。窗前有幔帐和窗帘，桌子上摆着一些花。父母白天要去工作，孩子们则去上学。人们会把伊丽莎白、她的父母和兄弟姐妹当作一个相当普通的德国家庭。然而，威廉·弗利克不这么认为。这位帝国内政部长早已把目光盯在伊丽莎白这样的人身上，这个小孩子对他来说是件烦心事，更有甚者，这位部长感到这位10岁的孩子是个大麻烦。在纳粹的话语里，伊丽莎白一家被称作"茨冈人"——在奥运城市柏林，"茨冈人"是不能有一席之地的。1936年7月，弗利克宣称"为了战胜茨冈人灾害"，同时授权柏林警察局长"全面搜查茨冈人"。目标即是，将柏林所有的吉卜赛人调离其住宅或是工作岗位，集中隔离在市中心以外的地点。

1936年7月16日——奥运会开幕两周之前，行动开始了。在这个星期四，伊丽莎白一家和其他600名吉卜赛人一大早就被逮捕，被拖到柏林马尔占区。马尔占从1920年起属于大柏林，却依然保留着它原来的乡村风格。这里有一座19世纪的教堂和帝制时期别致的学校建筑。然而，马尔占并非到处都是诗

---

① Bohrmann, *NS-Presseanweisungen der Vor- kriegszeit*, S. 864.

意的田园风光。在通往阿伦斯费尔德和维尔诺伊亨的火车线路边就是城市污水处理场，柏林的废水在此得以净化。不断有车辆来到这里，将污水倾倒在水沟里，散发出可怕的恶臭。就在那里——在火车线路、污水处理场和城市公墓之间，一处集中营里关着这些吉卜赛人。许多家庭，就像伊丽莎白一家一样，此前住在舒适的住宅里，突然间来到了湿透的草地上。"马尔占有几个木头窝棚和几辆宿营车，它们都被去掉了轮子，停在石头上，"伊丽莎白回忆道，"我们从自己漂亮的屋子里来到一辆老旧的宿营车，全家人都要住在里面。我们不准从家里带任何东西。但就算可以，马尔占也根本没有房子可以让我们添置东西。那里什么也没有。"[1]

集中营里的生活条件简直就是一场灾难。约 600 名的居住者仅有两个厕所可供使用。开营以来很短时间内，皮肤病和感染病就肆虐开来。人们完全自生自灭，就连最基本的救护都不存在。这些吉卜赛人不得不从当地小贩那里买取食物。因为整个集中营都没有正常饮用水供应，伊丽莎白和其他人都迫不得已，结队前往约 2 公里远的马尔占村中的取水处。到达那里时，迎接他们的常常是敌意。他们四处碰壁，只有一些小贩不情愿地卖给他们一些剩饭。伊丽莎白现在体会到了这种之前全然陌生的感觉：饥饿。

虽然这个集中营在 1936 年 8 月还没有围上篱笆，但主管的警察严格地把控着人员的往来，只允许居住者在工作和购物时离开这片区域。所以这里的居住者要先登记离开，再准时回来登记，22 点以后有门禁。违反了这些规定的人，就得去见橡皮警棍或是看守凶残的狗了。"基本上我们就是生活在不断的恐惧之中，"另一位居住者回忆道，"我们惧怕那些警察、那些村民，可以说惧怕一切的一切。"[2]

奥运会场在距离马尔占约 25 公里的地方。伊丽莎白听说，来自世界各地的人们在那里兴致勃勃地庆祝一场盛典———一场友谊与民族共识的盛典。而这

① Zit. nach: Rürup, *1936*, S. 141.

② Oskar Böhmer, zit. nach: Patricia Pientka, *Das Zwangslager für Sinti und Roma in Berlin-Marzahn. Alltag, Verfolgung und Deportation*, Berlin 2013, S. 77.

些都与破旧宿营车里的他们无缘了。集中营位于城市的另一端，没有游客会迷路到这里，跟一个小女孩分享喜悦。反正伊丽莎白也没有娱乐的心情，虽然她不是很清楚，民族共识这个复杂的词的含义，但如果它意味着无辜的人们被从家里掳走，被拉到这种地方来，那肯定是一件坏事。伊丽莎白想跟她的父母回家，到自己的房子里去，她只想要在自己的床上睡觉。她又怎么会知道，还有更糟糕的事情会降临在她和她的家人身上呢？

17时30分，最后一场足球四分之一决赛在格森布鲁能的赛场开战：奥地利球队遇上了来自秘鲁的队伍。尽管赛场可容纳36000人，到场的观众却只有5000人左右。人们显然是认为这场对决没什么意思，尤其这支南美西部球队是第一次参加南美以外的比赛。这些秘鲁人就像一张白纸，但还是最好不要低估他们，在八分之一决赛中，他们凭借7∶3的战绩将芬兰人淘汰出局。

来自挪威的裁判员托拉尔夫·克里斯坦森，对双方球队的队长简短表达了期待一场公平比赛的愿望，紧接着他准时吹响了狂欢开始的哨声。90分钟过后，比分是2∶2，需要进行加时赛。意料之外的事情发生了：加时赛中途，一名秘鲁球迷冲进了赛场，攻击了一名奥地利球员。这位球员事后说，他甚至看到了球迷手里挥舞着武器。赛场里乱套了。托拉尔夫·克里斯坦森完全不知所措——他还从没经历过这种事。他还没能整顿秩序、终止比赛，秘鲁人就在两分钟以内连进两球，现在比分是4∶2。奥地利人不甘就此服输，提出了抗议。这奏效了——负责奥运足球赛组织工作的国际足联FIFA宣布比赛结果无效，并且安排了一场没有观众的重赛。

秘鲁人作何反应呢？他们嗅到了阴谋的味道：纳粹德国影响了FIFA的决定，致使有五名黑人成员的秘鲁球队失去了他们的胜局。而这也许只是空穴来风。

"秘鲁队难堪的比赛插曲，"约瑟夫·戈培尔在日记里记下，"但德国对此不负责任。"国际奥委会主席亨利·德·巴耶-拉图尔也认为这一指控纯属无稽之谈。"责任完全在于FIFA的裁判，德国绝不能代表其意见。"他在一次访谈中解释道。

于是秘鲁人宁可重赛时根本就不现身。他们中止奥运会参赛并离开柏林。他们中有五位运动员至今还从未赢过一场比赛，出于团结，这支哥伦比亚球队全体同意了这一决议。奥地利球员们就这样不战而胜，进入了半决赛——这算是奥运会的一个污点。

柏林纳粹党日报《进攻报》，发表了关于篮球比赛的言论："篮球首次成为奥运会项目，但对于我们德国一大部分人来说，它不过是一种'黑人运动'。这其实是很可惜的，因为这种运动不仅是绝佳的身体协调性运动，其战局也多种多样，总是有着新的可能性，因此不仅仅运动员，观众们也会乐在其中。"[1]

爱德华·杜伊斯伯格是位于路德大街的柏林著名杂耍剧院斯卡拉的艺术总监，很显然，他是个实用主义者。"这座城市里有美国人，"他嘱咐自己道，"所以我们要为他们呈现美国的剧目。"杜伊斯伯格在 8 月 8 日带来一场大型歌舞剧，它有着意味深长的标题"美妙世界"，同时也是一出特意面向国际观众而写的剧目。除了广受欢迎的斯卡拉女孩之外，一个由 24 位女舞蹈演员——其中大多穿着暴露——组成的舞团，以及节目单上的一些美国艺术家的名字，也同样引人注目：来自加利福尼亚的女舞蹈演员玛缇亚·梅里菲尔德（"美国最美歌舞剧演员"）；侏儒哑剧演员弗雷德·萨恩伯恩——他以惊人的精湛技巧演奏木琴；四个特洛伊——一个在高空表演花式杂技剧目的艺术团体，以及杂技演员杰克·多尔蒙德和乔治·多尔蒙德——他们在独轮车上表演各式各样的滑稽戏。女舞蹈演员迪娜·格蕾丝尽管有着听起来很美国化的名字，却并非美国人。她是柏林一位军官的女儿，本名其实是凯特·格达·约哈那·伊尔莎·施密特。

每天两场——17 时 15 分和 20 时 45 分，由歌舞演员格奥尔格·亚历山大、安妮塔·斯帕达和特鲁德·海斯特伯格领衔主演这一剧目。柏林媒体不出所料地一致好评，或许纳粹想向全世界展示，就是在歌舞剧界他们也是一流的。

---

[1] Schwarze Kunst Basketball, in: *Der Angriff*, 8. 8. 1936.

《柏林信号》的一位编辑在给关于目前热门的斯卡拉演出季的文章撰写标题时，更像是不情愿地展现了主流政治的幽默感，这个标题可能也暗暗指向整场奥运会："表面上的美妙世界"。①

啤酒和武器。当克莱拉·宫塔尔德和保罗·冯·宫塔尔德被问及，他们是如何获得如此巨大的财富时，他们肯定会如实回答"卖啤酒和武器"。当然，人们不会去问像宫塔尔德这样的百万富翁如此浅薄的问题。实际上，他们属于德国最富有的家庭之一。克莱拉女士是啤酒厂长阿多伏斯·布什的女儿，他是德美合资酿酒巨头安海斯-布什②的传奇创始人。出生便身家百万的克莱拉嫁给了保罗·冯·宫塔尔德——二十出头的他领导着德国军械厂，在多个监事会拥有席位。20世纪的最初30年也许没有军事分歧会影响到这位伯爵的生意，因为单就结果而言，保罗·冯·宫塔尔德把武器卖给了所有党派，并且一直在盈利。回扣——纯利润的7%——无论如何都相当可观。

26岁的莉莉克莱尔是宫塔尔德家的女儿，她的形象全然是一位30岁的IT Girl③。1930年12月，莉莉克莱尔和商人维尔纳·希博尔结婚时，各路小报都热衷于讨论这场梦幻婚礼。只有卡尔·冯·奥西茨基④提出了异议："他（宫塔尔德）为他的女儿筹备了一场花销为40000马克的婚礼，还堆砌了那些烦人的奢侈品，那些时装杂志带坏了有钱人的品位。"⑤尽管典礼斥资巨大，这段婚姻却并不长久。莉莉克莱尔的下一任丈夫似乎是她的父亲万里挑一选出来的：伯哈德·贝

---

① Herrliche Welt des Scheins. Die Scala im Olympia-Monat, in: *Berliner Lokal-Anzeiger*, 6. 8. 1936.

② 安海斯-布什（Anheuser-Busch，简称ABC）是美国最大的啤酒酿造公司，在全美有12家啤酒厂，在其他地区则有近20家的大型啤酒厂。

③ 一说是经常现身主流媒体及终日参加聚会的时尚女性，二是指具有让人倾倒但难以描述的不凡魅力的女孩。

④ 卡尔·冯·奥西茨基（Carl von Ossietzky, 1889—1938）是魏玛和纳粹时期的德国记者、作家、和平主义者，他于1933年被纳粹德国囚禁于集中营，1935年获得诺贝尔和平奖。

⑤ Carl von Ossietzky, Gontard, in: *Die Weltbühne*, 16. 12. 1930.

格豪斯——一位坚定的纳粹党、相当成功的实业家，他与政府、与海恩里希·希姆莱的冲锋队有着最密切的联系。贝格豪斯坐拥多家金属加工厂，1936年夏天他又新建了柏林-吕贝克机械厂，它在接下来几年里在"第三帝国"大型军备方面扮演了重要的角色。贝格豪斯在吕贝克生产了德国国防军的标准步枪卡宾98K，并且以此挣得巨款。伯哈德·贝格豪斯一如保罗·冯·宫塔尔德为他的莉莉克莱尔所谋求的那样：有钱、有野心，并且在商界横行无阻。婚礼于1935年举办。只要纳粹德国有上流社会的聚会，宫塔尔德一家便是其中一员。他们定期在蒂尔加滕区本德勒大街的豪华别墅里接待客人。近日，克莱拉·冯·宫塔尔德和女儿莉莉克莱尔也频繁出现在西罗酒吧。这家位于兰克大街上的小酒馆是除了拉丁区和舍尔比尼酒吧之外柏林最火爆的夜场。混迹这里的也有影星、外交家、政治家和商人。许多人是为这里出色的爵士乐而来，西罗乐队的钢琴手回忆道："我们拥有一定程度上的表演自由，因为我们有国际化的听众，这些国际化的听众当然迫切地要听那些在国外也广受欢迎的曲目，我们真的很难停下脚步。我们有几位来自大使馆的客人，他们会给我们吹口哨或是唱出当下美国或英国或是其他什么地方正流行的歌，我们就将其记下并且排练出来，然后作为惊喜在观众面前演奏，他们总是很兴奋，因为我们这么跟得上潮流。"[1]

这家酒馆由两个相互重叠的空间构成。酒吧区域以阿拉伯风格呈现，这是30年代中期最后的呐喊。墙上可见埃及象形文字，房间上面则是一个金色的圆顶。餐馆在几层阶梯以下的地方，以明亮的陶土装饰而成。克莱拉·冯·宫塔尔德和莉莉克莱尔·贝格豪斯总是坐在那里的同一张桌子，只喝苏打水。她们不点任何吃的，尽管这家的料理一流。雪莉酒和几滴白兰地给西罗鳖甲汤锦上添花，它是这里的必点菜品。有一些客人单纯为了这道美味来到兰克大街。克莱拉和莉莉克莱尔并非如此——这对母女执着于水。户头上有几百万，在一家高档餐厅里却只喝苏打水——这只是保守的说法。

---

① Fritz Schulz-Reichel, zit. nach: Knud Wolffram, *Tanz- dielen und Vergnügungspaläste. Berliner Nachtleben in den dreißiger und vier- ziger Jahren*, Berlin 2001, S. 189.

克莱拉·冯·宫塔尔德来到西罗酒吧时，阿默德就会在不远的地方。阿默德是这家酒吧的老板，以及克莱拉女士的爱慕者——至少一度是这样。其实他叫阿默德·莫斯塔法·迪斯索基：阿默德是名，莫斯塔法是姓，而迪斯索基是祖父的名字。在他的祖国埃及常用这种顺序，然而，在柏林人们都只知道他的名。阿默德30岁，具有一副标准的男性形象，高大，魅力迷人。同莱昂·亨利·达尤和莫斯塔法·埃尔·舍尔比尼一样，阿默德的柏林职业生涯也始于舞池。作为职业舞男，他在高档的费米娜酒吧陪同有钱的女士，而克莱拉·冯·宫塔尔德

一窥另一方天地：纳粹的恐怖还没能蔓延到西罗酒吧里来。

也是其中一位，她深深地迷恋上了这位花花公子。在克莱拉的资助下，1932年1月，阿默德开了西罗酒吧。不久之后，他又在哈韦尔河上游的克拉多城区一个充满诗意的地方开了一家夏季餐厅。当第一瓶香槟的木塞被"砰"地打开，两家餐馆在那一刻开启了兴隆的生意。海达·阿德龙应当也是在同一时间给她心爱的莱昂·亨利·达尤的拉丁区出资的，这件事让克莱拉尝到了一丝苦楚。阿德龙女士和冯·宫塔尔德女士对彼此是由衷地厌恶，两位女士都尽力要以盛大的庆典、昂贵的汽车、讲究的衣橱和其他有钱人的物件让对方黯然失色。

纳粹并没有表现出对西罗酒吧里这一盛况的反感，与之相反，他们很高兴国际的客人能在奥运会期间现身这家酒馆。但这很快会发生改变。

柏林警察局每日通告："一位身份不明的人于1936年8月8日19时在曲

棍球场的东看台打碎了一个装有液体化学药品（吡啶）的瓶子。其气味会引发呕吐和咳嗽。然而，作案人的身份至今未能查明。"[1]

格伦·莫里斯拿了一张被单，铺到了奥运会场的草坪上。然后他又拿了另一张被单，把自己裹在里面，睡在了刚刚铺好的地方。最后他还在头上盖了一块毛巾。格伦一动不动地躺在那里，是的，如果不去看他嘴上那块毛巾静静地来回飘动，人们甚至会以为他已经停止了呼吸。也许他在睡觉。如果他没有睡着，那么他一定在想一些美好的事物，或许是他的女朋友夏洛特，他们在科罗拉多的大学里相识，计划明年结婚。这位 24 岁的美国人是十项全能运动员，但此时他像一具木乃伊一样躺在那里，睡着或是梦想着他的未婚妻，并为他的下一个项目养精蓄锐。他昨天——十项全能比赛的第一天，是这么做的，今天也依旧如此。作战，休息。有成绩来为格伦说话：第六项比赛百米障碍跑结束后，他的成绩位列第一。如果保持优势，他将赢得金牌。

下午的时候，格伦的德国同行埃尔温·胡贝尔走向他。胡贝尔俯下身，拍了拍格伦的肩膀，问能否将他介绍给莱妮·里芬斯塔尔。莱妮坚持一定要认识格伦——她的潜台词是，也许他有兴趣为她拍几段特写素材。格伦把毛巾从头上拿开，掀开被单站了起来。"你好吗？"格伦几近害羞地问道，握了莱妮的手。"一种难以置信的目光，就好像我从未亲眼见过他一样，"这位女导演回忆道，"我试图压抑并且遗忘我心中油然而生的感觉。"莱妮被格伦那健美的身躯、美好的脸庞和那双会说话的眼睛彻底征服。她慌张地支支吾吾说出几句客套话，而下一场比赛的点名已经开始了。17 时 30 分，奥运十项全能的最后一个项目 1500 米跑开始。格伦·莫里斯跑完全程用时 4 分 33 秒，这一成绩得分为 595；现在他得分共计 7900——最新的世界纪录，无疑是金牌。银牌属于格伦的同胞鲍勃·克拉克，铜牌也被一位美国人斩获，来自俄克拉荷马的杰克·帕尔克。

---

[1]　BAB, R 58/2320.

"请注意，请注意！"过了不久，场中的扬声器响起，"奥运史上值得纪念的一刻！奥运颁奖仪式！"三位美国人登上了领奖台，紧接着响起了美国国歌。格伦、鲍勃和杰克敬礼，将他们的右手放在前额。莱妮·里芬斯塔尔想要记录下这一特别的时刻，然而她的摄影师看了看测光表，皱起了眉头，随后示意做不到。已经是傍晚了，对于拍摄来说太暗了。莱妮不再通过相机镜头，而是在离赛场边几米远的地方观察着场上发生的一切。她的目光只停留在格伦身上，她依然特别地钟爱他。仪式结束后，格伦·莫里斯和莱妮·里芬斯塔尔走近彼此。她恭喜他精彩夺冠，而格伦对闲聊没有兴趣。"他把我揽到怀里，撕开了我的衬衫，亲吻我的胸部，就在会场中间，当着十万观众的面。"[1]莱妮回忆道。

一个外交大使应该做到不让人把自己的秘密看穿，以此标准，埃里克·菲普斯先生就是一位极其老练的外交家。"如果有人突然对他说'您的祖母刚刚遭人谋杀'，他的脸上一定毫无波动，"玛莎·多德回忆道，"就好像这些话根本就没传到他耳朵里，他会用平静的、有些断断续续的讲究的英国口音（好像他含着一个土豆）回答：'噢，您不用说了，是的，确实是非常有意思。'他几乎从来不笑，也几乎从不说什么幽默的话。"[2]埃里克先生当英国驻德大使已经三年了，他与他的小叔子罗伯特·范西塔特同属英国外交使团中"第三帝国"的明确反对者。但他今晚要再次把他的立场隐藏在他职业的英国礼节的面具之后，因为今晚在威廉大街的使馆里，将举办一场纪念德国政府的官方宴会，那是一场有上千宾客到场的庆典。"一切都让人筋疲力尽，"约瑟夫·戈培尔在他的日记里抱怨道，"先是一点饭菜，然后是数量庞大的客人。一千个人，一千句废话。"[3]

英国国会议员亨利·查农的名字同样也在来访大使的名单上，他对今晚也

---

[1] Leni Riefenstahl, *Memoiren*, Mün- chen 1987, S. 272.

[2] Dodd, *Meine Jahre in Deutschland*, S. 360.

[3] Fröhlich (Hrsg.), Die Tagebücher von Joseph Goebbels, Teil I, Bd. 3/II, S. 153.

不抱有太大期待，对于罗伯特·范西塔特和其夫人萨丽塔·范西塔特的出席也是如此。"范西塔特一家的亲法倾向人尽皆知，我倒是很希望，在德国的这几天能够中和他们的一些偏见。"亨利·查农不会放过柏林任何一场派对，并且把他的交际经历详细写成了一本书，但他对埃里克先生的活动也没有一句好话："使馆的宴请非常无聊，人满为患又相当没品。"[1]

---

① Robert Rhodes James (Hrsg.), *Chips. The Diaries of Sir Henry Channon*, London 1993, S. 108.

1936 年 8 月 9 日
星期日

帝国天气预报，柏林地区：

高压天气，多数时间依然多云。

日间剧烈升温，微风，风向有变化，

间隔出现雷雨天气。23摄氏度。

彼得·约阿希姆·弗勒里希 13 岁，是一个名副其实的"小淘气"——柏林人这么称呼机灵的小男孩。彼得在威尔莫斯多夫区明斯特施大街的歌德学校上学，这是一所改良实科中学。这所学校侧重于现代语言和自然科学。10 岁的孩子开始上法语课，两年之后可以在英语和拉丁文之中自选其一。彼得的父母本来希望这个孩子学英语，然而经校长克万特博士建议，他们选择了拉丁文。彼得是个好学生，但他最感兴趣的却是体育。理所当然地，他是柏林赫塔[①]的铁杆球迷，在他眼中他们是世上最棒的足球队。他会在球场上与其他球迷一同齐声高呼："哈！吼！嘿！赫塔俱乐部！"毫无疑问，彼得现在——1936 年夏天——已经有好几周，脑子里想的只有奥运会。彼得的父亲莫里茨·弗勒里希和儿子一样是个体育迷。一段时间以前，这位老将就已经在布达佩斯出差时拿到了奥运会场的入场券，它们现在正像战利品一样躺在客厅的一个餐柜上。每当彼得经过这个柜子，他就会想到接下来的比赛，并且想象出一幅他和父亲坐在场中为运动员欢呼的图景。

彼得的父亲莫里茨·弗勒里希以商人为职，是德国社会民主党的追随者；母亲则在其姊妹的缝纫用品店里做半日工作。从前彼得和他的父母都是德国人，自从希特勒上台后，他们就成了犹太人。"有三种成为犹太人的方式，"多年后彼得在他的书里写道，"通过出身、皈依宗教和官方指示。出身方面我只

---

① 柏林赫塔（Hertha BSC），是一家位于德国柏林的足球俱乐部，于 1892 年 7 月 25 日成立，是 1900 年在莱比锡成立的德国足球总会创会成员之一，曾在 20 世纪 30 年代有过闪光点，它夺得了 1930 年和 1931 年两次全国联赛的冠军。如今在德国足球甲级联赛参赛。

有极少的犹太血统，1933 年 1 月 30 日以后，我便被强制归类于第三种犹太人。"① 弗勒里希一家成为犹太人的原因是闻所未闻的：他们早先来自犹太教区，称自己是坚定的无神论者——像是"犹太人特征"或是"犹太人的观念"这样的概念都跟他们扯不上关系。这一家人根本不会去考虑受洗成为基督徒，因为那就意味着"用一种迷信去交换另一种迷信"。彼得·约阿希姆·弗勒里希成功地逃脱了他的犹太坚信礼，在犹太人节庆的日子里，因对柏林赫塔的热爱，他来到球场，尽管只是一个小男孩，他却已经感到自己扮演了本不属于他的角色。早在 1935 年 9 月，《纽伦堡法案》通过的时候，弗勒里希一家人就能预料到，他们早晚都要离开自己的故乡。奥运会期间，一时间一切似乎都回归了常态，就连纳粹用以展示他们的《先锋报》的报纸展箱——彼得上下学路上经常路过的那一个，在这 16 天里也被拆除了。

因为比赛的入场券是布达佩斯那边限额分配的，所以彼得和莫里茨·弗勒里希在奥运会场中的位置，在一群明显是匈牙利人的体育迷中间。他们的位置在希特勒包厢的对面，因此彼得必然能够一清二楚地观察那里发生的一切。他宁愿不去看那里，但这没法避免。这就是那些妄称要消灭掉无数人的那群人吗？彼得觉得希特勒面目可憎，而赫尔曼·戈林愚蠢地讲究着排场的肥胖身姿简直可笑。至于约瑟夫·戈培尔，则让他联想到母亲给他读的童话里的邪恶地精。彼得打量着这些德国的高官们，不禁想起一则流行的政治笑话："真正的雅利安人长什么样子呢？像希特勒一样满头金发，像戈培尔一样高大，并且像戈林一样苗条！"②

几周以来，彼得·弗勒里希都在期待着这个星期日的到来。现在 15 时刚过，场中的扬声器开始了男子 4×100 米接力赛的点名，这是彼得最爱的项目之一。确切来说，彼得喜欢所有美国人比德国人有优势的项目。美国的队伍在 4×100 米接力这一项目上可以说是无懈可击，他们只有一次没能在接力赛上

---

① Peter Gay, *Meine deutsche Frage. Jugend in Berlin 1933–1939*, München 1999, S. 63.

② Ebd., S. 67.

夺冠——那是在 1912 年的斯德哥尔摩奥运会上。运动员集合完毕，现在场中忽然一片寂静。跑最内道的是阿根廷队，第二道上是德国队，紧挨着他们的则是荷兰队，第四道属于美国队，第五道留给了意大利人，而加拿大人踏上了最外道。其实彼得关心的只有第四道。他伸长脖子，以看清上场队员的全貌，他看出杰西·欧文斯站在第一位，身后是拉弗·梅特卡夫，然后是弗伊·德拉帕，最后是弗兰克·怀科夫。

彼得不会知道，美国队内就上场队员产生了强烈分歧。马尔提·格里克曼和萨姆·斯托勒一直都坚持上场参赛，但教练劳森·罗伯特逊违背他们的意志，派了欧文斯和梅特卡夫上场。这位教练一反此前接力赛只用未出场过的新人运动员的常态。犹太运动员格里克曼和斯托勒嗅到了反犹太的阴谋气息——美国体育部可能对罗伯特逊施压，将他们排除在比赛之外。从失望的运动员的角度来看，这种怀疑情有可原，然而这位美国教练员的决定纯粹基于一种考量：劳森·罗伯特逊想要尽一切可能压制德国的出奇制胜，所以他认为不能弃用实力最强的运动员——欧文斯和梅特卡夫。

赛前，穿着白色罩衫的弗兰茨·米勒最后一次查看了风力计。对于田径运动，在风速超过 2 米 / 秒的顺风时创下的世界纪录是不被承认的。裁判员给出了安全信号：现在是侧向微风，风速 1.6 米 / 秒，达到了最佳比赛条件。距比赛开始仅剩几秒，十万人都生生屏住了呼吸。随后枪声响起——杰西·欧文斯不出所料取得了领先地位并且第一个交出了接力棒。拉弗·梅特卡夫和弗伊·德拉帕继续扩大领先优势。在冲刺直道上，美国队把所有对手都甩在 10 米开外，弗兰克·怀科夫在信号枪响的 39.8 秒后冲过了终点线。新的世界纪录，新的奥运会纪录！意大利队以 41.1 秒的成绩位列第二，德国队仅多出一秒，位列第三。热烈的欢呼声中，有些观众惊讶地揉了揉眼睛。怎么回事？信号枪声不是刚刚才消逝吗？美国四人战队的赛跑就像是一次超自然现象。

杰西·欧文斯再次获胜。他凭借 4 枚金牌毫无异议地成了奥运明星，以及彼得心中的大英雄。坐在匈牙利观众席区，彼得和莫里茨·弗勒里希感到很安全，没有人监视他们，所以他们也一同由衷地为美国人欢呼。颁奖仪式的时候，彼得

阿道夫·希特勒每天都会造访奥运会场。他在贵宾席上看到的，并非总能让他满意。

情不自禁地站了起来，跟着哼唱美国国歌。因为他在学校学的是拉丁文，没有学英语（多亏了克万特博士），所以彼得并不明白歌词"啊，你可看见……"的意思，但他本能地知道，这是一首自由的赞歌的开头。

15 分钟后——15 时 30 分——紧接着就是奥运会田径比赛在最后一天的又一波高潮：女子 4×100 米接力。参加决赛的有德国队、英国队、美国队、加拿大队、荷兰队和意大利队。德国的女运动员在这一项目上如同男子比赛中的美国队，是夺冠的大热门。似乎已经可以肯定：德国的四人战队将赢得这场接力比赛。在美国队一鸣惊人获胜后，希特勒就在他的包厢里踱来踱去，期待地搓着双手，他的对面坐着彼得·弗勒里希，当然，彼得才不会与他的元首分享这份欣喜。彼得预想着德国队最坏的结果——这在他眼里就是胜利。裁判员打响发令枪，德国队第一棒埃米·阿尔布斯飞奔着与对手擦肩而过。凯特·克劳斯接棒，扩大了领先优势并将接力棒交给了玛莉·多林戈。彼得一点都不想再看下去了，因为现在德国人似乎已经无法被超越了。莫里茨·弗勒里希突然从座位上站起来大喊："那个女孩掉棒了！"彼得也明白了发生了什么：最后一次交接棒的时候，伊尔莎·多尔福特没有抓紧而丢掉了接力棒。接着，美国人海伦·斯蒂芬斯第一个冲过了终点线。

贵宾包厢里的人都很失落。希特勒恼火地摇着头，用手敲着膝盖。"我们太倒霉了，"约瑟夫·戈培尔在他的日记里抱怨道，"女孩们一败涂地。元首安慰她们。但是整个会场里都很悲伤。"①整个会场？观众当中，一个小男孩喜不自胜。几十年后，彼得·约阿希姆·弗勒里希仍说这场不幸是"我一生最为重大的瞬间之一"②。

柏林警察局每日通告："众所周知，一支青年团巡逻队将犹太人海恩里希·弗兰肯斯坦和维利·克莱恩带到警察局，前者生于 1918 年 11 月 24 日，住在柏林沃尔特尔大街，后者生于 1919 年 12 月 12 日，住在柏林沃尔特尔大街 30 号，他们在露斯特花园向一个阿根廷人讨要香烟，当巡逻队到来的时候，两位犹太人对这位外国人说：'这就是德国的青年。'"③

奥运黄金赛事田径比赛今天落下帷幕，美国的队伍夺得了 14 枚金牌、7 枚银牌和 4 枚铜牌，居于榜首。位列第二的德国队获 5 枚金牌、4 枚银牌、7 枚铜牌，远远落在了后面。美国人有充分的理由为他们的成果热烈庆祝。晚上，跳高运动员科内利乌斯·约翰逊和戴夫·阿尔布里登，以及短跑运动员拉弗·梅特卡夫离开了奥运村，启程前往市中心。他们的目的地是乌兰德大街的舍尔比尼酒吧。虽然三位运动员好好打扮了一番，但他们的亮色西装还是跟这家酒吧的着装准则格格不入。莫斯塔法·埃尔·舍尔比尼很注重晚装——统一深色。但是今晚，他还是愿意为了如此知名的顾客打破惯例（他们不像在拉丁区那样，那里比罗马教皇还教条），欢迎几位美国人的到来。此时，莫斯塔法仍不忘他的生意——世界级运动员的到访将有益于此。

科内利乌斯·约翰逊、戴夫·阿尔布里登和拉弗·梅特卡夫的朋友，米奇已经等候在此。米奇的真名是赫伯·弗莱明，他同样来自美国，但他住在柏林已经一年了。因为他的德语还算说得过去，所以他这几天偶尔给几位美国人当翻译，他们便这样认识了。实际上，赫伯·弗莱明既不是翻译，也跟奥运会没有半

① Fröhlich (Hrsg.), *Die Tagebücher von Joseph Goebbels*, Teil I, Bd. 3/II, S. 154.

② Gay, *Meine deutsche Frage*, S. 100.

③ BAB, NS 10/51.

点关系。赫伯·弗莱明是舍尔比尼酒吧主人莫斯塔法和伊芙口中的"一大卖点"。他们要不断为客人提供些新鲜东西——至少先从这种概念入手。

自去年以来，赫伯·弗莱明就跟他的小乐队在舍尔比尼酒吧演出。除了吹长号、唱歌的赫伯以外，鲁迪·杜蒙特（小号手）、弗兰茨·托恩（单簧管演奏者）、弗里茨·舒尔茨-莱舍尔（钢琴演奏者）、麦克斯·古尔施（吉他手）和E·威尔肯斯（贝斯手）也同为常驻乐手。每次酒吧里不太忙的时候，莫斯塔法就会坐在架子鼓前，放松自我。凭借一流的人员组成，他们成了许多爵士乐爱好者心中最棒的乐队。每一晚，他们都在书写着爵士乐的历史。"这是我听过的所有长号手里最难以置信的一位，"米奇的一个听众回忆道，"他有一种唇颤音，就是长号上的一种音色——像一位顶级大提琴手！"[1] 谱架上放的是出自美国音乐电影的新歌曲谱，像是《大礼帽》（*Top Hat*）或是《百老汇旋律1936》（*Broadway Melody of 1936*），是伊芙特地让姊妹在伦敦的音乐铺子买的。没有人会在意，《大礼帽》的作曲伊文·波尔林和《百老汇旋律1936》的作词阿图尔·弗里德是犹太人的事实。与之相反，人们兴奋地跟着《无弦》（*No strings*）和《脸贴脸》（*Cheek to Cheek*）这样朗朗上口的歌曲起舞。

这周的另一个卖点要归在赫伯·弗莱明和麦奇的名下，他们是双胞胎，表演杂耍踢踏舞。这对来自美国的双胞胎早在几年前就已经参与了这家酒吧的表演，带来了可观的营业额。莫斯塔法无疑拥有灵敏的嗅觉，他能嗅到那些公众喜爱的卖点。而且赫伯·弗莱明和麦奇身上还有一个特别之处，让他们在纳粹柏林红极一时：他们是黑人。纳粹传声筒《柏林先驱》自然是没有好脸色。这自诩的风纪守护者指责说，舍尔比尼酒吧是一个"黑鬼跟着节奏跳踢踏舞"[2] 的地方。尽管有这些舆论攻击，很长一段时间里赫伯·弗莱明和麦奇双胞胎还是能够安然无恙地登台。到1936年初，米奇的工作许可延期就出了麻烦，但是美国大使威廉·E·多德介入之后，他立马就拿到了想要的那份文件。有些谣传

---

① So der Schlagzeuger Jonny Heling, zit. nach: Wolf- fram, *Tanzdielen und Vergnügungspaläste*, S. 187.

② Sherbini will verkaufen, in: *Berliner Herold*, 20. 1. 1935.

还说赫伯·弗莱明在元首府给希特勒唱过歌，不过这些说法是缺乏根据的。①

在今晚的舍尔比尼酒吧，没人关心希特勒和纳粹。这里气氛高涨，政治根本不成气候。科内利乌斯·约翰逊、戴夫·阿尔布里登和拉弗·梅特卡夫庆祝着他们的胜利，喝的酒可以流成一条河。一眼看上去一切都与往常一样：赫伯·弗莱明和他的乐队演奏着最带劲儿的爵士乐，莫斯塔法微笑着在酒馆里飞奔，伊芙待在她的橡皮警棍旁，阿齐兹则在一旁含情脉脉地注视着她。然而，乌云已经覆盖了乌兰德大街的上空。伊芙还不知道，她进入了秘密警察的视线。

柏林警察局每日通告："凯瑟多姆的展览厅内的多间盥洗室的门上被人涂写了有关种族问题的反动标语。"

沃兰女士住在一栋令人景仰的房子里。大庄园主老伯爵米夏埃尔·冯·梅德姆、珠宝商约阿希姆·冯·摩尔斯曼，以及专门治疗扁平足的整形外科医师古斯塔夫·慕斯卡特都是她的邻居。此外，弗兰茨·班纳施开了一家时装店，而艾凡女士则是埃莉卡妇产医院的护士长。他们都定居于选帝侯大街 124 号。前述的沃兰女士住在最大的一间公寓里，租金是每月 255 帝国马克。这位女士独居，而她显然需要很大的空间。这座房子的房主是莫里斯·加登戈，他是位西班牙公民。除此之外，加登戈先生是位犹太人，出于可以预见的原因，他宁愿对德国敬而远之，所以在这段时间里暂居开罗。

这栋楼的一层是维利和玛丽亚·雷曼夫妇的意大利餐馆。这家餐馆里三个房间相互交叠，这里总是被人塞得满满的。人们坐在紧挨着的小桌旁，很快就能跟邻桌聊起来。虽然主间里也有一架三角钢琴，却不常有人去弹，因为客人们想聊天。本来不需要听音乐，气氛就已经相当喧闹。旅行指南里介绍这家店是著名餐厅，这跟维利·雷曼以前的工作有关。在他的餐馆开张以前，他在恒

---

① Vgl.: Egino Biagioni, *Herb Flemming. A Jazz Pioneer around the World*, Alphen 1977, S. 51.

星影视有限公司做影视指导，借此结识了许多男女演员，而他们成了这家餐馆的常客。自从娱乐小报上说奥尔加·契诃娃①这样的红人混迹选帝侯大街124号，这家店就声名远扬。维利·雷曼不用再做广告了。除了这些艺术家之外，许多外国记者也会造访这家餐馆。美国通讯社环球新闻社的威廉·夏伊勒②、联合通讯社③的代表路易斯·B·罗赫纳、《芝加哥论坛报》的驻外女记者西格莉德·舒尔茨，还有其他几人，是几乎每晚在这家餐馆相聚的一桌客人的核心成员。这些记者通常22点以后来，也就是他们把文章通过电报发回美国之后，他们待到两三点钟的时候不在少数。这些记者的朋友和熟人也经常参与狂欢，比如玛莎·多德、米尔德丽德和阿尔维德·哈纳克。他们谈论着当天发生的大事，饮酒笑谈，大快朵颐着玛丽亚·雷曼的意大利面和那精致可口的小牛肉。

今晚，托马斯·沃尔夫和米尔德丽德·哈纳克来到这家餐馆时，记者们常坐的那桌还是空着的，所以两人就先行坐在了一张桌子旁。夏伊勒和其他人进来的话，或许还会跟他们聊上几句。沃尔夫对这家餐馆有些不甚美好的回忆，就像他对米尔德丽德承认的那样。前些年他来柏林的时候，有一次，他和他的朋友海恩里希·勒迪希，还有几个熟人在这一带闲逛。他们决定在这家餐馆消磨时间，而玛莎·多德和一个他们不认识的男人正在这里喝酒。沃尔夫、勒迪希和其他人在他们邻桌坐下，然而玛莎根本就没打算请他们坐过去。是的，他们的在场对玛莎来说几近尴尬。沃尔夫和勒迪希很恼火，不理解玛莎怎么能表现得这么不礼貌。后来他们得知，玛莎当时正在陪同的是美国兰登书屋④的创始人唐纳德·S·克罗普夫尔。克罗普夫尔是犹太人，他坚决拒绝跟德国人坐同一桌。勒迪希感觉挨了当头一棒："外国人——就像我们一样，是分不清德国

---

① BAB, NS 10/51.

② 一名演员，代表作品有 *U47 - Kapitnleutnant Prien* 和 *The Fox of Glenarvon* 等。

③ 美国著名驻外记者、新闻分析员与世界现代史学家。他为哥伦比亚广播公司担任战地记者期间，报道了许多有关纳粹德国从柏林兴起到灭亡的经过。

④ 美国联合通讯社是美国最大的通讯社，也是国际性通讯社之一。简称美联社。

人和纳粹的！"①但勒迪希不想让这事就这么完了，他站起来，走到克罗普夫尔跟前，介绍了自己并对他表态性地伸出了手。这个美国人显然是很震惊地回答了他的问候，他们还勉强进行了简短的对话。尽管如此，兴致全无。

现在——过去了整整一年，沃尔夫还是觉得克罗普夫尔在勒迪希面前的表现毫无道理可言。沃尔夫直截了当地坦言自己不喜欢犹太人。他马上说起那个长期困扰他的话题：思想自由。"我们美国人觉得，在德国不能自由表达观点，"这话米尔德丽德肯定听到心里去了，"但这是不确切的。在这里人们可以写，可以说，也可以想那些在美国不能说出来的东西。比如在德国，人们就可以说或是写下他们不喜欢犹太人，将其看作恶劣的、堕落的、不讨喜的人。这在美国是不可能的。"②

米尔德丽德难以置信地看着沃尔夫。他是认真的吗？把德国的反犹太主义理解成思想自由的表述可能并不能代表他的真实信念。现在，米尔德丽德摆出了她几天前在罗沃尔特的派对上露出的那副表情。她的眼神中有些责备的意味，她就像一位女老师看着淘气学生那样看着沃尔夫。必须要谨慎，米尔德丽德把这句话挂在嘴边，现在发生的事完全可以说是给沃尔夫上了一节政治课。米尔德丽德说起纳粹上台以后策划的对犹太人的贸易封锁、强迫犹太职员离职的《恢复终身制公务员法案》，以及焚书行动。米尔德丽德细致入微地阐释了去年公布的《纽伦堡法案》，其条款规定了对犹太人的驱逐。米尔德丽德显然情绪激动，她质问沃尔夫到底知不知道《先锋报》，到底知不知道尤利乌斯·施特莱彻③和他的同僚都用了什么卑劣的手段追捕犹太人。他又是否清楚，有些餐馆和商店在橱窗上挂了"不欢迎犹太人！"的牌子。

最后有一个单词，是沃尔夫在今晚以前从未听到过的——集中营。米尔

---

① 兰登书屋是德国媒体集团贝塔斯曼（Bertelsmann AG）旗下的一家出版社，总部设在美国纽约市。书屋于 1927 年成立，创始人是 Bennett Cerf 和 Donald Klopfer，在 1998 年时为贝塔斯曼收购。

② Ledig-Rowohlt, *Thomas Wolfe in Berlin*, S. 71.

③ 色情周刊《先锋报》的创始人、所有者和编辑。施特莱彻是纽伦堡国际军事法庭审判的主要战犯之一，于 1946 年被判反人类罪，执行了绞刑。

德丽德的声音小到他几乎不能听清，她询问沃尔夫是否知道，德国政府把犹太人、民主党、共产党、同性恋甚至单纯的反对者关押在集中营里。沃尔夫摇了摇头。二人陷入沉默。这寂静也许只有短短几秒，而沃尔夫却觉得这近乎永恒，像是因为一场恶作剧挨了批评一样，他尴尬地看着米尔德丽德。她苦笑。"在德国只有马是幸福的。"[①] 她引用了玛莎的父亲威廉·E·多德的讽语，这位大使最爱说的就是这句。沃尔夫也禁不住笑了。在一个多数作家有其政治立场的时代，他很清楚自己的政治参与度还远远不够，他肯定地对米尔德丽德解释着，而她则理解地点了点头。今晚，托马斯·沃尔夫心中那幅美化了的德国图景上出现了清晰的裂纹。他身上有些东西开始改变了。

① Kennedy, *the Notebooks of Thomas Wolfe*, Bd. 2, S. 829.

1936 年 8 月 10 日
星期一

帝国天气预报，柏林地区：

持续温暖天气，多云天气逐渐增多，

局部雷雨天气、中级风。25摄氏度。

如果离开舍尔比尼酒吧，沿乌兰德大街往北走约 300 米，就到了施坦因广场。这个 1885 年左右建成的矩形广场属于柏林的夏洛滕堡区。20 世纪 20 年代，许多俄罗斯人因革命从家乡逃亡至柏林，在这片宏伟的出租房里住下。这里往南是选帝侯大街，往北是俾斯麦大街。施坦因广场 4 号的房子属于建设时期的模范建筑，1907 年由新艺术运动 ① 建筑师奥古斯特·恩德尔建成。施坦因广场酒店至今仍供客人留宿。1936 年夏天，埃纳·蔡勒梅尔带领团队来到这里。但她不会跟任何人说起"蔡勒梅尔"这个名字。对于酒店客人和她的手下来说，她都只是"主任"。

　　三年前，埃纳的丈夫麦克斯去世的时候，她只有 37 岁，对酒店行业一窍不通。自此她不得不接管这栋楼的管理工作——那是一段艰难的时光。20 世纪 20 年代，这家酒店是备受喜爱的俄罗斯上层贵族的庇护所。有的大公和他的随行人员会占满一整层的房间，而且待上好几个月的情况不在少数。有钱的犹太女性也算是这里的常客，她们不想再用自己的房子了，就将施坦因广场当作寡居的地方。但是希特勒上台以后，这里流失了许多客人。

　　埃纳决定出资将这栋老建筑细致地做一下翻新，安装新浴室并且更新家具。大功告成了。奥运年，施坦因广场酒店成了选帝侯大街一带最受欢迎的酒店之一。一个带浴室的房间每晚 9 马克——在阿德龙的价钱比这一倍还要多。

---

　　① 　新艺术运动（Art Nouveau）是 19 世纪末 20 世纪初在欧洲和美国产生并发展的一次影响面相当大的装饰艺术运动，也是一次内容广泛的设计上的形式主义运动，涉及十多个国家，从建筑、家具、产品、首饰、服装、平面设计、书籍插画到雕塑和绘画艺术，都受到影响，延续长达十余年，是设计史上一次非常重要的形式主义运动。

　　除了舒适、价格实惠的房间之外，施坦因广场酒店的客人同样特别看重这里亲切的氛围。埃纳和她的三个孩子住在这栋房子的顶层，很自然地跟游客们打成一片。有些常客已经成了蔡勒梅尔一家家庭生活的一部分。埃纳的大儿子海恩茨 21 岁，梦想成为美食家。因为埃纳跟著名餐厅老板奥托·霍尔赫尔很熟，她就跟他约定，让海恩茨到时候在霍尔赫尔那里做学徒。小儿子阿希姆，比海恩茨小两岁，他画画很好，也许将来想要走上艺术家的职业道路。女儿伊尔莎 16 岁，是最小的孩子。她上女子学校，对音乐很感兴趣。高中毕业以后，伊尔莎想上声乐课，并且梦想成为著名的歌剧女演员。定期留宿施坦因广场的诸多男女歌手自然格外关照她。每当歌剧女主演在酒店音乐厅里以歌声拉开晚会的序幕，伊尔莎就在门边偷听，并且想象着自己为瓦格纳、威尔第[①]和普契尼[②]的角色献唱的情景。

　　而今晚蔡勒梅尔一家不去看歌剧，而是去米特区离雅诺维茨桥不远的"首府"。"首府"是首府俱乐部的简称，这又是一个不明所以的名字。"首府"是一家著名舞厅，在 1936 年的奥运季，这里属于柏林夜生活圣地之一。这里的一切看上去都比其他舞厅的更大、更昂贵。别家只有一支乐队登台，"首府"则是三支乐队轮流上场。超过三千个白炽灯泡营造了绚丽的灯光效果，水池里精巧的艺术喷泉每小时开放一次，大大小小的喷泉随着音乐的节奏旋转、摇摆。

　　像蔡勒梅尔一家这样住在时髦的施坦因广场的人，实际上并不会到雅诺维茨桥这边来。然而，每当埃纳女士和她的孩子们像今天一样想要找点乐子，就会到"首府"去。伊尔莎对精美的电话和管道风动传送系统特别着迷。每一桌除了一台单独的电话之外，还有独立的管道风动传送连接。借助管道风动传送，写着私密信息的小纸条就能够传送到别桌去。这个装置还能传送一些小物件，比如香烟、雪茄、巧克力、香水，以及给先生的火柴和给女士的修甲工

---

　　① 朱塞佩·威尔第（Giuseppe Verdi），意大利作曲家，1813 年出生于意大利北部布塞托附近的一个小酒馆经营者的家庭。

　　② 贾科莫·普契尼（Puccini Giacomao，1858—1924）是继威尔第之后意大利最伟大的歌剧作曲家，以及"真实主义"歌剧乐派的代表人物。

具——各种各样的东西都能通过传送系统订购。人们需要填好订单，把它和钱一块放进寄发盒——东西就寄出去了。不久后东西就会送到。这套系统在柏林是独一无二的。

这种装置如其设计初衷，为了各种胡闹而存在。伊尔莎热衷于给单身女性送夹心糖这种东西。"不好意思，女士，我是32号桌的那位先生，"伊尔莎在问候卡上写道，"我能否请您跳支舞？"对面的女士打开寄发盒，紧张地读着那张纸，尽量不引人注意地看向32号桌。坐在那里的先生当然不知

在备受欢迎的首府俱乐部，客人们借助桌面电话快速取得联系。

道他有这等好事，尴尬的时刻时常出现。因为伊尔莎必须先给夹心糖付钱，所以她不能经常搞这种恶作剧。更具价值或是至少更加实用的是桌面电话。伊尔莎给一位孤独的男士打了电话，请他到酒吧去约会。海恩茨和阿希姆中途给一位女士打了电话，也跟她约在那里。为了保险起见，他们还约定了秘密暗号。"不好意思，女士，请问您是……"男士问道，随后就是无限的乐趣。伊尔莎和她的兄弟们在安全距离以内嘲讽地观察着发生的一切。因为今天来"首府"的诸多奥运客人，伊尔莎、海恩茨和阿希姆忙碌了起来。

然而，埃里希·阿伦特却对"首府"没什么好印象。是的，他还记得自己两周之前去过那里。而他现在却待在柏林周边的埃伯斯瓦尔德的拘留所里，心力交瘁。"性格恶劣"，法院审讯员克劳泽直截了当地对他这么说过，看守像对低劣的贼一样待他。这对阿伦特先生这样高傲的男人来说简直无法忍受。他是

位独立的泥瓦匠，妥善经营着一家建筑公司，凭借自己的双手赢得了微薄的财富，他为自己辩护道，此外，1932 年 1 月以来他就是纳粹党和冲锋队的成员了。而现在说什么都没用了，埃里希·阿伦特已然跌落谷底。

这出闹剧始于 7 月 25 日早上 9 点。埃里希·阿伦特在埃伯斯瓦尔德上了自己的车，开了 5 公里到柏林，他要在此赴工作上的约会。晌午时，事情都办完了，但阿伦特还不想回到埃伯斯瓦尔德。家里的妻子赫尔塔在等他，而在帝国首都还有更宽广的世界待他去探索。奥运会开幕的一周前，柏林就已经大变模样。不计其数的游客来到这座换上节庆盛装的城市，每个人都在谈论即将到来的赛事。"这里的生活热闹极了，"阿伦特想道，"可是回到埃伯斯瓦尔德能做什么？"他想要在柏林庆祝一番，去大吃大喝，尽情敞开心胸。于是他把车开到米特，在一条侧街上停下，走进弗里德里希大街的维尔茨咖啡馆。虽然这家咖啡馆不大，也绝对没有附近高档的克兰茨勒和传奇的摩卡埃芙蒂那般有名，但是阿伦特喜欢维尔茨。这里总是很热闹——他还是想找点乐子。

埃里希·阿伦特点了香槟，喝了两小瓶之后，有位男士来跟他搭话，对方介绍自己是常务部长魏格纳。这自称是公务员的人询问是否能坐过来，他说可以。阿伦特先生很高兴，他不能抗拒头衔、职务和高官。他只是个来自埃伯斯瓦尔德的单纯的泥瓦匠，而一位地地道道的常务部长正跟他聊天。"香槟！"埃里希·阿伦特对服务员喊道。出于方便他没点小瓶，而是点了大瓶装的。两位男士喝光了香槟，下一瓶就又被送上桌来。一位常务部长根本不会有时间和闲暇，在午后去跟一个素不相识的人喝得酩酊大醉——埃里希·阿伦特完全没想到这一点。后来一个名字很难念的年轻女士安娜·贝丝策苏斯基来跟他和常务部长搭话，就连这时他都丝毫没有起疑。这位女士的职业是……埃里希·阿伦特想不起来。贝丝策苏斯基小姐进入他的生活的时候，他显然已经微醺。这时 22 点已过，埃里希·阿伦特痛饮了 7 个小时，但他还是觉得不够。"现在去'首府'吧！"他对这位常务部长和这位小姐喊道，趁着兴奋的劲头。阿伦特点了单，账全由他来付。他们离开这家咖啡馆的时候，女服务生还拿到了丰厚的小费。阿伦特突然就不再是泥瓦匠了，现在他觉得自己能称霸世界，他很享受这种感觉。三个人上了阿伦特的车，他虽然醉酒，还是开车行驶了到雅诺维茨桥的一段短短的路程。气氛绝佳，常务部长魏格纳讲着黄段子，贝丝策苏斯基小姐咻咻地笑着，就像一个普通的年轻女士那样。

来到首府俱乐部，狂欢还在继续。香槟又流成一条河了，而阿伦特先生还是表现得慷慨大方。众所周知，喝多了会饿，他同样给客人的食物付了钱。"首府"的乐队队长也拿到了一笔大方的馈赠，埃里希·阿伦特开始邀请没参加进来的人一块喝。他很享受成为众人瞩目的中心，并且故意大声说话，邻桌的人都听得见。不知何时他打扰到了其他客人，服务员请他稍微小点声。但一切都是徒劳。阿伦特说话声音更大了，他要让坐得最远的人也能听清。这时老板弗里茨·沙巴坐过来请阿伦特离开酒吧。但他狡辩道，他是政府代表，埃里希·阿伦特粗声说道："我的政府用车停在外面，上面载着外交包裹，我每周跑三次直布罗陀，从政府那拿到 54000 帝国马克。"弗里茨·沙巴笑了，他已经听了够多醉酒客人的荒唐演说。在不少于四个男人的帮助下，他才成功地把阿伦特拖到酒吧外面去。因为阿伦特已经事先付了账，他的事情就算是解决了。这里一时间清静了，但随后埃里希·阿伦特又回来了。他傲气地撞开门，往酒吧里走了几米，喊出了一句改变他人生的话："阿道夫·希特勒破产了，我真后悔1929 年入了党。"不幸的是乐队正在休息，阿伦特的话大家都听得一清二楚。客人中的休戈·布吕塞克、维利·卡茨达、保罗·黑施勒和埃里希·舒尔茨无论如何都听不下去了，他们跳起来，维护他们元首的名誉。

他们扭打在一起，埃里希·阿伦特设法从中脱身了。他找到他的车，呼啸着开走了，然而布吕塞克和其他三个男人用另一辆车跟着他。所幸埃里希·阿伦特对柏林很熟悉，很快就往北边的帝国高速公路开去。他以每小时 110 公里的速度朝埃伯斯瓦尔德飞驰，追捕车辆一直紧紧跟着。逃亡车在市区边界不得不稍作停留，那四个人便成功地控制住了埃里希·阿伦特。他们开始殴打他，过程中见了血。最后双方去了当地警察局，他们都要指控对方。

今天，也就是星期一，埃里希待在拘留所已经两周了。柏林地方法院的首席检察官接手了这个案件。打架斗殴及其后果已经没有讨论的余地，事情的重点要更加糟糕：违反宪法第二条，对国家和政党的恶意攻击、叛国罪和诽谤元首及国家总理罪数罪并罚。如果阿伦特被判决有罪，他就会遭受多年牢狱之灾。

埃里希·阿伦特摇了摇头。他向他的律师保证，自己什么都想不起来了。他——一位纳粹党人和冲锋队员，距离被指控的罪行相当遥远。埃里希·阿伦特重复着他的话，说他只是想在柏林度过愉快的一天。常务部长魏格纳可以证明这一点。这位常务部长是否已经接受审问？律师赫伯曼耸了耸肩。这位自诩是公务员的魏格纳和贝丝策苏斯基小姐都已不见踪影。

埃里希·阿伦特跌了一大跤。埃伯斯瓦尔德的纳粹党已于8月1日将他除名，他从前的同僚在审讯中说，埃里希是个臭名昭著的酒鬼，还爱装腔作势。"我们早就知道他说话会得罪人。"他发表了看法。现在案子由帝国司法部处理，鲁道夫·赫伯曼对他的委托人如此解释。还有六天奥运会就结束了，在那之前这件事肯定不会有定论。他们也许想要等到奥运访客动身离开。对埃里希·阿伦特来说，这可能是个好消息，也可能意味着厄运。

侦探喜剧《旅途游戏》的拍摄工作将在几天后开始，其中胡伯特·冯·梅耶林克扮演尊贵的侯爵德·拉·杜尔斯，然而这个角色是个彻头彻尾的骗子。电影的大部分拍摄工作将在驶向纽约的蒸汽快船不来梅号上完成。几天后，梅耶林克就要出海，在那之前他要到拉丁区庆祝一番。

奥运会期间，这家俱乐部生意格外好。除了几张熟悉的面孔之外，还能见到众多的国际顾客，就像在柏林的街道上那样，这几天拉丁区里也混杂着各种语言。一片忙碌之中，莱昂·亨利·达尤像离弦之箭一般在酒吧里穿行，迎接知名的顾客，给他们安排一个好位置。一眼看上去一切都一如既往，但是这里笼罩着一种奇怪的氛围。梅耶林克察觉到有些不对劲儿。"口袋里装着钱和宝石——没有办不成的事。"①达尤对他的朋友说了心里话。过了很久，梅耶林克才反应过来达尤这句话的意思：他想卖掉他的店，尽快离开德国。但这是为什么？这段时间烦心事很多——关于员工的羡慕、竞争者的妒忌和别的一些事，他干这一行快五年了，已经厌倦，达尤是这么解释的。他的一位熟人欧根·诺塞克，给他介绍了两个有意购买的人，他们准备为拉丁区付6万马克现金。越早越好。他想靠这笔钱在巴黎或是伦敦安身。

太新奇了！梅耶林克很惊讶——他没想到会这样。他不会知道，达尤关于突然变卖酒吧的原因说了多少实话。实际情况不如说是这位酒吧老板自身难保。其实达尤没有告诉他的朋友梅耶林克，他已经被警察盯上好多年了。达尤一直不很守法，他在警察局档案上的记录也是多种多样：诈骗、贪污、贿赂、诽谤，等等。有一次他被举报了，因为拉丁区的厨房满是污秽，还有一次他在意大利公使馆的欢迎会上高价贩卖德国香槟。乌发电影公司（Ufa）在拉丁区庆祝的时候订了12马克一瓶的摩泽尔葡萄酒，给他们上的却是相当廉价的无商标葡萄酒。达尤还大胆地用其他东西换掉瓶里的酒，或是给瓶子贴上新的标签。这样一来，一个普通的德国牌子（一杯1.75马克）就变成了法国1811年的拿破仑比斯奎特科尼亚（一杯6马克）。他试图用5马克收买一个正派的官员，他骂一个固执的员工是"德国猪"。所以源源不断地有警察、刑警、收税的、工商局的和外事局的轮番找上这家知名酒吧。有无数的证人作证，同样发表了许多相关报道，但是所有的诉讼程序都遭到了中止，根本没法把莱昂·亨利·达尤抓起来，就像有人一直给他撑着保护伞一样。

然而，当奥运会即将开幕，竟然有人委托秘密警察查清这件事。关注点已经不在一些小小的欺诈上了，现在达尤的家庭关系成了调查的重点。秘密警察认为，莱昂·亨利·达尤的真实身份不像他表现出来的那样。可以确定，达尤是1925年来到柏林的。他在这儿买了几套高档西装，开始做舞男的工作。但

---

① Hubert von Meyerinck, *Meine berühmten Freundinnen. Erinnerungen*, Düsseldorf 1967, S. 114.

他是从哪来的呢？虽然达尤有尼加拉瓜国籍，但这国籍不是从他那据称死于南美的父亲那里继承的，而是 1927 年用 1400 马克买来的，这是经调查得出的结论。秘密警察现在毫不妥协，坚持让更多有关达尤的过去的细节重见天日。实际上，警探查出，达尤于 1903 年 9 月 1 日在罗马尼亚的加拉茨呱呱坠地。但是那里并没能找到姓达尤的家族，倒是查到一个叫雷普·莫里茨·科恩的人，他是莫里茨·科恩及其妻子雅安妮特的儿子，本姓科恩。假名莱昂·亨利·达尤是他 1929 年在柏林的时候才取的。"至此我认为已经可以确定，"调查员说道，"达尤是犹太人。"[1]

也就是说，这是莱昂·亨利·达尤的一个大秘密：一个罗马尼亚的犹太人经营着帝国首都柏林最知名的俱乐部，宴请了有权有势的纳粹官员、商业巨头和著名艺术家。他的伪装很长时间里都近乎完美，因为达尤甚至给纳粹党捐了款，过节的时候还会升起"卍"字旗，但现在他被揭穿了，只想尽早离开柏林。

莱昂·亨利·达尤像个谋略家一样规划了他的逃亡。他一遍遍地在脑海里预演自己离开德国的场景。在不到一周的时间里——8 月 16 日，拉丁区就成功售出。保险公司经理麦克斯·阿佩尔特和美食家布鲁诺·林伯格两位买家以及公证人来到这家酒馆，他们初步看完就会退回到达尤的办公室里来。公证人用单调乏味的声音宣读合同，就像交代他的那样。然后，达尤、阿佩尔特、林伯格还有公证人会签署一份文件。达尤会拿到一个装有 6 万马克现金的箱子，确认数额并签收。紧接着，几位先生也许会为了这笔交易喝上一杯白兰地或是一杯香槟。达尤会暂时把装钱的箱子存放到他办公室的保险箱里。那里已经有 4 万马克了，那是他今年的营业所得。这是非法的——但他不在乎，他需要每一个马克。总而言之，他有 10 万马克巨款可供他开启新的生活。8 月 16 日这天，达尤还要把他的办公室清空，如约将钥匙交给一个员工，带着

---

[1] Der Polizeipräsident in Berlin an Geheime Staatspolizei, 2. 3. 1938, LAB, B Rep. 202 Nr. 4258.

装满钱的箱子登上去往巴黎的火车。在奥运会最后一天，他会混在乱成一团的启程离开的游客中，边防警察和海关人员都不会很仔细地查看，这就是他打的算盘。达尤的女朋友夏洛特·施米特克会处理善后工作，弃用住房、卖掉凯迪拉克并在几周后赶到。这也在他的计划之中了。不管能否奏效，这个计划都将在 6 天以后实施。

1936 年 8 月 11 日
星期二

帝国天气预报，柏林地区：

晴转多云，傍晚时间歇出现雷暴天气。

日间东南风伴随持续升温。27摄氏度。

帝国—普鲁士交通部通知："过去一周，街道交通造成 149 人死亡、3793 人受伤。"[①]

这几天里，如果从纪念教堂出发沿着康德大街走，那里的广告柱上、展览箱里、建筑外墙上会不断出现一个名字：泰迪·斯托弗。这个反复被宣传的人真名叫恩斯特·海恩里希·斯托弗，但他的支持者喊他的昵称泰迪。这个海报上的男人七年前曾在柏林住过，但那时候他还是个无名小卒，生活贫困，只能勉强糊口。如今——1936 年 8 月，泰迪·斯托弗 27 岁，成了明星。与通常的猜测不同，斯托弗先生既不是运动员也不是演员，也不是一位像飞越大西洋的查尔斯·林德伯格[②]那样勇敢的飞行员，或是曼弗雷德·冯·布劳希奇那样驾驶梅赛德斯银箭的赛车手，是的，他根本就不是德国人。泰迪·斯托弗是一位来自瑞士的乐队队长，一位萨克斯手。

艾尔芙丽德·赛博尔比泰迪大九岁，一定程度上是他的上司。这话泰迪不太爱听，但是现在事实如此。赛博尔女士在康德大街上经营着特斐尔宫俱乐部，她聘用了泰迪和他的乐队本真泰迪（以伯尔尼的标志命名———一只熊）从 7 月初到 10 月底在此驻演。泰迪第一次来到特尔斐宫的时候，他耸了耸肩，什么也没说，至少是对赛博尔女士，但是当他环顾四周，目光中便闪现

[①] Berliner Tageblatt, 11. 8. 1936.

[②] 查尔斯·奥古斯都·林德伯格（Charles Augustus Lindbergh，1902—1974），美国飞行员与社会活动家，首个进行单人不着陆的跨大西洋飞行的人。

了疑问：这有何美感可言？泰迪糊涂了，同时也觉得被打败了。他也许还想起了一个柏林的老段子，建筑师对业主说："房子大体构造已经建好了。您现在想要什么风格呢？"他们给特斐尔宫选了希腊风。更确切地说，是 1928 年的人所认为的希腊风——风格化的柱子、波纹图案和小天使浮雕。屋顶上四只石狮子高高在上地卧着，像是在守卫着这个地方。由于这栋建筑在康德大街上的位置比较靠后，因此在康德大街和法萨恩大街的街角处形成了一个宽敞的前庭，夏天的时候，人们可以坐在棕榈树和其他热带植物的树荫下喝下午茶。这座宫殿本身有两层楼，底层除了咖啡厅，还有衣帽间和后勤室；楼上有两个舞厅和整整 530 个座位，此外还有带 120 个座位和前排专座的展厅。室内装饰的风格简直一团糟，彩绘的墙壁、仿大理石的柱子、纸坯仿制的模型随处可见。天花板上用了无数的白炽灯泡，以模仿星空的样子。20 世纪 20 年代所注重的新即物主义建筑风格的踪迹，在特斐尔宫无处可寻。这就是泰迪接下来四个月工作的地方。

1936 年的奥运季，艾尔芙丽德·赛博尔凭借泰迪他们的加入孤注一掷。这家店之前生意不太好，现在她期望众多的国际旅客会带来转机。她如愿以偿。第一天起，泰迪·斯托弗和他的本真泰迪乐队就吸引了大家的眼球。特尔斐宫总是一票难求，如果乐队下午在前庭登场，人群就会聚集在附近的街道上，而晚上总有成百的客人入场遭到拒绝，因为大厅里早已塞满了人。泰迪他们的声音似乎已经让柏林等了太久。"那些美国人来了，"后来泰迪·斯托弗在回忆录里写道，"他们的到来启发我们在特尔斐宫奏出了前所未有的节奏。下午人们就跳起爵士。那些夜晚充斥着难以描述的气氛。柏林人与美国人一同起舞。"[1]

泰迪尤其受到柏林女性的欢迎。他身材高大，金发平整地梳到后面，看起来就像一位好莱坞影星。他的一举一动，他摇摆着给队友示意的样子、他吹萨克斯的样子和他接受观众欢呼的样子——一切都显露出一种难以置信的从容，这是德国音乐人身上通常缺少的。无须多言，泰迪是女人们的梦中情人。最后

---

[1] Teddy Stauffer, *Es war und ist ein herrliches Leben*, Berlin 1968, S. 115ff.

高档的伊甸酒店的屋顶露台算是这座城市在1936年奥运季的热点之一。

是音乐：泰迪他们几乎只演奏美国曲子，其中就有百老汇最火的爵士乐。其中一位乐手瓦尔特·道波辛斯基后来回忆道："我们在那里，毫无顾忌地演奏正宗的美式爵士——我们乐手都这么说。人们都想听这个，大家都相当投入。"[1] 爵士病毒迅速蔓延开来——纳粹也看在眼里。"并没有因此引起麻烦，"泰迪乐队的号手鲍勃·胡贝尔说道，"从来没有人提意见，说我们不该演奏美国曲子。"[2]

纳粹的文化部官员对泰迪·斯托弗和德国在 1936 年 8 月达到顶峰的爵士热潮，采取了一种半是容忍半是冷漠的态度。他们一方面很高兴能够为奥运的游客推出一位国际化的艺术家；另一方面，对这些官员来说，爵士的影响微不足道，不至于进行法律上的干预。尽管帝国广播节目负责人欧根·哈达莫夫斯基于 1935 年 10 月发布了一道禁令，禁止"黑人爵士以任何形式播出"，但这种局部限制似乎没起什么作用。因为与此同时，唱片公司德律风根（德国的世界驰名商标）正尽其所能地推动着爵士乐在德国的流行。奥运会开幕两周前，泰迪和他的队友为德律风根录制了他们首张四曲专辑——到 1939 年 3 月为止还会有无数张。泰迪·斯托弗说："它收录了接触犹太作词、作曲家及发行商的惊世之作。1936 年录制于希特勒的柏林。"[3]

当然，泰迪·斯托弗和艾尔芙丽德·赛博尔也是有敌人的。其中一个名叫汉斯·布吕克纳，住在慕尼黑。这位 39 岁的男人将自己献给了轻佻的缪斯。许多口水歌，比如《来自远方的问候》（ *Grüße aus der Ferne* ）、《上帝！》（ *Herrgott* ）、《守卫德国莱茵河》（ *beschütz den deutschen Rhein* ）、《旧海滩椅的梦想》（ *Was der alteStrandkorb träumt* ）都出自他的笔下，尽是充斥着低俗浪漫的笨拙的作品。布吕克纳 1928 年加入了纳粹党，因此算是一名"老牌战士"[4]。他创立了名为《德意志指挥台》的斗争刊物（小标题：流行音乐及音乐现场专

---

① Interview Walter Dobschinsky, in: Bernd Polster (Hrsg.), *Swing Heil. Jazz im Nationalsozialismus*, Berlin 1989, S. 69.

② Interview Bob Huber, in: Wolf- fram, *Tanzdielen und Vergnügungspaläste*, S. 143.

③ Stauffer, *Es war und ist ein herrliches Leben, S. 117.*

④ 对纳粹早期党员的一种说法。

业杂志），作为其编辑，他公开反对爵士，反对有色人种和犹太人，或是反对他认为该反对的人或事。尤利乌斯·施特莱彻是布吕克纳的榜样，后者的文章里时常混杂着他的一些行话。但是布吕克纳在党内的朋友很少。1935年，他跟一个熟人——杜塞尔多夫一位牙医的夫人——克丽丝塔·玛丽亚·洛克一起，出售一本名为《懂音乐的犹太人——ABC》的下流小册子，《人民观察家报》[1]作出了敌对的回应，发表了一篇消极评论。这本书应当是一本科学性的工具书，里面却尽是些尴尬的错误，以致对此负责的帝国文化部门怨声载道。人们没法理解汉斯·布吕克纳，更不会为他说好话。他被视作一个头脑简单的偏激人士，只会让人恼火，还是不要跟他扯上关系的好。而现在恰恰是这个布吕克纳带头反对爵士，这对泰迪·斯托弗和他的同行来说姑且起到了一定程度上的保护作用。除此之外，布吕克纳和他的同伙舍弃爵士，为现代舞曲所做的宣传在党内高层只换来了人们的哈欠连天。1935年11月，约瑟夫·戈培尔从一场演奏"德国舞曲"的活动回到家，在日记里写道："我只想说'还是回到爵士吧'。糟糕的、浮夸的半吊子。真够遭罪的！"[2]

　　泰迪理解不了这种争论。就像今晚，当他同他的本真泰迪登上特斐尔宫的舞台时，他只想演奏优秀的音乐。无论作曲和作词是美国人、德国人、犹太人、基督徒或是别的什么人，他对这个一点都不感兴趣。观众非常喜爱他，他和他的乐队也因此每天都卖力表演。有一首歌——《伪善的你》（*Goody Goody*），在柏林人中间反响特别好。这首歌的小号前奏几乎成了乐队的标志。《伪善的你》是这个夏天的主打曲。

　　杂志《优雅世界》发出邀请："使用欧倍青[3]的女士，如果你拥有一头秀

---

①　这份报纸始创于1887年，原名《慕尼黑观察家报》（*Munchner Beobachter*），是一份篇幅4页的慕尼黑周报。1923年，濒临破产的《慕尼黑观察家报》被希特勒买下来，并改名为《人民观察家报》，用作宣传纳粹党的极端民族主义。

②　Fröhlich (Hrsg.), *Die Tagebücher von Joseph Goebbels*, Teil I, Bd. 3/I, S. 334.

③　咖啡因洗发水品牌。

发，请将头部的照片用光面照相纸洗出，寄到'比勒菲尔德，公司常设仲裁委员会，A·沃尔夫博士'处。我们将奖励——据版权要求——每人以 10 帝国马克，将有 12 张图片入选，连同姓名和住址发表在该版面。评判员有最终决定权，一经决定不可更改。"[1]8 月的欧倍青模特名叫希拉·基纳斯特，她住在柏林滕珀尔霍夫区。

　　时尚杂志《女性》上，紧挨着目录的半个页面印着汉凯[2]香槟酒庄的广告。广告上，一位妙龄美女手里拿着酒杯，她的面前摆着一个装了冰块的香槟冰镇桶，里面有一瓶汉凯干型起泡酒。广告语承诺道："为夏夜加冕！干型汉凯真的好消化、助吸收！"杂志发表的同时，外交界察觉到有人被钦定了。果然，汉凯家族的一员被提名为伦敦的德国驻英大使。这个人是约阿希姆·冯·里宾特洛普，他在 1920 年娶了股东奥托·汉凯的女儿。

　　这让国内外的政治观察员绞尽了脑汁：希特勒怎么就恰恰把如此显要的大使职务交付给了约阿希姆·冯·里宾特洛普呢？这位独裁者当然可以，因为他很重视里宾特洛普，即便如此，里宾特洛普依旧孤立无援。"他的聪明才智和教育水平都很一般，"法国大使安德烈·弗兰西斯科-蓬塞委婉地写道，"他对外交问题惊人地无知。"[3]在秘密谈话中，这位外交家很坦诚：里宾特洛普是个十足的傻瓜，蠢到令人发指。然而他的英语说得不错，弗朗西斯科-蓬塞在他的美国同行乔治·S·梅瑟史密斯[4]面前诋毁道，他是那种"在英国绅士面前装绅士"[5]的人。自然，在"第三帝国"的领导圈子里，里宾特洛普也没什么朋友。很多人都觉得他是个傲慢的假绅士，惹人讨厌，爱摆架子，骄傲自大，爱吹牛皮，总是用无聊的陈词滥调折磨别人。除此之外，对约瑟夫·戈培尔来说，

---

① Foto-Wettbewerb, in: *Elegante Welt*, Nr. 15/1936, S. 64.

② 汉凯（Henkell）是德国最具传统的起泡酒公司，也是世界最著名的起泡酒生产商之一，享有很高的声誉。

③ André François-Poncet, *Als Botschafter in Berlin 931–1938, Mainz 1949, S. 296.*

④ 1930—1934 年任美国驻柏林领事。

⑤ George S. Messersmith an Cordel Hull, 21. 3. 1935, UOD, MSS 109.

里宾特洛普还是个骗子，他于 1925 年被一个没有子女的贵族女人收养，他每月付她 450 马克的终生养老金，他的贵族称号就是这么来的。戈培尔写道："他的名号是买来的，他的钱是靠结婚挣的，他的官则是骗来的。"[1]

约阿希姆·冯·里宾特洛普不情愿地到伦敦做了大使。他本想接管外交部，但这个职位被职业外交家康斯坦丁·冯·诺伊拉特占了。因为希特勒没有解雇诺伊拉特的安排，而里宾特洛普又像狗一样听命于希特勒，他最后还是顺从了。也就是说，他没有为这份泰晤士河边的工作高兴的理由。倒霉的是，里宾特洛普一家今晚有客人——大约有 600 人，早在几周前，他们就受邀来庆祝奥运会的举办。那个时候新任大使的事八字都还没一撇。

每一分钟都有知名的客人把轿车开到门前。每个人进入宅邸时都会拿到印成一本册子的访客名单。翻阅它的时候会发现许多英国人的名字，其中就有查农一家。赫尔曼·戈林自然也荣获邀请。他也许还会嫉妒地观察，里宾特洛普和他的夫人会给客人提供些什么。后天戈林要举办他自己的奥运宴会——他不想在任何方面输给他的对手。然而，这并不容易。里宾特洛普一家住在柏林富人区达莱姆的一栋别墅里，宽敞的庭院里甚至有一方游泳池和一个网球场。为什么不呢？钱有得是。

今晚所有人都盛装出席，国家剧院的歌手演唱受欢迎的咏叹调，不久之后，客人们就跳起了舞。无数穿制服的服务生拿来的波马利香槟足够流成一条河（究竟为什么不是干型汉凯呢），同时，主人在明火上烤着一整只牛。里宾特洛普假装友好，皮笑肉不笑地对他的客人们表达了祝愿。然而，他说贺词的时候，他的表情越来越不受控制。这位新上任的大使掩藏不住自己对未来工作的真实想法。相较于里宾特洛普，赫尔曼·戈林则谈笑自如。他从这桌到那桌，到处闲聊着，讲着一些私下里关于香槟大亨或是关于"里宾是伪君子"的小笑话。

今晚，亨利·查农爵士又能好好观察一番，关于那个这几天多次引起他注意

---

[1]　Joachim C. Fest, *Das Gesicht des Dritten Rei- ches. Profile einer totalitären Herrschaft*, München 1988, S. 246.

的细节：纳粹党领导的夫人们庸俗不雅的举止。亨利·查农不曾想到，里宾特洛普一家家财万贯，他们办宴会就像过去的法国贵族那样挥金如土，然而女主人却唯独缺了那份气质。"里宾特洛普夫人有着智慧的目光，穿着糟糕的黄褐色衣服，完全是素面朝天。"[1]男主人至少看着还像"某艘游艇的船长"，而女主人简直一点都不体面。亨利爵士认真地思考，是不是因为德国女人都这么没有吸引力，才有这么多男人是同性恋。亨利·查农一定要搞清楚。尽管如此，英国的客人们还是玩得很尽兴。"我们待到凌晨3点钟，我玩得开心极了，"亨利·查农在日记里写道，"这个迷人而又怪异的夜晚，梦幻的名人大聚会、大使里宾特洛普一家（或是说里宾特洛普太太的）上等的香槟——一切都令我心醉神迷。"[2]

正当约阿希姆·冯·里宾特洛普在达莱姆的宅邸里忙前忙后的时候，奥运村里，柏林爱乐乐团即将登场。他们的表演算是这里的娱乐节目，定期会有乐手、舞者、杂技演员和其他多少有些出名的人物来给运动员们进行表演。飞越大西洋的查尔斯·林德伯格、拳击手马克斯·施梅林[3]和男高音歌唱家杨·凯普拉已经来做过嘉宾，今天做客的则是德国最著名的交响乐团。这已经是"柏林人"第二次现身奥运村了。七月底，奥运会快开幕的时候，奥运村曾计划举办一场露天音乐会，然而由于持续降雨，不得不临时改在体育馆内进行。今天的天气就好多了，再也没有什么能够阻碍演出的进行。爱乐乐团的演出现场观者云集，在这场一流的表演中，演出曲目有理查德·瓦格纳、卡尔·马利亚·冯·韦伯[4]以及乔治·比才[5]等人的作品。只有今晚的指挥阿洛伊斯·梅利夏

---

[1] James (Hrsg.), *Chips. The Diaries of Sir Henry Channon*, S. 62.

[2] Ebd., S. 110.

[3] 马克思·施梅林（Max Schmeling, 1905—2005），德国拳击家，出生于德国布朗德布鲁格。他是迄今为止德国唯一的一位世界重量级拳王。

[4] 韦伯（1786—1826），德国作曲家。他出生于一个戏剧之家，对德国民间音乐、风俗也有很深的体验。

[5] 乔治·比才（Georges Bizet, 1838—1875），法国作曲家，生于巴黎，是世界上上演率最高的歌剧《卡门》的作者。

尔略逊一筹。威尔海尔姆·富尔特文格勒①显然是没时间或是没兴趣来。

乐手们坐在所谓的桦木台上，而在奥运村的中心，约三千名观众分散在周围的空地上。当梅利夏尔示意演奏理查德·瓦格纳的《塔恩豪伊泽序曲》的时候，已近黄昏。过了整整一个小时，比才的歌剧《卡门》选段响起的时候，天色已是一片漆黑。一把把火炬将交响乐团笼罩在一片橙红色的光芒中。在稍高一些的塔楼上看，桦木台就好像在岩浆中熊熊燃烧。这真是引人入胜的景象。

沃尔夫冈·福尔斯特纳也是众多观众中的一员。奥运村的建设由国防军指导，福尔斯特纳领队负责其建设已经两年多了。直到1936年年初，他都在建设工作中行使第一指挥官的职权，比赛期间依照计划，一位军阶更高的军官接替了他，他则继续担任地方长官——某种意义上的市长。这位40岁的男人的确有充足的理由享受这个夜晚，因为这座作为杰出成就为人称道的奥运村，几乎就是他的作品。但是沃尔夫冈·福尔斯特纳还是闷闷不乐。音乐会后，焰火绽放在柏林的夜空中，而这绚烂的色彩提不起他的兴致。

福尔斯特纳的上司维尔纳·冯-素·吉尔萨很是担心他的副手。虽然福尔斯特纳在他面前的表现无可挑剔，但是吉尔萨从第三方那里越来越多地听到抱怨的声音：这位领队控制不好自己，行动草率，脾气暴躁，总是心不在焉，等等。事实上，福尔斯特纳自己也是寸步难行。他最近惊恐地得知，他的妻子莱欧妮跟他的副官之间有私情。这位不忠的妻子显然是想尽早离婚。除了私生活的麻烦之外，他的工作上也出了很大的问题。奥运村里流传着福尔斯特纳"非雅利安人出身"的谣言。这一带应该已经贴上了许多张写着"打倒犹太人福尔斯特纳！"的海报，官方也在暗中对他进行侦查。实际上，福尔斯特纳祖父的父亲方面是犹太人，他的堂兄弟、音乐出版商奥托·福尔斯特纳也同样有犹太血统。追根溯源的话，沃尔夫冈·福尔斯特纳还跟舍尔比尼酒吧的老板娘伊芙女士是姻亲。

---

① 威尔海尔姆·富尔特文格勒（Wilhelm Furtwangler，1886—1954），德国指挥家。8岁开始学音乐，上小学时即显露出其非凡的音乐天才。起初在朱里赫与斯特拉斯堡任指挥，后历经柳伯克、曼海姆等地，1920年应聘为柏林爱乐乐团指挥。

根据纳粹国家的宪法，沃尔夫冈·福尔斯特纳是所谓的"四分之一犹太人"，是"二代混血"。奥运会姑且给他提供了一定程度上的保护，因为几万游客聚集在这座城市，福尔斯特纳所属的纳粹党和国防军肯定都还不会对他采取任何措施。纳粹经不起丑闻。但是奥运会闭幕以后呢？又会发生什么？国际的游客都离开了，国际公众也不再关注柏林，那时会怎样呢？难怪沃尔夫冈·福尔斯特纳无心享受柏林爱乐乐团的演出。他现在胆战心惊。一星期以后就是他的死期。

柏林警察局每日通告："来自里加的拉脱维亚公民奥尔格·施瓦伯向一位冲锋队分队长汇报了据称自己是记者的威廉·林德纳的言论。这位记者带她参观了柏林的名胜古迹，到了腓烈特大帝墓的时候，他应该说过，他觉得这位皇帝坟墓上的'卐'字旗不好看。在接下来的聊天过程中，他还说过，阿道夫·希特勒是个大冒险家，一心想着引发战争，只知道建造军营；又说戈培尔先生是奸诈之徒，只会说同一套话，他长着畸形的足，他的孩子也一样。林德纳应该还吹牛说，他这辈子还从没说过'希特勒万岁'。"①

---

① BAB, NS 10/51.

1936 年 8 月 12 日
星期三

帝国天气预报，柏林地区：

晴转多云，伴随适度降温的雷雨天气。

微风南风转西风。24摄氏度。

莱茵河畔的城市波恩还在沉睡，这是 8 月 12 日的黎明，汉斯·爱德华·吉泽被人带到了司法监狱的中庭。这位 32 岁男士的生命走到了尽头，几分钟后他将被处以死刑。吉泽并非杀人犯。他因盗窃和贪污被记录在案，上次，他因造假币获刑两年。7 月中旬，吉泽萌生了一个非常糟糕的念头。他绑架了波恩一位商人的儿子，把他绑在树林里的一棵树上，给他苹果汁、橙子和巧克力，并且想要勒索 1800 马克的赎金。这个计划基本上泡汤了——6 个小时后，受害者毫发无损地被放走了，而吉泽则遭到逮捕。根据帝国刑法第 239 条，剥夺人身自由将被处以五年以下有期徒刑。但是帝国政府随后得知他有前科，并且紧急公布了新法案，来防止以勒索为目的的儿童绑架。他们想将汉斯·爱德华·吉泽的案件作为典型案例，以此增加餐桌上的谈资。6 月 22 日——案发后仅 6 天，帝国法令公报就公布了刑法第 239 条："以勒索为目的，通过欺骗、威胁或暴力手段绑架陌生儿童，或是剥夺其人身自由的，将被处以死刑。"[①] 由于法令的效力可追溯到 1936 年 6 月 1 日，依据新法令，可以对汉斯·爱德华·吉泽加以控诉。7 月 1 日，在全国公众的关注之下，最终的判决下达了：死刑。陈述判决理由的时候，审判长代表全体德国父亲和母亲，对帝国政府新法案致以谢意。

　　吉泽站在监狱的中庭，双手被反绑着。一位天主教牧师走了过来，念了一句简短的祷词，赦免他的罪过。一位执法官员再次宣读判决，并且下达了命令："死刑执行官，请履行你的职责！"随后一切都进行得很快。死刑执行官的助手们抓住吉泽的胳膊和肩膀，快步将他带到断头台，把他用皮带固定住。

[①]　*Reichsgesetzblatt* Nr. 56/1936, 22. 6. 1936, S. 493.

短短几秒后，刽子手的斧头落下，他便身首异处了。在柏林，奥运会的第十二天开始了——汉斯·爱德华·吉泽死了。

帝国记者会每日节选："今天，儿童绑架犯吉泽在波恩被处以死刑。考虑到奥运会，德意志国家书目的报道不应过于醒目。不应出现相关评论。"①

汉内斯·特劳洛夫特、麦克斯·冯·奥约斯，以及其他的德国军人离开了加的斯，现在他们抵达了塞维利亚，在附近的塔布拉达机场把拆掉的飞机组装了起来。这个时节的安达卢西亚，背阴处的气温都常常高达 40 摄氏度！难怪安装过程比预期的要漫长，白天在外面根本动弹不得，到了晚上才好受一些。工具不够齐全，这又给工作增加了额外的难度，除此之外，有些德国士兵消受不了这里的地中海饭菜，待在厕所的时间比在机场还要多。尤其正午的时候，西班牙人丝毫不在意这些阿雷曼来客的眼光，德国人大可以把他们看作一群懒散的、缺乏劳动精神的人。这样一来，双方在相互理解上又出了问题，大家的情绪急转直下。

"我们进一步了解了自己的任务，觉得不太满意，"特劳洛夫特在日记里写道，"因为我们要把西班牙飞行员转移到我们的战斗机上去。"②他失望极了，他本希望尽早亲自飞行，但阿道夫·希特勒却给这些德国人下了一道严苛的命令，让他们暂且不要主动干涉战争的进程。重点在于"暂且"，约瑟夫·戈培尔谨慎地指出："元首很想插手西班牙的事，但是时机还不成熟。时机也许会来的。要先让奥运会顺利结束。"③

这时候，政变者与共和党方面都进行了暴力的干预，几千人遭受刑讯和杀害。如果说德国的媒体起初报道起来还缩手缩脚，当奥运会接近尾声，关于共和派真实的或是假想的战争恐慌的文章就多了起来。这在现实看来自然是无迹可寻。佛朗哥面对其反对者表现得毫不敏感，这一点德国的读者们是不会知道

---

① Bohrmann, *NS-Presseanweisungen der Vorkriegszeit*, S. 875.

② Trautloft, *Als Jagdflieger in Spanien*, S. 26.

③ Fröhlich (Hrsg.), *Die Tagebücher von Joseph Goebbels, Teil I, Bd. 3/II, S. 156.*

的。反之，人们会更加详细地了解到，西班牙政府以布尔什维克主义之名所实施的"野蛮的暴行"。"每天早上都有人被处死""70位士兵在斗牛场被处以死刑"，新闻标题如此写道。这些报道往往都是一些道听途说，无法查证，但约瑟夫·戈培尔并未出手阻拦，任其作为事实传播。这些事件中，有许多发生在教堂和修道院。这就要提到那些修女，她们被那些"红军"当众轮奸，或是被人切掉了乳房，而修道士们被迫跳舞到累倒为止。据说男人、女人和小孩都被钉在了礼拜堂的十字架上，而牧师在教堂的长椅做成的柴垛上被活活烧死。[1]

这些耸人听闻的故事对于宣传部来说——不管它们是不是真的——来得相当及时。而约瑟夫·戈培尔对牧师、修道士和修女是没有丝毫同情心的。这些故事跟性和暴力挂钩，这让他看到的更多是煽动群众的潜能。对无辜的神职人员施暴的行为在公众意识中形成一种严重的被侵犯感，借此，戈培尔得以在本国激起"对布尔什维克党的恐惧感"。因为现实的情况就是，德国人正为与苏联的战争做准备。

帝国记者会每日节选："一本杂志再次刊登了一篇非常不合适的有关种族问题的文章，内容选自《体育与种族》一书，大体上论证了只有条顿人有望在十项全能中获胜。种族学说肯定不会因为该文章的发表得以拓展，但它会惹恼我们的奥运游客。所以说该文章的发表是很不合适的，应当撤回。另外，在奥运相关报道中使用'异种人'一词也是很不合适的，一定要避免，特别是因为我们还要表现出坚持各国平等的奥运精神。"[2]

德国人喝的酒太多了。至少特奥·格莱斯医生是这么说的。格莱斯医生每天都从他在柏林布里茨区的住处开车到市中心，在里尼恩大街上同酒精展开较量。他今年40岁，是德国禁酒会的会长。禁酒会是源于美国的一个互助组织，

---

① Zum Beispiel: Priester verbrannt, in: *Berliner Lokal- Anzeiger, 6. 8. 1936.*

② Bohrmann, *NS-Presseanweisungen der Vor- kriegszeit, S. 882.*

倡导节制的生活方式。拥有约 32000 名会员、1150 个地方组织的禁酒会，虽然在规模上是最大的，却不是唯一一个此类的机构。1936 年，"第三帝国"有超过 20 个组织形成了对抗酒精的战线，比如德国反非洲白兰地贸易协会、德国禁欲教士联盟和新教派帝国酒精问题对策组等，而人们很容易对它们的目的产生误解。

酗酒在"第三帝国"既不算疾病也不算恶习，而是一种"对公共卫生的损害"，被视作"我们民族的劲敌"，这些是特奥·格莱斯发的文章里的说法。难怪格莱斯对"新生儿遗传病预防法案"表示赞成，这一法案允许对潜在遗传病患者和酒瘾者进行强制绝育。

在 1936 年奥运年里，德国人实际上喝了多少酒呢？真实情况是，经历了 20 世纪 30 年代初期的低潮，只是一段时间后，酒精消耗量再次上升了。1933 年香槟的消费量仅 600 万瓶，而 1936 年就已达到 1420 万瓶。同期，白兰地的消费量从 0.56 亿升上升到了 0.76 亿升。啤酒消费量的增长则是从 34 亿升到 39 亿升。那么德意志帝国是个酒鬼的国度吗？这些赤裸裸的数字助长了这种说法，但是仔细观察可以看出，酒精消费还没有达到从前的水平：1908 年白兰地的消费量是 2.6 亿升，而 1919 年，将近 1600 万瓶白兰地被摆上柜台。1901 年的啤酒需求量为 71 亿升，同样达到最大[1]。换句话说，帝制时期与魏玛共和国时期，人们喝得更多。

但是，增长的酒精消费是一种不确定感的表达，这也同属事实。1936 年夏天，《德国报告》这篇文章中首次提到了遍布德国的"享受现在的风潮"。"与魏玛时期相比，现在人们喝的啤酒更多了，"一位来自拜仁的知情者反映道，"现在小酒馆里出现了更多由工人组成的酗酒小团体。"根据这位告密者的说法，最为糟糕的是，年轻人由于习惯于玩乐和饮酒，将全面去政治化。"那么老年人呢？可以看到许多老年人坐在酒吧里，请年轻人喝酒，讲起那些老掉牙的战争故事。战争的痛苦被遗忘了，但那些爱冒险的年轻人双眼发亮，老人们

---

① Vgl.: Theo Gläß (Hrsg.), *Zahlen zur Alkoholfrage*, Berlin 1938.

则沉浸在自己过去的英雄事迹带来的愉悦之中。"在作者的概述中，他对于未来没有一点良好的预期："'没有比做一名士兵更美好的事情了'，这就是当代年轻人的主流思潮，无论在城市还是乡村都是如此。"①

　　吕岑堡大街 35 号的邮政局。现在是晌午时分，玛莎·卡莱考来到营业厅，取她每天的情书。寄信人是夏姆尤·维纳弗，他比玛莎大 12 岁，是一位音乐理论家、指挥家。两人在过去几年见了几面，地点在剧院、玛莎常去的罗马式咖啡厅、晚间学术演讲厅，有时也在街上偶然相遇。有一次，他们在玛莎家门前相遇了——当时下着倾盆大雨，玛莎正要去赴约。天气真糟，夏姆尤想聊上几句，但是玛莎没时间，匆忙跃过地上那些水洼，离开了。几年后，夏姆尤说，这次还有其他几次邂逅都不是偶然发生的。是的，他暗恋玛莎，为了能够看她一眼，便守在路上等她出现。但夏姆尤却不敢对她表白，因为玛莎已经跟索尔结婚了。然而，1935 年的某个时候，二人之间必定是擦出了火花，玛莎和夏姆尤成了一对秘密情侣。

　　玛莎陷入这样一种境地——她不得不去隐瞒，她要偷偷摸摸地行事，还要欺骗她的丈夫。虽然他们的关系相对来说比较现代，也比较开放，但玛莎并不想去骗他。有一次索尔写信给她：

　　　　我不在乎你于我是否忠诚，
　　　　只是——我不能没有你。
　　　　你可以尽情背叛我，
　　　　但是——请不要让我知道。②

　　玛莎用她的诗《给一个人》答复他，诗中写道：

①　*Deutschland-Bericht der Sopade*, Juli 1936, S. 830f.

②　Zit. nach: Jutta Rosenkranz, *Mascha Kaléko. Biografie*, München 2007, S. 60.

其他人是广阔的海洋，

而你是港湾。

所以相信我：你可以安稳睡下，

我总会驶向你身边。①

　　然而，这种对彼此的承诺越来越像是一种自我欺骗。几天前——1936 年 7 月 31 日，玛莎和索尔·卡莱考庆祝了他们的第八个结婚纪念日——玛莎悲痛万分。她去邮局的次数越多，心里就越清楚，她不再爱索尔了，进一步说，也许她从未真正爱过他。就好像嫌一切都还不够复杂似的，这个夏天，玛莎确知了一件事情，她早已作此猜测：她怀孕了，孩子是夏姆尤的。玛莎没有足够的勇气去把真相告诉索尔。在抉择面前，她过上了双重生活，吕岑堡大街上的邮局就是中转站。索尔·卡莱考以为自己是这个孩子的父亲，开心极了，马上做起了计划：现在的房子太小了，孩子马上就要来了，最好还是在孩子出生前就搬家。房子很快就找到了。索尔在附近夏洛滕堡的布雷博特瑞大街上找到了一间大些的房子，10 月起，他将和玛莎租住在这里。

　　玛莎坐在邮局里，双手拿着夏姆尤新寄来的信，出神地望着铺了油毡的地面。她的双眼似乎是聚焦在灰色地面的某一点上，全身一动也不动，而实际上玛莎什么也没看。她想象着未来，而它就像她脚下的地板一样暗淡。玛莎不想再跟索尔一同生活下去，她也很害怕自己作为一个犹太人很快无法在德国生存。"过去两年，我经历了许多非常人所能承受的事。"②1938 年，她回忆起这段时间的事时说道。玛莎坐在那里，沉浸在自己的思绪中，这时有许多路人走进邮局，也有许多人离开。门被打开的时候，街道上的噪音就会涌入营业厅。邮局门前有个报童，大声叫卖报纸，诵读着《奥林匹克报》的新闻标题。玛莎只听清一句："日

————————————

　　① Mascha Kaléko, Für Einen, aus: dies., *Das lyrische Stenogrammheft*, Kleines Lesebuch für Große, S. 94.

　　② Zit. nach: Gisela Zoch-Westphal, *Aus den sechs Leben der Mascha Kaléko*, Berlin 1987, S. 69.

本游泳运动员重要的一天。”这个小孩还喊着“两枚金牌”及其他一些什么。奥运会？啊，这对她来说无关紧要。玛莎·卡莱考有其他事情要担忧。

柏林警察局每日通告：“一位德意志劳工阵线①的部门领导举报，在贝伦大街的兹辛饭店，有一位德国职员对一位奥运游客发表了贬低元首和国家的言论。”②

今天，御林广场③的剧院里将上演威廉·莎士比亚的剧目《哈姆雷特》。主演阵容是一流的：古斯塔夫·格林德根斯饰哈姆雷特，赫敏·克尔纳饰王后乔特鲁德，凯特·戈尔德出演奥菲利娅。这场演出属于奥运会艺术方面的规划项目，面向众多的国际游客。早在几周前，这场演出的票就不出所料地卖完了。古斯塔夫·格林德根斯心里惴惴不安。今天，这位 36 岁的演员站在舞台上，可不是理所当然的。因为不久前，形势对格林德根斯来说还相当不妙。以纳粹首席思想家阿尔弗雷德·罗森伯格为中心的势力，将格林德根斯视为眼中钉。他们认为，他在政治文化方面不可信任，此外他还是同性恋。“不可理喻的德根斯先生”——小说家托马斯·曼偶然对他的前女婿这样提起过，然而，被同性吸引的事情，在纳粹党内的高层之间本就不是秘密。希特勒肯定也知道这件事。“元首不喜欢古斯塔夫·格林德根斯，”约瑟夫·戈培尔写道，“他觉得他没有阳刚之气。”④。然而，格林德根斯这边，有负责管理普鲁士国家剧院的赫尔曼·戈林作为其支持者。戈林和格林德根斯——这两个根本不相同的

---

① 德意志劳工阵线（Deutsche Arbeits Front，缩写 DAF）是纳粹政权在粉碎自由工会后创立的官方工会组织。它是一个统一了雇主和工人的联盟，也是纳粹的统一工会组织。

② BAB, NS 10/51.

③ 御林广场由 Johann Arnold Nering 设计，于 1688 年建造而成，已有 300 多年的历史。最初它叫菩提树广场，后来称弗里德里希城广场或新广场。1736 年至 1782 年间，广场被骑兵用作哨岗和马厩之地，从而得名御林广场。1777 年后，广场由 Georg Christian Unger 进行了整体统一的设计和扩建。

④ Fröhlich (Hrsg.), *Die Tagebücher von Joseph Goebbels*, Teil II, Bd. 1, S. 272.

人，却对彼此有好感。"他和戈林之间的关系是真正的倾慕，甚至是友谊，"一位见证者说道，"他对纳粹其他领导人采取一种明显的怀疑和嘲讽的态度，这种态度到了施特莱彻、莱伊，尤其是到希姆莱身上，上升到了轻视，甚至是仇恨。"①1934 年秋天，戈林任命他最为中意的人来做国家剧院经理，赋予他诸多特权。这些可能都会让罗森伯格的小集团感到不那么舒服。

奥运会开幕前不久，格林德根斯的反对者们看到了机会。5 月初，纳粹党报《人民观察家报》上刊登了一则恶意诽谤，主旨就是说格林德根斯是同性恋者。难以想象，这些诽谤竟在未经罗森伯格批准的情况下就发表出来，毕竟他是纳粹报刊的总编辑。这篇文章的作者瓦尔德玛尔·哈特曼的表现，无论如何都极其狡猾，他针对格林德根斯，却不直接提到他的名字。哈特曼一定程度上是在打擦边球，他假惺惺地警告，说在哈姆雷特这个角色身上看到了 16 世纪的道林·格雷②。罗森伯格手下的人没有把这些私事挑明，只是进行了暗示。格林德根斯感觉到了他在暗指同性恋的美男子奥斯卡·王尔德及其小说角色道林·格雷，这无疑是一种威胁。

毫无疑问，古斯塔夫·格林德根斯身陷囹圄。他的演员同事库尔特·冯·鲁芬，在 1934—1935 年就因为同性恋身份被流放到列支登堡的集中营，为期九个月，在那里遭受了非人的折磨。词曲作者布鲁诺·巴尔兹的境地也没有好到哪里去，他被关押在普略岑湖的监狱里，待了八个月。获释以后，巴尔兹被迫结婚——跟塞尔玛，一位来自波美拉尼亚③的金发农妇。数千不知名的同性恋者被拖走、虐待或是杀害，以让他们永远地沉默。要是这种制度连

---

① Erich Ebermayer, *Eh' ich's vergesse. Erinnerungen an Gerhart Hauptmann, Thomas Mann, Klaus Mann, Gustaf Gründgens, Emil Jannings und Stefan Zweig, München 2005, S. 184.*

② 马斯默·达拉马诺于 1970 年执导的电影《道林·格雷》中的主人公。该片改编自英国作家奥斯卡·王尔德的同名小说。故事描述了美少年道林·格雷看到了好友为自己所做的画像，感叹青春易逝，便许了一个愿望，愿意用自己的灵魂去交换不老的容颜。然而一语成谶，道林也在放纵当中最终走向毁灭。

③ 波美拉尼亚（Pommern）是中欧一个历史地域名称，现在位于德国和波兰北部，处于波罗的海南岸，主要河流包括维斯瓦河、奥德河和雷克尼茨河。

大名鼎鼎的古斯塔夫·格林德根斯也不肯放过呢？

格林德根斯火急火燎地跑到巴塞尔去找他的朋友，与此同时，赫尔曼·戈林收到一封信，信中格林德根斯简明扼要地告诉他，自己马上就要移居国外。然而，格林德根斯也许根本就不想长期离开德国——他只是做做样子。作家卡尔·楚克迈尔认为格林德根斯是一位天生贪恋危险的演员："他跟权力之间完全是一种嘲弄的关系，这样一来他就一直处于危险之中。"[1] 奥运会开幕前，格林德根斯的计策显现了效果。戈林把他最喜欢的演员叫到了瑞士，担保他的人身安全，把他的工资涨得出奇地高，还暂时拘留了瓦尔德玛尔·哈特曼。格林德根斯回到柏林后，戈林表态性地以普鲁士国务院的名义授予了这位被遣返者一个没有政治意义的头衔，而这个头衔是具有豁免权的。古斯塔夫·格林德根斯在权力的较量中获胜了。

保险起见，格林德根斯还向小他十岁的同事玛丽安·霍普求婚了。无法确定他这么做是否是为了满足赫尔曼·戈林提的条件。事实上，格林德根斯和霍普对彼此有着出于人性的好感。玛丽安·霍普说："古斯塔夫真的是一位值得信赖的朋友。"[2] 婚礼于1936年7月底举行，柏林人嘲笑道："霍普！格林德根斯！他们不会生孩子，要是霍普有孩子，爸爸肯定不是格林德根斯。"

脱离危险之后，格林德根斯本可以不用再采取什么防护手段，并且可以避免今后的威胁。但他就是喜欢玩火。今天在《哈姆雷特》的演出现场，他来到舞台最前边，站到正中，将脸转向大厅的方向，开始说那句著名的台词："我对男人不感兴趣……"他突然停顿了一下，观众都屏住了呼吸。针掉在地上都能听见。他有什么打算？格林德根斯看向观众席，人们甚至觉得他直直地望向每一个观众。几秒后他接着说下去："对女人也是。"效果非常显著，23时刚过，幕布落下的时候，人群中掌声雷动。

在前排坐着的，还有16岁的高中生马塞里·莱希，日后他会改名为马塞

---

[1]　Zuckmayer, *Geheimreport*, S. 131.

[2]　Thomas Blubacher, *Gustaf Gründgens. Biographie*, Leipzig 2013, S. 199.

尔·莱希-拉尼奇^①。"哈姆雷特的台词'这是一个礼崩乐坏的时代',还有'丹麦是一座监狱'这两句话,被格林德根斯特别地强调了——至少在我看来,"他回忆道,"但是,这个'哈姆雷特'作为一种政治宣言,表达对德国暴政的反抗的意义,又能否逃过纳粹,特别是他们的文化政治家和记者的眼睛呢?当然不能。"^②

---

① 马塞尔·莱希·拉尼奇（Marcel Reich-Ranicki）, 1920 年生于波兰一个犹太人家庭, 1929 年随父母移居柏林。由于拉尼奇在德国文学界四面树敌, 却又一言九鼎, 能左右文学作品在出版界的命运, 因此, 他被称为"文学教皇"。

② Marcel Reich-Ranicki, *Mein Leben*, Stuttgart 1999, S. 125f.

1936 年 8 月 13 日
星期四

帝国天气预报，柏林地区：

多云天气，间有降雨，西风微风，

稍有降温。20摄氏度。

在距离奥运会运动场 180 公里的德累斯顿，维克多·克伦佩雷尔疲惫地摇了摇头。早报上那些文章令他作呕，因为几周以来的主题都只有一个：奥林匹克！纳粹德国的各路出版物统一了口径，它们本来就不要脸地撒着谎，而现在，1936 年 8 月，克伦佩雷尔更是觉得它们格外差劲。他到处都能读到，柏林是多么和平、多么愉快，德国民众与他们爱好体育的"元首"是多么团结一致，"第三帝国"的生活又显得多么美好。柏林的赛事是独一无二的成功史，柏林已经举办了空前绝后的顶级赛事。有份报纸甚至把它上升到了极致，吹嘘说不久将有一场"由希特勒发起的德国文艺复兴"。

这一类说法让维克多·克伦佩雷尔很是恼火。克伦佩雷尔是一位德高望重的小说家，自 1920 年起，他在德累斯顿技术大学以教授身份任教，直至 1935 年，他因犹太出身被免职。他谋生的路子被切断了，现在他常常不知道该怎么去付清自己的账单。难怪他对柏林厌恶至极。"一个民族的名誉取决于，"他在日记里讽刺道，"一位同胞能否比别人跳得高上 10 厘米。"他想起了一周前为德国赢得一枚银牌的海伦妮·迈尔，她在颁奖仪式上敬了一个"希特勒礼"。这在克伦佩雷尔看来，是一种难以置信的无耻："我不清楚无耻之处何在，究竟是因为她作为'第三帝国'的德国人参赛，还是因为她的成绩是在'第三帝国'的要求下取得的。"[1] 克伦佩雷尔准确地总结了海伦妮的悲剧：她是纳粹德国国家队的成员，并非"尽管"，而是"因为"她的出身是犹太人。单纯想要从事体育事业的海伦妮，基本上对政治是不感兴趣的，而她被卷进一场黑暗的

---

① Victor Klemperer, *Tagebücher 1935–1936*, Berlin 1995, S. 122f.

① Victor Klemperer, *Tagebücher 1935–1936*, Berlin 1995, S. 122f.

游戏，这场游戏的规模则是她一眼望不到边的。她的故事也就是一场政治抵制运动的故事。

1933 年阿道夫·希特勒上台后不久，人们就发起了抗议活动，尤其是在英国和美国。这时大家都在关心一个问题，这一政权是否会允许德国的犹太运动员参加奥运会。有人要求说，若是它们不能保证犹太人的参赛权，国际联盟将共同抵制柏林的体育盛会。这种意见对于国际奥委会来说，来得很不合时宜。亨利·德·巴耶 - 拉图尔不久前刚刚声明不对此负责——他们不想插手一个国家内部的事情，显然，这位伯爵巧妙地避开了风头。如果德国不选拔犹太运动员，那也是他们的事情。但是巴耶 - 拉图尔想得太简单了，他低估了美国的公众，他们不会轻易放过德国专制政权的征兆。巴耶 - 拉图尔和国际奥委会将面临巨大损失——美国是头号体育大国，他们的缺席会让比赛失去其体育及政治价值。除此之外，美国的拒绝参赛可能产生连锁效应，导致其他国家的退出。

美国的公众压力不断增大，1934 年秋，美国奥委会派了调查委员会前往柏林，让他们审定德国犹太运动员的处境。这个委员会仅由一人组成：艾弗里·布伦戴奇！他是十项全能运动员，拥有数十亿的财富，现在则担任美国奥委会主席。布伦戴奇先生在柏林待了 6 天。他参观了建设当中的奥运场地，造访了几家柏林的博物馆，一切进展顺利。他只留给犹太运动员代表很少的时间。他们在谈话时证实，犹太人不能成为德国体育协会的成员，布伦戴奇回答道："我在芝加哥的俱乐部一样不许犹太人加入。"[1] 这样一来，这位美国访客的任务就完成了。回国以后，布伦戴奇先生违背事实地解释说，德国的犹太人对其体育方面的处境很满意，而且希望他在美国奥委会的同事能够受邀来到柏林。然而，公众的抗议仍未平息，这促使国际奥委会方面于 1935 年夏天又派了一位调解员到柏林去。

接到这个棘手任务的时候，查尔斯·希区柯克·谢里尔已经退休了。68 岁

---

① Zit. nach: Jutta Braun, *Helene Mayer. Eine jüdische Sportlerin in Deutschland*, in: *Gesichter der Zeitgeschichte. Deutsche Lebens- läufe im 20. Jahrhundert*, München 2009, S. 92.

的他是国际奥委会的老成员了，也算是一名资深的体育干部。而他就像艾弗里·布伦戴奇一样，对德国犹太人的处境漠不关心。也许是他身上别的东西，使他成为这个任务的合适人选——查尔斯·谢里尔被阿道夫·希特勒深深吸引。1933 年 6 月，他就在给《纽约时报》的读者来信中称赞了这位新选举上任的帝国总理，说他是欧洲最强的男人。当谢里尔于 1935 年 8 月 24 日由希特勒接待，进行长达一小时的谈话后，他算是实现了一个梦想。这位退休的将军显然是感觉自己受了提拔。或许，他还预想了自己作为新任美国大使定居柏林了。无论如何，他都会撰写一篇与希特勒会面的报告，他不会把报告寄给不如美国总统富兰克林·D·罗斯福显赫的任何人。报告里，谢里尔赞美了希特勒的谦虚、令人印象深刻的身体状况和率直的性格。罗斯福看到这篇文章的话会作何感想呢？为了让柏林也不对谢里尔的友好态度产生怀疑，他通过华盛顿的德国使馆给约瑟夫·戈培尔的宣传部转交了一份报告的副本。

在跟谢里尔的谈话中，希特勒对于此事表现得毫不退让。犹太人并没有遭受压迫，他谎称，他们只是跟德国人民完全隔离开了，就这点而言，犹太人没法成为德国奥运代表队的成员。于是，谢里尔方面发起了温柔的攻势，说他是德国的朋友，他是为了德国好，然而如果希特勒执意坚持这个立场，国际奥委会将取消柏林奥运会。希特勒冲他的客人怒吼，说他们宁愿办一场只有德国人的奥运会。但这种无动于衷的态度只是做做样子，其实希特勒最期待美国人能够参加"他的奥运会"。谢里尔将军当然也清楚这一点，于是给希特勒指了一条外交上的出路。政府应当邀请犹太体育联合会，为德国队选拔一个代表。虽然谢里尔只是稍加暗示，但是他的建议却演变出了"无罪犹太人"一说。希特勒承诺会进行审查，并邀请这位美国客人到纽伦堡参加今年的纳粹党代会，以示对其贵宾身份的尊重。查尔斯·H·谢里尔感激地接受了邀请。

这位超级上将待在柏林佩格尼茨河畔的四天里，又接着跟帝国体育部长汉斯·冯·查摩尔-欧思登进行了会谈，结果是，这位部长越来越看好谢里尔的提议。其基本理念就是，犹太运动员当然会被选进德国代表队，只要他们处于良好的"奥运竞技状态"。此时，这样的限制为独断专权敞开了大门，因为谁具有

"奥运竞技状态"，只能由汉斯·冯·查摩尔-欧思登决定。谢里尔离开纽伦堡的时候，他们显然已经就人选达成了一致——这个人选就是海伦妮·迈尔。1935年9月21日，查摩尔邀请这位女击剑手加入德国代表队。"给她寄封挂号信，"谢里尔向帝国体育部长建议道，"不管她接不接受，德国官方的帝国体育部长已经遵守了国际奥委会的规范。"[①]

回到美国后，查尔斯·H·谢里尔如期对柏林政府予以赦免。除此之外，他还称德国怎么对待犹太人跟他没有多大关系，就像"美国南部的黑人私刑"[②]一样。然而，还不止如此，他还上升到了对美国犹太人的明确威胁。德国通讯社将谢里尔的话以电报文体传到了柏林："我们美国有50万的运动员为奥运会和德国之旅做了准备。要是这些运动员突然发现，有人试图甚至已经做到，去剥夺美国1200万人口中大约500万犹太人千载难逢的机遇，那么我们就肯定会面临涉嫌反犹太的麻烦，这麻烦会持续好几年。"[③]换句话说，犹太人应当避免成为扫兴者。谢里尔的论调在柏林大概是反响很好。

海伦妮·迈尔的态度呢？多方面的形势都告诉她，不要接受这个邀请，但她最后还是妥协了。海伦妮将其归咎于对德国的乡愁和对家庭的思念。在她写给汉斯·冯·查摩尔-欧思登的回信中，她说自己愿意作为德国公民为德国而战，这也正是查摩尔希望她做的。比起另一位犹太运动员葛丽特·伯格曼，作为"半犹太人"的海伦妮·迈尔，也许更容易被纳粹接受。葛丽特·伯格曼的名字同样也在受邀参赛之列，然而，虽然这位女跳高运动员也具有最佳的奥运竞技状态，但是在奥运开幕两周前，查摩尔却通知她，因成绩原因，不能选拔她参赛了。真实的原因却截然不同：葛丽特是"纯犹太人"。

随着海伦妮加入德国奥运代表队，国际上的抵制运动也就失去了理由。现在美国人接受了前往德国的邀请，没有什么能阻碍第十一届奥运会的举办了。如果海伦妮·迈尔回绝了纳粹的邀请，历史会有不同的发展吗？也许美国和其

---

① Zit. nach: Rürup, *1936*, S. 57.

② Bericht des deutschen Nachrichten- büros, 21. 10. 1935, BAB, R 43II/729.

③ Bericht des deutschen Nachrichtenbüros, 22. 10. 1935, BAB, R 43II/729.

他几个国家永远不会前往柏林，甚至希特勒的奥运会都将化为泡影。至少美国驻维也纳的大使乔治·S·梅瑟史密斯是这么想的。

梅瑟史密斯对纳粹完全不信任，他在给华盛顿的外交报告中不厌其烦地警告了德国政府的威胁。1935 年 11 月中旬，他写信给美国外交部部长科代尔·哈尔："欧洲有许多聪明、优秀的观察员持这种观点，认为 1936 年柏林奥运会的举办与否，将对欧洲政局的发展有本质上的影响。我认为，柏林奥运会具有的重大意义绝非夸张。"[1]乔治·S·梅瑟史密斯的想法最终变得湮没无闻。

流亡伦敦的作家、自由主义《柏林日报》的前著名记者阿尔弗雷德·克尔作了一首诗《纳粹奥林匹克》：

> 种族愤怒的洪流
>
> 湍急地淹没了纳粹的信徒。
>
> 三位黑人状态优异
>
> 创下纪录；
>
> 纳粹可能不如他们。
>
> （奥运笑柄）
>
> 鼓吹种族主义的种族卫士
>
> 遭了当头一棒。
>
> 三个黑人，这真是倒了大霉；
>
> 我的"元首"会说些什么？
>
> 北方的击剑手站着一言不发。
>
> （奥运笑柄）
>
> "元首"哀叹："奥运会

---

[1]　George S. Messersmith an Cordel Hull, 15. 11. 1935, UOD, MSS 109.

（消息已经渐渐传开）

看起来就像是

成了犹太人和黑人的天下。"

他长叹一声："伸张正义的上帝啊！"

（奥运笑柄）[①]

　　赫尔曼·戈林是最后一位文艺复兴人士，反正这是他自己声称的。戈林这么说的目的很明确。如果错把文艺复兴的年代等同于残暴、放纵、吹嘘、暴食、自私和腐败的话，那么赫尔曼·戈林确实是最后一位文艺复兴人士。除了这个自封的头衔之外，戈林还身兼数职，比如普鲁士内务部长、普鲁士总理、普鲁士代理帝国总督、普鲁士国务院主席、帝国议会主席、帝国林区主任、帝国猎区主任、帝国航空部长、帝国航空特派专员、帝国防空联合会主席、军官上将和空军总司令等。戈林在每个职位上都能拿到一份单独的薪水，每份工作都有一身专门的制服，这些衣服甚至是他自行设计的。他有时候穿一身白色的制服，有时候穿浅蓝色的制服，还有时穿着红棕色的灯笼袖短衬衫、绿靴子，手里还要拿一把长矛。私下里，他偏爱紫罗兰色的丝制和服，它能够把他庞大的身躯好好掩盖起来。戈林热爱各种饰品——他戴镶有宝石的戒指、身上佩有金匕首和金剑。难怪接见裁缝、理发师、珠宝商、调香师和艺术品商人，也属于一位文艺复兴人士的日常职责范畴。

　　今晚，为纪念奥运会，戈林将在帝国航空部的花园办一场盛大的宴会。这栋笨重的建筑位于莱比锡大街和威廉大街的街角处，不久前以创下纪录的短短18个月建成，戈林则是这里的主人。钱根本就不是问题，各国的宾客又要被惯坏了。除了外交使团和外国政府官员外，到场的还有国际及各国奥委会的代表、帝国政府的各位部长、纳粹党和国防军的代表、众多的艺术家和运动员，以及国内外的王公贵族。

---

① Alfred Kerr, Nazi-Olympiade, in: *Pariser Tageszeitung. quotidien Anti-Hitlerien*, 13. 8. 1936.

戈林令使者和身穿中世纪服装的军号手宣布宴会的开始。首先呈现的是一场国家剧院的芭蕾舞表演，随后，主人开放了一直锁着的花园后侧。那里摆着一个村庄的微缩模型，里面有客栈、邮局、面包店、射击场、黑森林磨坊、龙岩山、莱茵蒸汽船、集市货摊和一个旋转木马。法国大使安德烈·弗兰西斯科 - 蓬塞不敢相信自己的眼睛！戈林穿着梦幻的白色制服，戴着钻石戒指，勉强骑在一匹小马上，空间小得让他几乎快要窒息，他玩起了旋转木马。真恶心！

这种铺张的排场自有其价值。单是由高档餐厅霍尔赫尔提供的饭菜，肯定就花了一大笔钱。美国大使威廉·E·多德估计这一晚的花销大约为四万马克，而这可能仅仅是保守估计。赫尔曼·戈林为了他文艺复兴人士的名声煞费苦心。"马克斯·莱因哈特①都不能导演得这么好，"亨利·查农显然很是挫败地在日记里写道，"路易十四②的时代以来，就再没发生过这种事，有人这么跟我说的。'自尼禄③以来'，我纠正道。但是确切地讲，这个晚上更像是克劳狄一世④的宴会，只是少了那份残暴。"⑤只有约瑟夫·戈培尔没什么特别的感觉："戈林的花园晚会，有很多人，但气氛有些拘谨和冷清。我跟星期天交了霉运的德国女赛跑运动员们进行了交谈。后来只在那待了一小会儿。"⑥然而，接下来戈培尔才要正式出场。

1936年7月15日，埃莉诺·霍尔姆·杰利特同300位男女运动员乘曼哈顿号从纽约驶向海上，此刻，这位女游泳运动员就是美国体育史上的英雄之一。七年以来，她从未输过一场比赛。早在1928年的阿姆斯特丹、1932年的

---

① 莱因哈特（Reinhardt，Max，1873—1943），奥地利导演、演员、戏剧活动家。

② 路易十四（1638—1715），全名路易·迪厄多内·波旁（Louis-Dieudonne），自号太阳王（le Roi Soleil），1680年更接受巴黎市政会献上的"大帝"（le Grand，路易大帝）尊号。

③ 尼禄·克劳狄乌斯·德鲁苏斯·日耳曼尼库斯（Nero Claudius Drusus Germanicus），古罗马帝国的皇帝，公元54年至68年在位。

④ 罗马帝国朱里亚·克劳狄王朝的第四任皇帝，公元41年至54年在位。

⑤ James (Hrsg.), *The Diaries of Sir Henry Chan- non*, S. 111.

⑥ Fröhlich (Hrsg.), *Die Tagebücher von Joseph Goebbels*, Teil I, Bd. 3/II, S. 158.

洛杉矶，她已经代表美国参赛过，这次在柏林是她第三次参加奥运会。单纯是这一点可能已经破了纪录，就连娱乐圈的声援和钞票都源源不断地向她飞来。她跟她的丈夫、乐队队长阿尔特·杰利特曾一同登台献唱。她穿着一身白色泳衣，戴着一顶白色牛仔帽，踩着高跟鞋，唱着《我是个里奥格兰德的老牧牛工》（*I'm an Old Cowhand from the Rio Grande*）。美国人曾经非常喜爱她。然而，当埃莉诺踏上德国的土地后，她的体育生涯结束了，并且声名狼藉。究竟发生了什么呢？

航行途中，她允许自己定期醉酒、跟同行的记者彻夜打牌和抽烟，而且基本无视船上的规矩。到达德国的那天晚上，埃莉诺格外放肆。痛饮之后，她喝得烂醉，找不到自己的船舱，便晃悠到女子运动队随行护工的卧室去。埃莉诺含糊地说着胡话，说她借助香槟和香烟在训练，然而女侍们可没有心情说笑。埃莉诺试图钻进女侍的被子，结果女侍叫来了随行医师，他——完全不出所料——诊断她为急性酒精中毒。"只抿了几口香槟。"埃莉诺为自己辩解道，但这对艾弗里·布伦戴奇来说已经够多了。她的身体已经承受不了，美国奥委会主席解释道，他随即将她从队里开除了。

布伦戴奇曾经希望开除这个任性的女运动员，那他这时就该有负罪感了。这次可耻的除名让埃莉诺上了小报头条，人气体育明星一夜之间成了丑闻明星，美国人乐于看到这种喜剧性的转变。汉堡一家报社还为埃莉诺提供五千美金的高薪，让她作为记者为其报道奥运会。她爽快地答应了，老练地着手进行工作。初出茅庐的女记者留宿柏林的豪华酒店，拿到了记者证，还能自由出入所有体育场馆、受邀参加这座城市的各个宴会。她得以被人介绍给阿道夫·希特勒。"希特勒被我的故事深深迷住了，"埃莉诺说道，"他对我说，美国人做的决定不是很明智，尽管我夺到奖牌的概率很大，他们还是开除了我，而且只是因为几瓶香槟。要是在德国的话，也要到比赛后我才会受到惩罚。"[1] 最后，希特勒还想知道，她是不是真的很失落。"有一点。"埃莉诺答道。

---

[1] Zit. nach: Dave Anderson, The Grande Dame of the Olym- pics, in: *the New York Times*, 3. 7. 1984.

赫尔曼·戈林得知，埃莉诺·霍尔姆·杰利特今晚也作为客人之一出现在帝国航空总部，他招呼这位年轻女士来到身边，并好好跟她交谈一番。他突然察觉到了抹消美国人的机会。他要给她颁发一枚勋章，戈林用国会上发言的语调说道。然后他从胸前拿下一个银制"卐"字符号——他在公共场合佩戴的诸多奖章之一，并把它戴在了埃莉诺的衣领上。"我饶有兴趣，我喜爱那些派对、'希特勒万岁'的呼声、那些制服和那些旗帜，"这位受此殊荣的记者回忆道，"戈林很有趣也很可亲，那位长着畸形足的约瑟夫·戈培尔也一样。"①

跟埃莉诺·霍尔姆·杰利特不同，托马斯·沃尔夫没有收到赫尔曼·戈林的花园派对的邀请。他大概也不想去，因为跟米尔德丽德在酒馆里的那番对话让他陷入了深思。他的思绪一直在同一个问题上打转：他是不是看错了德国人？米尔德丽德悄悄告诉他的那些关于逮捕、虐待或是杀人的不堪故事，沃尔夫目前不能通过亲身经历去验证。"集中营"这个他几乎没法发音的词，也是他第一次从米尔德丽德口中听说。自从沃尔夫来到柏林，他本可以在社会上发现这种暴政的踪迹。但若是他们在他和其他外国游客面前演戏呢？莫非奥运会不过是演了一台大型宣传剧？万一那些沃尔夫每天见到的德国人，只是一场糟糕戏剧的龙套演员呢？是的，这样一来，他和世界各国的众多客人们都中了纳粹的圈套。沃尔夫不敢接着往下想。难怪他现在对纳粹、对那些这几天到处都在举办的奢华宴会敬而远之。他宁可相信，还有德国人没有参与这场奥运骗局，于是，沃尔夫今晚就去找梅恩茨妈妈了。

奥格斯堡大街属于柏林的娱乐区。众多的餐馆、酒吧和杂耍剧院围绕着这条长约1.5公里的街道。坡道上方的尽头，是奥格斯堡大街和约阿希姆斯塔勒大街的交界处，那里便是安妮·梅恩茨的同名酒馆的所在地——离沃尔夫的酒店一步之遥。其实女老板名叫安娜·玛丽亚·梅恩茨，本姓施耐德，但是她的客人通常叫她梅恩茨妈妈。另一个昵称则是玛丽亚·特蕾莎，因为她的客人们觉得，她

① Zit. nach: Richard Witt, *Lifetime of Training for Just Ten Seconds. Olympians in their Own Words*, London 2012, S. 101.

安娜·梅恩茨在奥格斯堡大街上开了一家以她命名的酒馆。大量的学者和艺术家，聚集在这里。

椭圆形的脸庞、高高耸起的发型和丰满的身材都像极了这位奥地利女王[1]。

梅恩茨妈妈的小酒店很早就已经在那里了——准确来说是自1913年4月起。那个时候街上的车辆还很少，比较多的是出租马车。时至今日则完全相反：现在几乎已经见不到马车了，基本上全都是汽车。外面的世界已经改头换面，奥格斯堡大街36号则在过去23年里保持着原来的样子。桌布是没有必要的，在梅恩茨妈妈这里，人们都像在厨房里一样，坐在简易的木桌旁。这里有成桶的啤酒、各种各样的烧酒和蜜酒、像样的葡萄酒，以及好几道实惠的菜品——鸡汤、鲱鱼卷、烤鲱鱼、火腿、酸黄瓜和盐水蛋。此外无他。

梅恩茨的酒馆与附近选帝侯大街时髦的世界相比，完全是另一种设计理念。但是显而易见，多年以来，正是这种简洁的风格，吸引艺术家和学者来到这里。导演恩斯特·刘别谦[2]，演员埃米尔·雅宁斯、康拉德·维特、亚历山大·格拉纳赫、维尔纳·克劳斯和雅各布·蒂特克，传奇的弗里茨·马萨里，作家贝尔托·布莱希特[3]、库尔特·平图斯和画家埃米尔·奥尔利克，他们算在有史以来的常客之列。作家阿尔弗雷德·理查德·梅尔，甚至在一本小书里赞

---

　　① 玛丽娅·特蕾莎（Maria Theresia），奥地利女大公和国母，匈牙利女王和波希米亚女王。神圣罗马帝国皇帝查理六世之女，神圣罗马帝国皇帝弗朗茨一世的妻子。

　　② 恩斯特·刘别谦（Ernst Lubitsch），德国演员、导演、编剧，1892年1月28日出生于德国柏林。

　　③ 贝尔托·布莱希特（1898—1956），是一位著名的德国戏剧家与诗人。

美梅恩茨和她的酒馆：梅恩茨或梅恩茨式的一切！这太梅恩茨了，或者说是梅恩茨式喜剧。用维吉尔①的话来说就是："梅恩茨可以移山！"并非是精神（mens），而是梅恩茨妈妈移动了那些东西。

柏林人用"妙极了"一词形容像梅恩茨妈妈这样的人物。在客人看来，梅恩茨集女老板、人生导师、心理学家、灵魂的慰藉和告解神父于一身。手头比较紧的人，可以在她那里赊账。三周之前——7月21日，梅恩茨庆祝了她的57岁生日。生意井井有条，她其实已经不用天天站在柜台后面了。她本可以少忙一会儿，但梅恩茨不愿意这样。一位母亲是不会抛下她的家庭不管的，她如此回答那些好心人的建议。

去年第一次造访之后，托马斯·沃尔夫也属于梅恩茨家庭的一员了。两位语言不通，却并无大碍。对梅恩茨来说，沃尔夫只是个从美国来的大块头。只要他像今晚那样来到这家酒馆，她就会自动为他打开一瓶啤酒。这个时候，沃尔夫将眼光放了梅恩茨的女服务员艾莉身上。艾莉是一位卷发的金发女郎。她的衬衫几乎无法包裹住她圆润起伏的身体曲线，这极大地挑起了沃尔夫的欲望。沃尔夫将艾莉的双腿看作巨大而可口的火腿，他曾经用刀叉比划着对海恩里希·勒迪希解释道："她的品相上好，我真想切一片下来。"②

米尔德丽德关于"第三帝国"的生活所阐释一切——沃尔夫都不会在安娜·梅恩茨的酒馆里见到。在这里，沃尔夫觉得自己沉浸在一个纳粹主义不存在的世界里。但是今天晚上，沃尔夫很快就会得到进一步的教训。沃尔夫从一位客人那里得知，从前著名的马萨里也常来梅恩茨妈妈这里，但是她现在跟她的同事亚历山大·格拉纳赫一样住在国外。他明显降低声音补充道，对于犹太人来说，住在希特勒的国家里是很危险的。另一位客人给沃尔夫细数了那些希特勒上台之后不得不关门的酒吧，比如奥格斯堡大街上的奥露卡-迪勒和艺伎

① 维吉尔，古罗马诗人，在欧洲文学发展中占据关键地位。他生活在欧洲古代文明的结尾、基督教即将对欧洲开始其统治的时期，他开创了一种新型的史诗，在他手里，史诗脱离了在宫廷或民间集会上说唱的口头文学传统和集体性。

② Ledig-Rowohlt, *Thomas Wolfe in Berlin*, S. 72.

酒吧，它们离梅恩茨酒馆都不远。据跟沃尔夫对话之人的说法，这几家都是面向女人们开的店，但是新的统治者不喜欢女同性恋。女人们是母亲，必须要生孩子献给"元首"，纳粹的教条中这样要求。沃尔夫摇了摇头。

柏林短短几年前还有丰富多彩的同志亚文化，有大约一百家咖啡厅、酒吧，其顾客群体主要是男女同性恋者。舍内贝格的莫茨大街上，传说中的高档酒吧"黄金国"，甚至被写进了旅行指南。作家埃米尔·西焦回忆自己去跨性别酒吧"天皇"的经历："钢琴旁坐着的是萨特勒格林男爵，他却让人叫他'女爵'。他演奏的是奥伊伦堡的曲子。"[1]格莱斯贝格大街上的"剪影"酒吧也极具传奇色彩。这是一家规模很小、总是烟雾缭绕的酒吧，经常营业到清晨时分。沃尔夫了解到，如果他早来几年的话，说不定能碰见玛琳·黛德丽[2]和弗里德里希·霍兰德[3]。但是这个时代已经过去了。曾经，盲人钢琴师陪着穿女式服装的苍白少年，少年唱着忧伤的歌谣，客人们则喝着鸡汤，而今，那里已经变成一家食品店。

沃尔夫哑口无言，陷入了沉思。倒不是因为他对男女同性恋者有什么额外的情感，并没有，但是他本能地察觉到，这里有些东西逝去了，不可挽回。"然后发生了一些事情，"他回忆道，"这些事情都不是突然间发生的，而是像云朵慢慢聚集起来，像是渐渐变得浓重的迷雾，或者说就像天要下雨那样。"[4]沃尔夫意识到，纳粹党憎恨一切与他们不一样的事物。他明白了，他们正向这个沃尔夫深爱的国家缓缓渗透着毒药，直至将其毁灭。"这是一场精神的瘟疫，看不见却真实存在着，就像死亡一样。"[5]

---

① Emil Szittya, *Das Kuriositäten-Kabinett*, Kon- stanz 1923, S. 60.

② 玛琳·黛德丽，1901 年 12 月 27 日生于德国柏林，德裔美国演员兼歌手。她是好莱坞 20 世纪二三十年代唯一可以与葛丽泰·嘉宝分庭抗礼的女明星。

③ 弗里德里希·霍兰德，生于 1896 年 10 月 18 日，代表作有《碧血烟花》等。

④ Wolfe, *Es führt kein Weg zurück*, S. 610.

⑤ Ebd., S. 615.

1936 年 8 月 14 日
星期五

帝国天气预报，柏林地区：

阴天，间有阵雨。西风，

气温稍有变化。20摄氏度。

天气预报搞错了。根本就不是偶尔有阵雨，倒更像是瓢泼大雨。海量的雨水一刻不停，噼里啪啦地从天而降。排水系统几乎要承受不了这般洪流，以致街道、广场上到处都是水洼。从 A 处走到 B 处，就得杂耍一样跳来跳去，不然双脚就会湿透。这次大水让约瑟夫·戈培尔犯了难。明晚他邀请了 2700 位贵宾到孔雀岛参加他的奥运宴会。这次庆典能如期进行吗？还是说他不得不推掉这次庆典呢？

安德烈·弗朗西斯科-蓬塞站在镜子前，打理着他的小胡子，它在胡子尖处打着旋儿，大胆地指向后面。他轻轻地咂了咂嘴："啧，啧，啧。"阁下感到不太满意的时候，总是发出这种声音。刚刚弗朗西斯科-蓬塞不太喜欢自己胡子的形状。他本能地捏起胡子尖，用拇指和食指轻轻一捻。"妙啊！"接着，他对镜子里的自己说道。外人肯定看不出有什么区别，但是在外貌的问题上，这位法国大使是绝不妥协的。

安德烈·弗朗西斯科看起来总像一个剥了皮的煮鸡蛋，在他身上，能超过他的精致讲究的特点，只有他的虚荣浮华了。他的表情通常都是友好可亲的，尽管有些傲慢。法国人管这叫"De haut en bas（傲慢的）"。有一次，他的一个手下胆敢脑袋上光溜溜的就陪他出去，蓬塞面带假笑问他："你的帽子哪儿去了？"他回答说自己没有帽子。安德烈·弗朗西斯科-蓬塞回道："那你是怎么知道，自己什么时候是在外面的呢？"

安德烈·弗朗西斯科-蓬塞和他的夫人杰奎琳定期在巴黎广场的法国使馆办茶会、豪华晚宴、家庭音乐会和其他高规格的聚会。这些宴请都算是社交界的盛会。作为法国大使，弗朗西斯科 - 蓬塞本就在展示着帝国首都外交中心的风采，而只有当法国的代表出席了，一场宴会才算圆满完成。出于这种种原因，他径直坐在了阿道夫·希特勒旁边。这位法国人也很得希特勒喜爱。他叫他蓬塞，也许因为他念不对他名字的前半部分。无论如何，二人的关系很好，又很复杂。一方面，弗朗西斯科 - 蓬塞的德语堪称完美，希特勒不用翻译就能跟他交谈，这让他很高兴。另一方面，像希特勒这种暴发户，受到一位传统法国大贵族的敬重，也让他觉得很有面子。弗朗西斯科 - 蓬塞在希特勒面前虽然毕恭毕敬，却也带着些嘲讽之意。有一次，希特勒带着这位大使参观一个纳粹艺术展览，两人在画家阿道夫·齐格勒的一幅壮实的女性裸体背面人像前停下。希特勒还没来得及说什么，弗朗西斯科 - 蓬塞先开口了："噢，我的元首，我看到了伯利辛根①女士……"②希特勒被逗笑了。

　　酸菜配猪肥腩，再加一杯啤酒——这让恩斯特·罗沃尔特胃口大开。中午12点刚过，罗沃尔特就拿上他的雨伞，离开了出版社。他步行穿过被雨淋湿的街道，来到奥利瓦尔广场，路德维希·梅尔加登在这里开了一家跟他同名的饭店。罗沃尔特其实可以坐12路公交车直达梅尔加登门前，但他更喜欢绕远路，就算是下着今天这样的倾盆大雨。这短短一段路，罗沃尔特通常要走上10分钟左右。到了那里，他就脱下他的薄外套，把伞放到指定的架子上，在一张结实的木桌子边上坐下。店主路德维希·梅尔加登迎接客人，帮他点了菜，接下来就要等大概一刻钟。这段时间里，罗沃尔特脱下上衣，把它挂在靠背上，然后高高地撸起袖子。总之，罗沃尔特离开艾斯莱本大街，大约30分钟后吃上午饭——不出所料，今天是一大盘酸菜配猪肥腩。此外，他还会喝上一两杯啤酒。几周以来，恩斯特·罗沃尔特的午休时间都是这样，或是基本上是这样度

---

　　① 戈特弗里德·盖兹·冯·伯利辛根（Gottfried Götz von Berlichingen，1480—1562）是活跃于16世纪的德意志骑士，他年轻时失去右手，后来装上铁制义肢继续作战，因此获得"铁腕盖兹"（Götz of the Iron Hand）的外号。

　　② Ein Zeuge tritt ab, in: *Der Spiegel*, 2. 3. 1955, S. 13.

过的。梅尔加登饭店是他不久前偶然发现的，那时候他的妻子出去了，留他一个人百无聊赖。罗沃尔特尤其喜欢的一点是，梅尔加登一家跟他一样来自不来梅的费格扎克，主管厨房的梅尔加登太太做的是不来梅的家常菜：杂烩、蚕豆肥肉、烤胡瓜鱼、不来梅面粉布丁、肥肉梨和鳗鱼汤。恩斯特·罗沃尔特当然懂得欣赏配了鸡蛋、黄油酱和土豆蛋奶酥的美味肉排，但简单的料理一直都是他的最爱。罗沃尔特最爱的菜是 Pluckte Finken——一道由白豆、牛肉、胡萝卜、土豆、苹果和梨做成的杂烩菜。Pluckte Finken 必须从灶台上趁热直接端上桌，只有这样才能保持那种特别的香味。梅尔加登太太是一位优秀的厨师，她的 Pluckte Finken 都是滚烫的，正合适。有时候，罗沃尔特会带上一名不知情的作家来到梅尔加登，以此取乐。客人通常从这道菜的名字里看不出什么端倪，而当梅尔加登太太端上丰盛的菜肴时，他更是云里雾里。

对于爱吃可口、丰盛并且实在的饭菜的人来说，梅尔加登的饭馆就是天堂。近来，在文人、公交司机，以及在奥利瓦尔广场小憩或者换班的出租司机中间，常常出现一个 20 岁上下、矮胖的金发女孩，她总是一个人坐在桌边。点完菜之后，她要是张嘴，就只是为了把饭菜铲进去而已。恩斯特·冯·所罗门也是梅尔加登的常客之一，被她的饭量吓得不轻，这么多饭菜，一般人肯定消受不了。"她吃了一锅 Pluckte Finken、一份甘蓝香肠、一份猪脚配酸菜和豌豆泥，然后是一份有牛舌、牛心、血肠和肝肠的肉类拼盘。"[①] 她还喝了五扎啤酒。这位长了副好胃口的小姐名叫爱丽诺·汉姆生，是作家、诺贝尔奖得主及希特勒追随者克努特·汉姆生的女儿，不久前定居柏林。汉姆生小姐显然已经对附近很熟悉了。大快朵颐之后，她一言不发地离开了梅尔加登饭店，径直走进了邻屋——柏林的著名糕点师罗伯特·海尔在这里开了一家以他命名的蛋糕店。据说爱丽诺·汉姆生又在那儿买了一大块年轮蛋糕当甜点。

安德烈·弗朗西斯科-蓬塞这样的人绝对不会去梅尔加登饭店。让他去吃 Pluckte Finken 或是猪肥腩，他大概会觉得这是无理取闹。这位阁下偏爱他们国

---

① Salomon, *Der Fragebogen*, S. 454.

家的高档料理——在柏林的霍尔赫尔餐厅可以找到。奥运期间，若是想在路德大街 21 号的这家顶级餐厅用餐，钱包要装得够满，因为在这儿吃很贵，非常之贵。光是待在这里也是这顶级美食体验的一部分。对于不少口味挑剔的人来说，霍尔赫尔绝对是欧洲最好的餐厅。

这家店开在柏林一座出租屋的一楼，餐厅主室有十二张桌子，还有好几个小客厅，每间能坐四到十个人。房间的配备是一流的。比如说，房间内墙全都以昂贵的绿色绸缎饰面，而主室则衬以上等皮革。厚厚的波斯地毯将所有声音削弱了。每张桌子之间的间隔本来就很宽敞了，其间还规矩地安放了木制和玻璃制的屏风，这样一来，客人就有了真正的私人空间。锦缎桌布上出现的，当然也只有昂贵的银餐具和锃亮的玻璃杯。

在霍尔赫尔，人们吃法国菜，说法语。由一位领班、三位副领班和四位服务生组成的一队人马，负责招待几桌客人。奥托·霍尔赫尔——也就是管家——恭敬地服务每一位客人。他亲自接待每一位贵客，陪同他们到座位上。这家餐厅的特色之一，就是那些有着粉色缎面的脚凳，服务生会把它们悄悄挪到女士脚底下。要是忘了拿，老板就会质问："伯爵夫人的脚凳在哪里？"粗心的服务生要给霍尔赫尔交一马克罚金。安德烈·弗朗西斯科 - 蓬塞来预约的话，老板就会特地在桌子上摆上银烛台和十二个迈森陶瓷做的小雕像，雕刻的是拿破仑十二元帅的形象。在征服顾客这方面，霍尔赫尔可以说是做到了极致。

奥托·霍尔赫尔甚至非常了解他的常客的口味，他会悄悄满足他们的偏好：龟甲泥、莱茵鲑鱼、洋蓟牛肉卷、酒浸烧腰子或是羚羊排。霍尔赫尔的菲力牛排很有名，在一块牛里脊的正中切下一块三厘米厚的肉，用黄油带生轻煎，然后放在预热好的、填有肝酱的生面团上，最后，厨师会浇上一层香浓的鸡蛋黄油酱，再点缀以蘑菇头。霍尔赫尔的"鲁昂鸭"则是世界名菜。鸭子不是被宰的，而是扼死的，这样血液就能留在体内，让鸭肉更加红润，而且比一般鸭肉更加柔嫩。取出的骨头则放进一个镀银的压力器中，压出汁水，然后将生鸭肝泥、胡椒、盐、香料和一点柠檬汁、一杯波特酒、一点马德拉酒、一点香槟加到压出的汁水里，浓缩制成一种深棕色的酱汁。接下来将轻煎过的鸭肉

路德大街上的高档餐厅霍尔赫尔，属于欧洲顶尖的美食机构。

放在里面煮熟。几乎所有菜品都是在桌边配好的。每一只童子鸡、雏鸡或是小鹿都是在客人眼前切开的。就连奶油菠菜这样的配菜，都是在一个燃气炉上现场做好的。

　　除了海恩茨·吕曼和古斯塔夫·格林德根斯这样的演员，许多政治家、外交家和商业巨头都是霍尔赫尔的常客。对于客人的政治背景，奥托·霍尔赫尔不会去多虑——他总是忠于统治者。在魏玛共和国时期，查理·卓别林、弗兰茨·韦弗尔和马克斯·赖因哈特这样的犹太艺术家，以及古斯塔夫·斯特雷泽曼和海恩里希·布吕宁这样的政治家都会来到这里，如今造访这家餐馆的则是赫尔曼·戈林、罗伯特·莱伊和恩斯特·伍德特这样的纳粹高层领导人。关于这家高档餐厅，坊间流传着许多故事。人们私下里传言，说秘密警察给几张桌子上装了窃听器，来窃听在此用餐的外交家们交谈。是否真有其事还很难说。根据另一则传闻，奥托的父亲古斯塔夫·霍尔赫尔，曾经在跟德意志帝国总统保罗·冯·兴登堡争论什么是正宗贵腐甜白酒的时候，把对方请了出去。然而，这位混迹普鲁士战地厨房的大将军是否到过柏林的这一享乐之地，存在疑问。对于霍尔赫尔一家来说，本就没有好坏客人之分——只要他们给够小费，每个人都很受欢迎。奥运会期间，这家餐厅的位置总是被订满。

柏林警察局每日通告："一位为奥运前来德国的美国女性游客，昨日乘火车从慕尼黑前往柏林的途中，看到外国乘客不断被说德语的人询问他们对德国的印象。外国游客从各方面称赞德国的时候，这些德国人（疑似寻衅滋事者）就试图贬低德国，给他们留下不好的印象。城市督导迈埃尔跟这位美国游客取得了联系，已经同意提供关于该事的更多细节。"①

今天对于埃莉诺·霍尔姆·杰利特来说，是艰辛的一天。奥运赛程上，下午将举办女子 4×100 米游泳接力赛。她本来也是要参加这个项目的，而且还很有可能夺得奖牌，如果艾弗里·布伦戴奇没把她从队里开除的话。她觉得自己到手的胜利被同胞骗走了。不是就连阿道夫·希特勒都跟她说了，布伦戴奇的决定有多么不明智吗？而且她觉得那不过是些无关紧要的事——几杯香槟、几根香烟而已。可以想象，埃莉诺说起艾弗里·布伦戴奇的时候，肯定没好气。其实她憎恨他，尽管她不让人看出来。埃莉诺的报复方式要更难以捉摸，显然也更有效——她去抢布伦戴奇的风头。在昨天戈林的花园派对上，一切都围着她转，人们根本就没注意到布伦戴奇这位美国奥运人士的存在。虽然今天埃莉诺在游泳馆看台上也是做足了戏，一门心思要让游客们认出自己，然而，在这个阴雨连绵的星期五，人们关注的焦点却另有其人。

如果说杰西·欧文斯是田径之王，那么亨德莉卡·威廉明娜·李·玛丝登布洛克就是女子游泳界的女王。过去几天里，这位 17 岁的荷兰女孩完成了惊人之举：百米自由泳的预选、复赛和决赛（金牌）、百米仰泳（银牌）、四百米

---

① BAB, R 58/2320.

自由泳预选和复赛以及接力预赛。总而言之，今天 16 时 45 分，接力决赛开赛时，她已经完成了九场激烈的比拼。亨德莉卡·玛丝登布洛克负责荷兰队的最后一棒，游在她的德国对手吉泽拉·阿伦特前面。然而，离终点还有几米的时候，意外发生了，亨德莉卡·玛丝登布洛克呛水了。按理来说，她只能中断比赛了，但是她用尽了最后一丝力气到达了终点，而且冲在了阿伦特前面。金牌属于荷兰！"这正是顶级运动员必备的体格，"评论员们兴奋不已，"正是这种不屈不挠的精神令人钦佩。"[1]

亨德莉卡·玛丝登布洛克被队友从水里拉上来，她因为肺里的积水痛苦地咳嗽着，这时，一位穿着显眼的圆点花纹裙子的高大女士向她鞠了一躬。这是玛丝登布洛克的教练员玛丽亚·乔安娜·布朗恩，她因为喜欢夸张的帽子、项链和胸针，在游泳馆里以奇怪的方式小有名气。"布朗恩妈妈"——德国媒体如此称呼这位 54 岁的女士——对她的队员要求很严。除了高强度的训练之外，她还要求她们生活上禁欲，不去接触那些年轻人的消遣和娱乐。关于游泳运动员的最佳饮食，在这一问题上，她给出了惊人的答案：白豆配肥肉。

全德意志帝国约有 700 个所谓的"先锋展箱"。这些报纸展箱在乡村、城郊和市中心，以及在建筑外墙上、集市上和地铁站里随处可见。在柏林，还可以在船师大道剧院前看到这种箱子。8 年前——1928 年 8 月——贝尔托·布莱希特和库尔特·魏尔[2]的剧作《三分钱歌剧》[3]在这家剧院首演。但是这个剧院的黄金时代早已过去。布莱希特、魏尔和恩斯特·约瑟夫·奥弗里希特曾经都是这里的剧院经理，他们于 1933 年都离开了德国，如今船师大道剧院上演的尽是肤浅的喜剧。如果从弗里德里希大街来这家剧院，可以看到"先锋展箱"就

---

① *Die olympischen Spiele 1936*, Bd. 2, S. 71.

② 库尔特·威尔（Kurt Weill，1900—1950），德国（晚年加入美国籍）作曲家，自 20 世纪 20 年代起活跃至过世。他是剧院的首席作曲家，并替音乐厅创作了许多作品。

③ 《三分钱歌剧》（*Die Dreigroschenoper*）这部作品并不属于歌剧的范畴，应该把它看作是音乐剧的一种。这部经典音乐剧是关于一个自信的强盗和他手下的故事。欧洲观众通常认同这是一部世界上杰出电影之一。

在路中间。

《先锋报》由尤利乌斯·施特莱彻创立，他同时担任该报的编辑。51 岁的施特莱彻是纳粹党的初期成员之一，他在 1922 年秋建立纳粹党纽伦堡地方小组，1923 年 4 月创立《先锋报》，1923 年 11 月参与慕尼黑的希特勒政变，1925 年以来担任法兰克省党部的头目。"想要民族社会主义，就万不能拒绝施特莱彻。"[①] 阿道夫·希特勒常常这么说。他尊称这位前小学教师为"法兰克公牛"——他是个剃着光头的狠角色，会毫不犹豫地用牛角顶撞反对者，杀死他们。希特勒喜欢施特莱彻这样冷血、无畏的偏激者，施特莱彻也是为数不多的这位独裁者信任地以"你"相称的人之一。对阿道夫·希特勒来说，施特莱彻一定程度上就是民族社会主义的化身，而对于其他的许多人来说，他就是个危害社会的精神病患。

尤利乌斯·施特莱彻的世界观建立在一个简单的原则之上："犹太人是我们的灾难！"这句引自历史学家海恩里希·冯·特赖奇克的话出现在每期《先锋报》的第一版上，像通奏低音[②]一样贯穿了整个版面。过去 30 年里，《先锋报》上登的所有文章和报道，都是变着花样在强调同一个主题。施特莱彻还通过强迫性性行为事例表达他的反犹太主义观点，他会发表一些犹太男子强暴年轻的"雅利安"女孩的低俗的故事。"挨饿的德国女孩落入犹太色魔的魔爪"[③]，一则特别伤风败俗的新闻标题上写道。《先锋报》还特别爱登一些空穴来风的杀人祭神仪式："谁在布雷斯劳屠杀儿童？"[④] 另一版上写着："嗜血成性。犹太

---

① Zit. nach: Franco Ruault, *Tödliche Maskera- den. Julius Streicher und die ›Lösung der Judenfrage‹*, Frankfurt/Main 2009, S. 9.

② 通奏低音 (basso continuo)，贯穿了欧洲古典音乐的一个重要时期，即巴洛克（Baroque）时期。它是巴洛克音乐最重要的特征之一，是主调和声织体。基本上是由旋律加和声伴奏构成的，它强调的是高低两端的声部旋律线条。即低音部和高音部这两个基本的旋律线条。它有一个独立的低音声部持续在整个作品中，所以被称为通奏低音。

③ Vgl.: Hungernde deutsche Mädchen in den Klauen geiler Judenböcke, in: *Der Stürmer*, Nr. 35, August 1925.

④ Vgl.: Ritualmord? Wer ist der Kinder- schlächter von Breslau?, in: *Der Stürmer*, Nr. 28, Juli 1926.

杀手组织的残忍暴行。波兰女孩惨遭凶杀。"[1]

　　如此卑劣的手法就连纳粹党人都常常不敢恭维。对约瑟夫·戈培尔来说，《先锋报》几乎就是份劣质的色情小报。1935 年 8 月，施特莱彻在柏林的首都体育馆以《先锋报》的风格做了一次演讲，戈培尔在日记里记道："想法很好，但是太粗糙。他演讲的内容简直可以说是好笑。"[2]基本上，尤利乌斯·施特莱彻的形象就是又可憎又好笑——但他那些煽动性言论在各报亭反响很好，他借此成了百万富翁。20 世纪 30 年代中期，这份报纸的周发行量达到了 486000 份。

　　而 1936 年奥运季，《先锋报》却碰上一个问题。柏林全市范围内，施特莱彻的展箱随处可见，众多的国际游客便不可避免地会遇见它们，并停下来看看。比如说，在去船师大道剧院的路上，他们就可以看一眼最新一期的《先锋报》。上面画着一个胸前丰满的裸体女人，一条咝咝吐着舌头的"犹太毒蛇"正在引诱她（标题是"杀戮之罪"[3]）。这些游客还能读到，黑森州的巴特奥尔布矿泉疗养小镇是"无犹太人"[4]的。或许杰西·欧文斯会在某处拿到一份样报，让他的朋友赫伯·弗莱明翻译这段话："美国的种族主义者是这样做的，他们对黑人处以绞刑，即使黑人只是试图猥亵白人女孩。"[5]

　　不过，据说这些外国人是与尤利乌斯·施特莱彻这种倒胃口的文笔无缘了。虽然奥运会期间《先锋报》依旧发行，却不允许在柏林当街售卖。帝国首都的那些《先锋报》展箱也毫不犹豫地被拆除或是换上了无害的体育新闻。今年夏天，有几周时间，柏林市内是"无《先锋报》"的。

---

[1]　Vgl.: Der Bluthund. Furchtbare Blut- taten jüdischer Mordorganisationen. Das geschächtete Polenmädchen, in: *Der Stürmer*, Nr. 39, September 1926.

[2]　Fröhlich (Hrsg.), *Die Tagebücher von Joseph Goebbels*, Teil I, Bd. 3/I, S. 277.

[3]　Die Blutsünde, in: *Der Stürmer*, Nr. 35, August 1936.

[4]　Bad Orb ist judenfrei, in: *Der Stürmer*, Nr. 34, August 1936.

[5]　Die Judenpresse, in: *Der Stürmer*, Nr. 32, August 1936.

1936 年 8 月 15 日
星期六

帝国天气预报，柏林地区：

上午依旧凉爽，多云，零星有降雨，

下午天气有所好转，温度上升。23摄氏度。

奥运会的倒数第二天，也是游泳比赛的最后一天。下午将决出四枚金牌：男子 200 米蛙泳、女子 400 米自由泳、男子 1500 米自由泳和水球。关注今天的比赛的观众约有 10 万人，43 岁的卡拉·德·弗里斯和她的丈夫乔治也在其列。这对夫妇来自美国——更确切地讲来自加利福尼亚，他们作为加州最大的奶制品生产商之一获得了相当可观的财富。卡拉和乔治精心计划欧洲之行已经很久了，奥运会对他们来说就是实现这一计划的良好时机。此外，整整两周之后——8 月 29 日——乔治将迎来他的 43 岁生日。但是今天卡拉想的不是罗马、巴黎、伦敦或是其他的旅行目的地，如今，就连她丈夫的生日这个即将到来的大日子都显得无关紧要了。卡拉·德·弗里斯脑子里所想的目标只有一个：她无论如何都要见到阿道夫·希特勒。

卡拉运气很好。前两个项目已经结束了，这时希特勒突然出现在游泳馆。他现身于体育场馆，这一如既往地被渲染成轰动性事件，让人避之不及。扬声器里大声播报，以确保所有到场观众知悉"元首"的大驾光临——不管他们愿不愿意。卡拉特地学了只言片语的德语，所以她很快理解了这句话的意思："元首及帝国总理进入了体育场。"

希特勒同往常一样，被冲锋队员簇拥着到座位上去，帝国体育部长汉斯·冯·查摩尔-欧思登和帝国内务部长威廉·弗利克已经等在那里了。紧挨着希特勒坐的是奥古斯特·冯·马肯森①。这位 86 岁的陆军元帅自保罗·冯·兴登

---

① 奥古斯特·冯·马肯森（1849－1945），纳粹德国统帅，第一次世界大战中五位大铁十字勋章获得者之一。

堡逝世后的两年以来，一直担任旧帝制军队的最高长官。如果说兴登堡是皇帝的替代，那么马肯森就是兴登堡的替代。一如兴登堡那样，马肯森作为旧普鲁士的象征服务于"元首"，是诸多极为保守的普鲁士军官之一，他们都心甘情愿地为希特勒所用。总爱开玩笑的柏林人称这位精力充沛的老兵为"帝国的宴席饰品"，因为他为"第三帝国"的大型活动增添了几分光彩和深厚的普鲁士历史意蕴。

然而，卡拉·德·弗里斯对马肯森漠不关心。她的注意力全在阿道夫·希特勒身上。"我好激动……"她不停地念叨着，像个少女一样。乔治冷淡地耸了耸肩——这些对他来说确实无关紧要。卡拉突然站起来，离开了她的座席，朝希特勒的方向走去。她离希特勒越来越近，而谁都没有去阻拦她。卡拉距离她渴望的目标只有几米远了，她打开了手提包，拿出一台照相机开始给希特勒拍照，这时希特勒正给一个年轻人签名。依旧没有人来阻拦她。卡拉来到希特勒面前，请求他也给她的门票上签个名。这时她激动不已，双脚交替着跳来跳去。

现在，希特勒的人发现了这个心情激动的美国女人，但是似乎没人觉得她有什么威胁。也许是因为卡拉穿得相当体面。她穿了一件白裙子搭配衬衫，披了一件宽大的披肩，还戴着一顶时髦的红色礼帽。于是，难以置信的事情发生了：卡拉俯身越过栏杆，希特勒就坐在那后面，她伸手去够他的头，把他拉近自己，结结实实地吻在他的面颊上。其实她本想亲他的嘴，因为希特勒把脸稍稍转了过去，她的嘴唇便只能触及他的脸颊。至此，一位冲锋队员才行动起来，赶走了卡拉。这时，整个体育场哄堂大笑，不仅如此，卡拉回到自己座位的时候，人们向她鼓掌。希特勒显然也轻松对待这场得以实施的"一吻暗杀"，笑对这片掌声。

这时，乔治强烈谴责了他的妻子。她愚蠢的行为给她带来了巨大的危险。如果冲锋队的人把她当成暗杀者怎么办？但是在希特勒的贴身侍卫里，似乎谁都没有认为卡拉会拿着一把刀冲向"元首"而不是去亲吻他。

也许正是因为这种防卫上难堪的疏忽，德国的报纸都无视了这一浪漫的插曲。本来"元首"的一举一动都会被详细报道，而现在，媒体全都陷入沉默。一段长 14 秒的影片记录下这"暗杀的一吻"，它就此消失在了机密文件柜里。

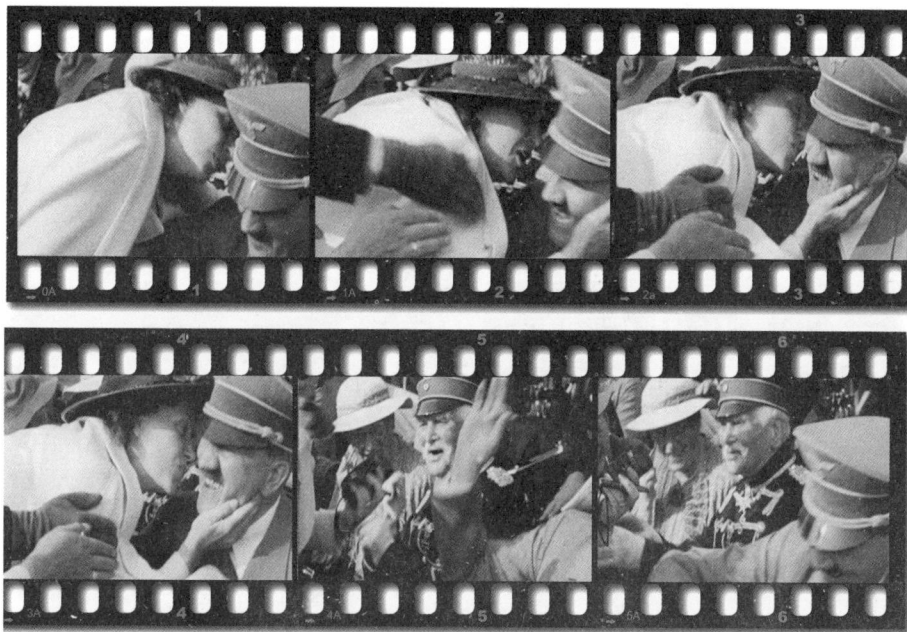

美国女游客卡拉·德·弗里斯与阿道夫·希特勒近在咫尺，她凭借"暗杀元首"的一吻被载入史册。

在美国则是另一番风景，大量写卡拉这一行动的文章发表出来。就连远在悉尼的《先驱晨报》上，这次疯狂的行动也占据了大字标题的位置：一女子激动不已强吻希特勒[1]。那么卡拉呢？德·弗里斯女士并不明白自己为何如此激动。"他看起来那么友好、善良，"她为自己辩护道，"我不知道我为什么要这么做，我事先并没有计划。这可能只是因为，我是一个热情的女人。"[2]

"特快列车上的恐怖发现！"《午间B.Z.》写道，"列车开过普雷斯堡时，一位旅客打开盥洗室门，令其毛骨悚然的是，一具血淋淋的无头尸体向他倒下。该旅客由于过度惊吓而昏厥倒地。经有关部门查证，其头部被一把剃须刀完全割下。"该列车由柏林开往布达佩斯。《午间B.Z.》还未能得知无名尸体

---

[1]　Herr Hitler kissed by excited woman, in: *the Sydney Morning Herald*, 17. 8. 1936.

[2]　Wife of Californian surprised at stir she caused, in: *the Milwaukee Sentinel*, 3. 11. 1936.

的身份。"能够确定的，只有他来自秘鲁这一点"①，也许他是来看奥运会的游客……

柏林警察局每日通告："如同前期所报道的那样，一名男子在各餐厅对外国人以卑劣的方式发表诽谤言论，引起了轰动。每当外国人说柏林给他们留下了积极的印象，他就故意说，他们应该到北部和东部看看，这样他们就会有不一样的印象。他自己就有些别的可说，尤其是他还去过集中营。嫌疑人的名字经查证为假名，但对他的特征的描述不够精确，就这点来说，对嫌疑人的调查是相当困难的。受托调查此案的刑事秘书屈梅尔目前查证，确信某位姓塞拉的人为嫌疑人。此人已供认了更多起预谋中的案件。他还没去过集中营。反之，他曾在 1934 年因危害国家言论被记录在案。帝国冲锋队队长下令，将塞拉移送至一处集中营，为期 5 年。"②

德国掀起一阵头衔和官职的风潮，就连孩子们都受了影响。比如说，在希特勒青年团里就有下士长、高级下士长、战友团长、高级战友团长、护卫长、高级护卫长和护卫总长。领袖原则是要坚决贯彻的。万物皆等级化的后果是，产生了许多大胆的造词，七个音节及以上的词汇不在少数，有司法长的话，就自然要有高级司法长以及总司法长。然而，人们并没有听说过所谓的高级总司法长。

纳粹的另一个语言上的创新就是"帝国文化管理员"。在德国语言长达数百年的悠久历史上，这个概念是全然陌生的——直到 1935 年 11 月 15 日。据某项规定，这个星期五，"帝国文化管理员"这个词汇诞生了。与此相关的官职大都有重要任务在身，这些职位由汉斯·辛科尔授予。辛科尔的本职是帝国文化部三位主任之一，是一位极有权势的官员。1933 年秋建立的帝国文化部是

---

① *B.Z. am Mittag*, 15. 8. 1936.

② BAB, R 58/2320.

约瑟夫·戈培尔的杰作，负责德国文化的管控和同化工作。想要在"第三帝国"从事文化工作的人，必须是七个分部之一的成员。最初，所有文艺工作者——其中也有犹太公民——都自动地被新组织接收，但后来汉斯·辛科尔上台了。他生于1901年，是纳粹党的初期成员。1921年，还是大学生的他就已经加入了纳粹党（成员编码287），两年后他参与了希特勒尚不成熟的慕尼黑政变的尝试。如今，1936年夏天，辛科尔是约瑟夫·戈培尔的"犹太人及非雅利安人思想文化活动监督专员"，这是一个听上去无害的官职名称。实际上，辛科尔的真正任务，用纳粹的术语来讲，是要"肃清"各部门的犹太人。

汉斯·辛科尔为这份工作感到自豪。"非雅利安人不得再参与德国人精神生活的文化创造性活动，"这位官员在今天这期《12时报》上解释道，"在艺术品仿制的领域，犹太人已被排除在外，存在1%的例外。……我们将一位犹太公民从他的办公椅上请下来的同时，我们必须要对'现在这个人该做什么？'这一问题进行回答。"① 帝国境内的犹太文化协会成为了失业犹太艺术家的收容所。在这里，犹太艺术家可以为犹太人民创作犹太文化作品。尽管如此，纳粹高层领导人依旧会参加该文化协会所举办的活动。音乐演出显然特别受欢迎，纳粹当权者在这里也能听到费利克斯·门德尔松·巴托尔迪② 和古斯塔夫·马勒③ 的音乐，不然他们的剧目也将遭到封禁。"我们看到他们鼓掌喝彩的样子，"一位见证者回忆道，"我们这里的演出，在别处是看不到的，那些歌剧尤其吸引他们。"④

然而，从自作主张到自我欺骗，只是"第三帝国"的犹太艺术家迈出的一

---

① ... und das Kulturleben der Nichtarier in Deutschland?, in: *Das 12-Uhr-Blatt*, 15. 8. 1936.

② 雅科布·路德维希·费利克斯·门德尔松·巴托尔迪（Jakob Ludwig Felix Mendelssohn Bartholdy，1809—1847），德国犹太裔作曲家。为德国浪漫乐派最具代表性的人物之一，被誉为浪漫主义杰出的"抒情风景画大师"，作品以精美、优雅、华丽著称。

③ 古斯塔夫·马勒（Gustav Mahler，1860—1911），奥地利作曲家及指挥家。出生于波希米亚的卡里什特，毕业于维也纳音乐学院。

④ Eike Geisel und Henryk M. Broder, *Premiere und Pogrom, Der Jüdische Kulturbund 1933—1941*, Berlin 1992, S. 254.

小步。一方面，文化协会的工作是一种积极的身份认同的行为；另一方面，这样一来，由纳粹在犹太人生活中划定的界限就被采用了。这种情况下，自主权和边缘化同时存在。不出所料，帝国文化管理员辛科尔有不同的看法。"不能说我们只采取了反对犹太人的措施。"他厚颜无耻地解释道。令人费解的是，他反倒收到大量的感谢信："犹太文化协会锡安主义①的领导们公开承认，犹太民族试图侵占一个与自身风格完全不符的文化圈子的时候，会忘却自己、否认自己。"②

现在，奥运会的倒数第二天，奥运游客们坐在一间咖啡厅或是一家餐馆里，拿来一份《12时报》，读汉斯·辛科尔的文章，这时他们会怎么想呢？

对卡尔·迪姆来说，奥运会的倒数第二天意味着要赴无数的约。早上8点，他就已经在德贝里茨的演习场观看了骑手大赛，而他并不能把比赛看完，因为他还要到游泳馆去看望跳水运动员。其间，奥组委的总书记还要与他在办公室谈话。20时30分，拳击决赛将在德意志会展中心举行，但迪姆没法参加了，因为与此同时，在迪特里希·埃卡特③露天剧场——后来被称作森林剧场④——将上演所谓的奥林匹克音乐会。

根据国际奥委会的意思，要将艺术与体育相结合，为此，主办方策划出

---

① 锡安主义，也称"犹太圣会主义"，中国大陆官方习惯（择其用意）译为"犹太复国主义"，是犹太人发起的一种民族主义政治运动和犹太文化模式，旨在支持或认同于以色列地带重建"犹太家园"的行为，也是建基于犹太人在宗教思想与传统上对以色列土地之联系的一种意识形态。

② *Das 12-Uhr-Blatt*, 15. 8. 1936.

③ 迪特里希·埃卡特 (1868—1923)，德国政治家，德国国家社会主义工人党早期的一位重要成员，也是 1923 年啤酒馆起义的参与者之一。

④ 柏林森林剧场（Waldbühne berlin），位于德国柏林近郊夏洛特滕堡（charlottenburg）区。这个像贝壳一样的碗形剧场位于莫伦山峡谷 30 米深的盆地内，借助盆地独特的地形而建。1934—1936 年间，建筑师 Werner March 规划奥林匹克运动场工程，作为其中一部分，这里建成了具有希腊风格的可以容纳 2 万余人的露天剧场，并以一位德国作家、希特勒早年的朋友迪特里希·埃卡特（Dietrich Eckart）的名字命名为迪特里希·埃卡特剧场。第二次世界大战后，更名为柏林森林剧场（Waldbühne berlin）。

一场奥林匹克艺术竞赛。五个比赛项目中，将决出金牌、银牌和铜牌，被授予奖项的有建筑、绘画、雕刻、文学和音乐作品。每个种类又被进一步划分出子类。文学作品分为诗歌、戏剧和史诗作品，音乐类分为交响乐、室内音乐和声乐。所有与会国的艺术家都可以参赛。条件如下：上交的作品在艺术形式上必须清晰呈现奥运主题。每个国家先进行预选，国际评委将根据投送的作品数量确定获奖者。这也是个很诱人的想法——实施起来人们才醒悟。部分递交的作品质量过于低劣，以致有些奖项根本没法颁发出去。

今天的奥林匹克音乐会上，获奖音乐作品由柏林爱乐乐团进行首演。毫无疑问地，首先奏响的是理查德·施特劳斯的《奥运颂》。迪特里希·埃卡特剧场的观众们在节目单上寻找著名音乐家，却徒劳无获。出于政治原因，大部分知名的作曲家抵制该比赛，另一些人则不愿意为这种大型活动作曲。49个国家中，参赛的本来也就只有9个。由于国际评委大部分是由纳粹党羽组成的，再加上芬兰作曲家霍·基尔平嫩及其意大利同行弗朗西斯科·马利皮耶罗，获奖结果也就不足为奇了。声乐组三枚金牌全都颁给了德国作曲家，交响乐组的拜尔·维尔纳·埃克获得金牌，银牌和铜牌分别授予了来自意大利的里诺·利维亚贝拉和来自捷克的雅罗斯拉夫·科里卡。为了方便，室内音乐组没有颁发任何奖项。这样一来，他们还是自给自足。

保罗·赫夫尔的合唱作品《奥林匹克誓约》为这个夜晚画上了句号。最后一个音符声音未落，卡尔·迪姆就匆忙离开了他的座位。司机在等着他，他已经把车发动了。汽车在 Avus 高速公路上，以几近极限的速度驶向孔雀岛——约瑟夫·戈培尔在这里的派对已经在如火如荼地进行了。

今天的代表数字是 32 万马克，更确切地说，是 32 万帝国马克。约瑟夫·戈培尔今天代表帝国政府，在孔雀岛上开的宴会花了这么多钱。通过两项对比可以说明，这笔钱在奥运季里到底是多少钱。1936 年，德国三分之二的纳税人年收入可达到 2500 马克，如此计算，32 万马克相当于大约 213 年的收入。换句话讲，面对 2700 名客人，戈培尔在每个人身上花费约 118 帝国马克，即一位工人的月薪。"难以设想，"美国大使威廉·E·多德说道，"为了这场奥运会，德国人究竟花了多少钱。"① 然而谁也不敢公开提出这个问题。

约瑟夫·戈培尔手下负责庆祝活动的人是本诺·冯·阿伦特，他是戏服设计师、自学成才的建筑师以及忠实的纳粹党员。阿道夫·希特勒也很看重阿伦特的工作，定期派给他特殊任务。他受托为"元首"设计了新的外交制服，由于上面庸俗的金线刺绣，使得它也适用于《沙皇与木匠》或是《蝙蝠》这种轻歌剧。希特勒很喜欢。今年年初，本诺·冯·阿伦特获得了"帝国舞台设计师"的头衔——一个冗长的词语，时刻不忘嘲讽的柏林人喜欢简称其为 Reibübi②。

为了奥运会的成功闭幕，这位 Reibübi 为戈培尔组织了一场超级盛典。这座位于柏林西南的哈韦尔河上的孔雀岛，今夜就如同一个异域的童话国度一般闪耀。为了能够徒步登上这座小岛，疑难桥梁工程调查研究队的人员特地在哈韦尔河上先行建造了一座浮桥。登岛的人由白衣的侍者接待，并带到相应的桌子。一眼看上去，这里美得令人炫目。数千个蝴蝶形的灯装饰着树冠，树干则被微弱的绿光照亮。岛的中央是庆典草坪。"桌子都被隆重地装饰了一番，"玛莎·多德反映道，"酒多得流成河，菜单上的菜品无穷无尽，有所有想得到的昂贵的美味。"③ 一支交响乐团演奏着经典的旋律，一个更高一些的平台上则是舞蹈表演。今晚，戈培尔还请了人气乐队队长奥斯卡·约斯特及其爵士乐团进行表演，他们通常都在豪华的伊甸酒店演奏。

戈培尔和他的妻子玛格达亲自问候众多的贵宾，包括多德一家。"我觉得这次握手极其讨厌。"④ 这位美国大使回忆道。多德对这位矮小的博士感到恶心，他很庆幸自己没被请到他那桌去。年轻的女演员莉妲·巴洛瓦和她的男友——男演员古斯塔夫·弗勒里希，也在戈培尔的客人之列。作为负责帝国内所有电影相关问题的部长，戈培尔跟这位莉妲·巴洛瓦草草见过一两面。而今晚二人

---

① William E. Dodd, *Diplomat auf heißem Boden. Tagebuch des USA-Botschafters William E. Dodd in Berlin 1933–1938*, Berlin 1964, S. 383.

② 原词"Reichsbühnenbildner"，其简称中"-bübi"与"bübisch"（下流的，卑鄙的）谐音。

③ Martha Dodd, *Meine Jahre in Deutschland*, S. 260.

④ Dodd, *Diplomat auf heißem Boden*, S. 383.

的距离将会拉近，戈培尔将对这位 21 岁的女子倾尽赞美之词。短短几周后，他就将无可救药地爱上巴洛瓦小姐。

"戈培尔的派对绝对是令人最为印象深刻的庆典，尽管它没有里宾特洛普派对的那份华丽时髦，以及戈林派对的铺张浮华。"[1]亨利·查农在他的日记里总结道。至此，人们都被惯坏了，想给他们震撼已经不太容易。孔雀岛上的庆典的高潮，是一场盛大的焰火表演，焰火半夜时分在空中绽放。客人们首先惊讶于这烟火的制造技艺，后又为绚丽多彩的空中画作感到赏心悦目。然而，这场轰动没完没了。随着焰火表演的进行——据大使多德的说法一共持续了半个小时——客人的不适感就越来越强烈，而噼里啪啦的响声也让不少客人联想到了强力的炮火。这漫长的表演不知过了多久，嘈杂的声响终于以一声爆破的巨响告终，夜空被染成了血红色。德国政府更加明确地表示了，随着奥运会的结束，政治上的克制也将成为过去。

帝国记者会每日节选："各家报社从当局得到关于奥运会总结的写作准则。今天下达了此项要求，不得过度宣扬胜利，也不得贬低德国的任何成功，简言之，应当做到对每个国家平等的尊重。如果德国最终获得的奖牌数量超越美国，则应当指出，德国尽一切努力取得了胜利，而不应将奖牌作为自大的理由。当然，允许将其同德国之前在奥运会中的胜利进行比较。"[2]

---

[1] James (Hrsg.), *the Diaries of Sir Henry Channon*, S. 112.

[2] Bohrmann, *NS-Presseanweisungen der Vorkriegszeit*, S. 895.

1936 年 8 月 16 日
星期日

帝国天气预报，柏林地区：

晴转多云，继续升温，干燥，

微风风向有变，局部有晨雾。25摄氏度。

秘密警察写给海关缉私："十万火急！犹太人达尤，其在 1929 年之前曾用名为雷普·科恩，据这里的秘密情报，他有意于 1936 年 8 月 16 日（最迟 8 月 17 日）将其酒馆转卖给来自索波特的一位买家，对方将当面支付 6 万至 8 万帝国马克，此后，达尤则将离开帝国领土。"①

莱昂·亨利·达尤收到了坏消息：拉丁区的出售在最后一刻交易失败了。本来合同双方已经达成协议，周日，也就是今天，就该履行合同了，但是两位买家马克斯·阿佩尔特和布鲁诺·林伯格的心思显然有些动摇。事先定好的公证人，除了确认交易的撤销外，也毫无用武之地。很有可能是阿佩尔特和林伯格被人授意，说达尤被查出多项违反外汇规章的记录。达尤甘愿接受 6 万马克这一不高的价格，也许这一点也让他们起了疑心。经过这一天，达尤的境况明显恶化了。他的逃亡计划泡汤了——他和他的酒吧现在该何去何从呢？现在要做的是保持镇静。达尤决定，暂且就这么做下去。作为尼加拉瓜公民他不会有什么事的，达尤如此劝说自己，而且他接到传唤，8 月 20 日在海关秘书舒尔茨那里受审，这下也不用去了。至今针对他的那些调查全都无果而终，那么这次又有什么不同？紧急状况下，他还可以求助他的常客沃福 - 海恩里希·冯·海尔多夫，他是柏林警察局长。然而，达尤有所不知的是，现在事情不仅违反外汇规章这么简单。秘密警察早已因其犹太出身盯上了他。

---

① Preußische Geheime Staatspolizei an die Zollfahndung, 15. 8. 1936, LAB, B Rep. 202 Nr. 4258.

柏林警察局每日通告："据 241 分局报告，1936 年 8 月 16 日 10 时，250 篇德国共产党的煽动性文章由群众发现于 12、13、17 林区。"①

托马斯·沃尔夫刚刚吃完早饭，就有人敲门，进门的是海恩里希·勒迪希。沃尔夫有些赶时间，因为他不想错过奥运会场里的比赛。其实他早就该在路上了。他走向盥洗室，它是以壁橱的形式嵌进他的房间的，他打开门又开了灯。他刷牙并剃须的时候，勒迪希站在窗前，望向选帝侯大街。

"我明天要跟西亚·沃克尔同去蒂罗尔。"沃尔夫的嘴里还含着牙刷，便兴奋地把这个消息告诉他的朋友。去蒂罗尔？勒迪希难以置信地看着沃尔夫，好像在说：你跟这个人到蒂罗尔干什么？勒迪希的眼神中满含责备，同时翻了个白眼。沃尔夫在他母亲那里见识过这个，他从小就受不了这种动作。过去几天里，沃尔夫见了西亚好几面，对西亚的态度也改观了。他倔强地反驳道："她人很好，我非常期待与她一同到山里郊游。"勒迪希想问，他是不是已经把气人的"猪脸"那件事给忘了，但他还是抑制住了挖苦他的冲动。沃尔夫是个冲动的人，很容易被激怒，勒迪希也清楚，这句话会让他爆发。勒迪希什么也没说，但他感觉到，沃尔夫大概正在酝酿一个借口。勒迪希太了解他的朋友了，所以他知道，其中另有隐情。

勒迪希点燃香烟，把烟气吹向空中。这时，沃尔夫说出了肺腑之言："都怪该死的纳粹，我想躲开他们一段时间。"过去两周，他得到了那么多美好、令人心醉神迷的体验，同时又听到了那么可怕的故事，所以他需要时间来好好思考。他要把这一切归类、处理，也许他将来会把在柏林的经历写成一本书。

这个主意让勒迪希震惊。"你要跟所有这些人说，他们有多可怕，"他极力劝说沃尔夫，"当我不幸在选帝侯大街看到这些可怕的人，他们在那里闲逛或是坐在桌边狼吞虎咽，我就会想象自己有一把小机枪。然后我会拿着它走来走

---

① BAB, R 58/2320.

去，当我看到这些可怕的人中的一位，我便砰——砰——砰——砰——砰！"[1]
沃尔夫忍俊不禁，也许他刚刚在想，他这瘦小的朋友海恩里希·勒迪希在选帝
侯大街上进行一场大屠杀的场面。海恩里希·勒迪希很严肃，只可惜他不能写
书，这把机枪只能存在于他的幻想之中。但是沃尔夫，著名的作家托马斯·沃
尔夫，多亏了他的文学水平，使得他拥有一把强力的武器，他可以以此捍卫自
己。同时，勒迪希对沃尔夫强调，必须要非常谨慎才行，绝对不能写那些会惹
恼纳粹的东西。

　　现在换沃尔夫难以置信并且责备地看着他的朋友了。沃尔夫的心里很矛
盾，捍卫自己的同时还要屈从。这要如何是好？"写作的动机是必须要写的。"
沃尔夫挑明了解释道。他的声音里突然多了些使命感，他对勒迪希提出异议：
"想做的事就要贯彻到底。"勒迪希点燃了不知第几根烟，使劲儿地吸着，突
然，他对沃尔夫吼道："你真是个大傻瓜[2]！"勒迪希烦躁地跑着穿过房间，坐
下，又站起来，把烟在烟灰缸里摁灭，好从盒子里拿出下一根。"你可以写所
有你该写的东西，只要不去激怒那些党员，"勒迪希继续说道，"他们的事你
根本就不用提。但你要是提了他们，又没说什么好话，那我们就再也不能读你
的东西了，你也再不能来这里了。"[3]勒迪希的话说得很过分，似乎成心想要帝
国文献馆封杀沃尔夫的书。沃尔夫摇了摇头。不，这当然不是他想要的。他喜
爱柏林，肯定还会经常来，沃尔夫承诺道："你、我和我们所有的朋友……我
们会坐在一起喝酒，一起彻夜在树下跳舞，凌晨三点去安娜·梅恩茨那里喝鸡
汤。一切都还会是原本的样子。"[4]勒迪希感觉到了，他说服不了沃尔夫，而且
他还清楚，没什么还能像从前那样了。他看了看表——如果沃尔夫还想去奥运
会场，现在就该动身了。勒迪希在烟灰缸里熄灭了他的香烟，苦笑望着沃尔夫

---

[1]　Wolfe, *Es führt kein Weg zurück*, S. 627f.

[2]　Ebd., S. 629.

[3]　Ebd., S. 631f.

[4]　Ebd., S. 623.

说："那好，你必须做你想做的事。但你确实是个大傻瓜。"[1]

　　威廉·爱德华·多德受够了奥运会。尽管这位大使一周前因为在美国的公差，才刚刚回到德国——也就是说，他并没有经历之前一周的骚动，但是自从到了柏林，日程和邀约就接踵而至。不同于他的法国同行安德烈·弗朗西斯科 - 蓬塞在交际场上如鱼得水，对于多德教授这样喜欢埋头苦读历史书籍的人来说，这些跟奥运相关的交际和外交任务简直是浩劫。不仅如此，跟那些纳粹领导人打交道让他极度反感，而且这种厌恶似乎天生就是相互的。阿道夫·希特勒从不说弗朗西斯科 - 蓬塞的坏话，而在这位"老多德"身上他只能看到一个"白痴"[2]。这位美国人想要对纳粹敬而远之，这对一位外交家，尤其是对一位大使来说，自然是不可能的。所以不管是否愿意，过去几天里，多德都得去参加各种奥运庆祝活动，访问约阿希姆·冯·里宾特洛普和赫尔曼·戈林，昨天又参加了约瑟夫·戈培尔的夏日祭典——那场疯狂的焰火给他的惊吓至今心有余悸。

　　今天的奥运会闭幕式又是多德先生外交上的一项强制日程。13 时左右，他与夫人、女儿玛莎一同上了等在他宅邸外面的轿车。"车开上大星广场边的那条 11 公里长的大街，那里——从蒂尔加滕到体育场——无数高耸的旗杆上飘着德国和许多其他国家的国旗，"威廉·多德在日记里写道，"全程道路两旁都密密麻麻地站着穿制服的冲锋队和亲卫队队员。大概有 10 万人。"[3] 到达奥运会场之后，多德一家在第一排的外使专座就座。其他的大使和重要的外国贵宾都已经到位，比如亨利·查农爵士及其夫人吉尼斯女士。接下来就等阿道夫·希特勒到达，并在上方的"元首"特席落座了。

　　奥运会的最后一天，尽管希特勒也没有官方的职责要履行，他却是一切

---

①　Ebd., S. 634.

②　Werner Jochmann (Hrsg.), *Adolf Hitler, Monologe im Führer- hauptquartier 1941–1944. Aufgezeichnet von Heinrich Heim*, München 2000, S. 118.

③　Dodd, *Diplomat auf heißem Boden*, S. 382.

事务的中心。他到达会场的同时，所谓的"元首旗帜"便升了起来。对于威廉·多德来说，十万人全体起立，唯独向一个人敬礼，这种体验相当压抑。希特勒在座位上就座以后，第十一届夏季奥林匹克运动会赛程上的最后一项开始了——马术决赛。德国马术队能够参赛，要多亏了康拉德·冯·万根海姆中尉的牺牲。三日赛的预选赛中，这位26岁的运动员与他的参赛马匹摔倒在地，他的左侧锁骨骨折。他强忍伤痛再次上马，完成了骑行。医生们建议万根海姆，不要出场今天的障碍赛马了，但这位病人却不肯听从。万根海姆的胳膊缠着绷带，骑到马上去，开始障碍跑，这时全场观众都在窃窃私语。起初一切进展顺利，但是比赛刚刚过半，意外再次戏剧化地发生了：一个急转弯之后，赛马倒下了，一动不动地躺在地上。不少观众都担心，这只马死掉了。但这只赛马又猝不及防地站了起来，万根海姆按照规则，不借助外力上马，继续完成了比赛。这一突发事件为他赢得了众人的同情——德国队获得金牌。

只有一个人不屑于加入众人的欢呼，这个人就是亨利·查农。"有好几小时，我们英国都得承受这种屈辱，在这个项目上，我们毫无疑问是最出色的。"英国骑手们遭了殃，在全部六个项目中，他们仅三日赛一项团体积分排名第三。后来亨利·查农就失去了兴趣，不再关注比赛，而是去研究希特勒。"骑手们此起彼伏地向希特勒敬礼，他则举起胳膊回敬他们。我们一直都可以好好观察他。他看起来很亲切，显得很开心的样子。"①

康拉德·冯·万根海姆的做法，对纳粹的宣传工作来说是一个机遇。报社编辑部里有大量文章迅速写就，称赞这位年轻人的"牺牲精神""团结之心"和"勇敢无畏"——这些也是希特勒在他的士兵身上希冀的品质。一场战争已成定局。

《12时报》报道了一项最新纪录：柏林运输公司②（BVG）过去20天内运

---

① James (Hrsg.), *The Diaries of Sir Henry Chan- non*, S. 112.

② 柏林运输公司（Berliner Verkehrsbetriebe），简称BVG，负责营运德国柏林的地铁、电车及巴士服务。

送了 6260 万乘客。[1]

维尔纳·芬克是演员及小型歌舞剧演员，但对约瑟夫·戈培尔来说，他几乎是全民公敌。通过玩文字游戏，芬克常常站在宣传部的对立面。芬克借此婉转地表达了对政权的反抗；戈培尔苦心炒作的东西，倒成了芬克大做文章的对象。他一副人畜无害的无辜神情，站在由他创立的歌舞剧院"地下墓穴"的舞台上，拿"第三帝国"及其代表人物寻开心。幽默是格外强力的武器。

"说到证明雅利安人的身份，一直以来我说'toi'[2]都很管用，"芬克调侃道，"直到骑士时代，我们家族出了一个叫莱温斯基的骑士侍童。所幸他所在的教区的教堂被焚毁，没有什么不利的证据留存。"[3]还有一回他对观众讲，他买了一棵所谓的"希特勒橡树"，而且对它的生长状况相当满意："几个月前它还很小，只到我的脚脖子，后来它长到我的膝盖，现在已经到我的脖子了。"[4]

不知从何时起，戈培尔受不了了。"地下墓穴"被迫停业，1934 年，芬克遭到逮捕，被流放到埃斯特尔韦根的集中营，他在那里遇到了卡尔·冯·奥西茨基[5]和尤利乌斯·勒伯尔。维尔纳·芬克是幸运的，1935 年 7 月初，他经赫尔曼·戈林批准，被释放了，不过被禁止工作一年。"那时候，我被迫拥有了大量的时间，"他回忆道，"我该干什么呢？我结婚了。"[6]恰好在奥运会的时候，他的待业期结束了，因为维尔纳·芬克在柏林极其受欢迎，纳粹想要在这场体育盛会期间借此从中获利。他要给《柏林日报》的一个每日专栏写幽默的故事，以"小型奥林匹克会议"为题，题材是柏林男男女女的日常生活。

但是维尔纳·芬克不甘如此，他那些暗示和文字游戏仍经常把他置于危险

① *Das 12-Uhr-Blatt*, 18. 8. 1936.

② 法语的"你"。

③ Werner Finck, *Alter Narr – was nun? Die Geschichte meiner Zeit*, Frankfurt/Main 1978, S. 63.

④ Ebd., S. 65.

⑤ 卡尔·冯·奥西茨基 (Carl von Ossietzky)，德国人 (1889—1938)，是一位魏玛和纳粹时期德国的记者、作家、杰出的政治记者和政论家，著名的反法西斯的和平战士。

⑥ Ebd., S. 73.

之中，在今天该系列的最新一期
里也是这样："世界各地的贵客
动身离开。至今他们还从未在荧
幕上如此出彩。这一点是毫无疑
问的。只是还有一个问题：'莱
妮是怎么把这一切都记录下来的
呢？'"芬克设想了莱妮·里芬
斯塔尔在剪接工作台上是如何观
看杰西·欧文斯的负片的："突
然，她不快地看到，这个黑人跑
得有多好。我们还能在负片里报
仇，让白人运动员遥遥领先，后
面跟着的才是黑人！"[1]

"没完没了的颁奖仪式。"约
瑟夫·戈培尔在日记里记下。这
位部长坐在观众席，渐渐要失去
耐心。在长达几小时而他本就不

奥运会的闭幕式上，奥运会场上方点亮了光柱的矩阵。

感兴趣的马术比赛之后，运动员颁奖仪式对他来说简直度日如年："这可得再紧
凑些、精彩些才行。"[2]或许戈培尔不是唯一一个不耐烦的人，因为大多数观众可
能都在焦急等待着闭幕式的开始。

马拉松大门后方，夕阳渐渐西沉，保罗·温特的《奥运号角》(Olympia-
Fanfaren)一曲宣布了闭幕式的开始。所有的目光都集中在马拉松大门下面的隧
道上，各个国家所谓的旗帜方阵穿过了隧道。现代首届奥运会的主办国，希腊
的旗手打头阵，东道主的"卍"字旗则负责断后。队伍行进的同时，奥林匹克

[1] Werner Finck, Kleine Olympia-Conférence. Schlussakkord, in: *Berliner Tageblatt*, 16. 8. 1936.

[2] Fröhlich (Hrsg.), *Die Tagebücher von Joseph Goebbels*, Teil I, Bd. 3/II, S. 161.

交响乐团演奏着《莫伦多夫的列队游行》(*Möllendorfer Parademarsch*)。乐声慢慢消逝，几秒钟的寂静之后，国际奥委会主席亨利·德·巴耶 - 拉图尔来到麦克风前，感谢了希特勒和德国人民的热情好客，并宣布奥运会的圆满结束。伯爵的最后一句话特别显示在了计分板上："愿奥林匹克的圣火不分性别地照亮全人类，愿我们不忘初心、不断进取、勇往直前！"

又一曲演奏完毕——路德维希·凡·贝多芬的《奉献歌》(*Opferlied*)——奥运旗帜在礼炮声中降了下来。交响乐团演奏起保罗·赫弗尔的《挥别旗帜》(*Fhanenabschied*)，该作者是奥林匹克艺术大赛的获奖者，骑手们在乐声中踏出了体育场。奥运圣火熄灭，降下来的奥运旗帜将交由柏林保管至 1940 年东京的下一届奥运会。最后，又一出自保罗·赫弗尔之手的曲目《奥林匹克尾声》响起。此时，环绕体育场设置的巨型聚光灯，向着夜空照射，光柱交错着缓缓移动，在场馆上空几百米高的黑暗中交叉。如此形成了一个巨型光阵——这是纳粹党人早在党代会上就列入计划的特效。

"我还从未见过这般精心设计的场景。"[1]威廉·多德显然很受震撼地在日记里写道。接下来则是最后一个正式节目环节，歌曲《比赛结束了》，观众齐声合唱起来。仪式到此结束，阿道夫·希特勒全程一言不发。最后一刻，这苦心经营的奥运伪装如海市蜃楼一般崩塌了，数万名观众站了起来，大呼"希特勒万岁"，接着唱起了《德意志，德意志，高于一切》。

在苏黎世，托马斯·曼坐在广播前，关注着闭幕式，全欧洲的广播电台都在转播这次仪式。他在日记里写道："声势浩大的表演、军乐、合唱和旗队游行。上方有一个声音为东京呼唤着全世界的活力。所有人都念对了这个名字，除了柏林的市长，他自然是故意地说成了 'Tockio'。他还提到了世界和平。"[2]

8 月 16 日晚，帝国体育部长汉斯·冯·查摩尔 - 欧思登邀请了参赛者到德意志会展中心庆祝。但是有不少运动员都在完成最后一项比赛后离开了，还有

---

① Dodd, *Diplomat auf heißem Boden*, S. 382.

② Mann, *Tagebücher. 1935—1936*, S. 354.

好多人今天就走，所以在奥运村过夜的不过一千人。"我们都深深地被打动了，还有些忧伤，"戈培尔说道，"同元首穿过欢呼的人群，走到帝国办公厅。"[1] 旁边的威廉广场上，站了数千，也许有数万观众，他们吟诵着"敬爱的元首，你那么可爱，请你出现在窗台"。希特勒让他们如愿以偿了。

希特勒和戈培尔可能对过去 16 天感到十分满意。这场奥运会从各方面来看都在历史上创下了新高：来自 49 个国家、将近 4000 名参赛选手参与了 129 个比赛项目——这是前所未有的。41 项比赛中有奥运会纪录诞生，其中 15 项同时也是世界纪录。德国以 89 枚奖牌的成绩（33 枚金牌、26 枚银牌和 30 枚铜牌）在榜单上遥遥领先，其次是美国（24 枚金牌、20 枚银牌和 12 枚铜牌）和匈牙利（10 枚金牌、1 枚银牌、5 枚铜牌）。奖牌榜最后面是葡萄牙、菲律宾和澳大利亚，它们各自只获一枚铜牌。总之，比赛表面上在公平进行着，公众方面没有表现出对其他国家的敌意。杰西·欧文斯凭借四枚金牌一举成为最强参赛者，德国的最佳运动员康拉德·弗赖将三枚金牌收入囊中。

1936 年 7 月和 8 月，柏林登记的外来访客足有 38 万人，其中仅来自国外的就有 11.5 万人（数据显示，其中占比重最大的是捷克斯洛伐克和美国的游客，各 15000 人次）。官方记下的住宿记录有 130 万条[2]。阿道夫·希特勒几年后断言，这场奥运会给帝国带来了整整 5 亿帝国马克的外汇收入[3]。很难说这是否是确切的数字。但是可以说，德国办这场奥运会是相当值得的。

不管经济收益有多可观——这对于纳粹来说却不过是个副作用。这次奥运季的巨大成功是不能用马克和芬尼来衡量的。大多数外国游客都为纳粹在柏林所做的一切感到震撼。阿道夫·希特勒及其政府成功地将自己塑造成各民族的伙伴，热爱和平且值得信赖。在这个夏天，许多人信心大增，他们开始期待变革，并且相信了希特勒的和平誓言——他们都被这场体育盛事欺骗了。只有少数像托马斯·沃尔夫这样的游客识破了伪装，看到了幕后的真相。

---

[1]　Fröhlich (Hrsg.), *Die Tagebücher von Joseph Goebbels*, Teil I, Bd. 3/II, S. 161.

[2]　Vgl.: *Amtlicher Bericht 11. Olympiade Ber- lin*, Bd. 1, S. 420.

[3]　Vgl.: Henry Picker (Hrsg.), *Hitlers Tischgespräche im Führerhauptquartier*, München 1979.

随着柏林奥运会的举办，纳粹进入了政权加强时期。1936 年，柏林绝非仅仅在宣传上大获成功，安德烈·弗朗西斯科-蓬塞总结道："纳粹政权的历史上，1936 年 8 月于柏林举办的奥运盛事可谓一个高潮，一个巅峰，否则就是希特勒及'第三帝国'的一次神迹。"[1]

深夜，希特勒和戈培尔彼此作别。几小时以后，希特勒将前往贝希特斯加登的方向，戈培尔则退居他在施瓦南威尔德的哈韦尔岛上的别墅，短暂休假。三周后——9 月 8 日——随着纳粹党代会在纽伦堡召开，下一场轰动将拉开序幕。戈培尔曾恳请希特勒，考虑到奥运会的举办，取消今年的党代会，但是希特勒根本听不进去。必须得有"荣誉党代会"，他强调着他的原则。对他来说，部队进军莱茵地区可以让帝国重拾信心和荣耀。

维克多·克伦佩雷尔反而对即将到来的纳粹成员大会感到忧心忡忡。他担心，这众多的纳粹党员几周以来因为外国游客的缘故不得不去伪装，心里堆积起敌意："下周日奥运期就要结束了，预示着纳粹党代会的到来，一场爆发迫在眉睫，他们自然首先会把这股怒气发泄在犹太人身上。"[2]

---

① François-Poncet, *Als Botschafter in Berlin*, S. 267.

② Klemperer, *Tagebücher 1935—1936*, S. 121f.

结果如何

莱妮·里芬斯塔尔、伊芙·福尔斯特纳、

亨利·德·巴耶-拉图尔、托马斯·沃尔夫、

莱昂·亨利·达尤、玛莎·卡莱考、

泰迪·斯托弗、杰西·欧文斯……他们的结果如何？

1936 年 11 月，莱妮·里芬斯塔尔开始了对长达 40 万米电影底片的剪辑工作，这将耗时 18 个月。最终影片共分为两部分，底片总长 6000 米，首映于 1938 年 4 月 20 日——希特勒的 49 岁生日。在德意志帝国的各家影院里，这部电影源源不断地吸引观众前来观看，短短几周内，就收回了几百万马克。莱妮·里芬斯塔尔还制作了《奥林匹亚》的英语、法语和意大利语版本，借此她成功地巡游了欧洲。莱妮·里芬斯塔尔成了"第三帝国"的模范艺术家。1945 年，第二次世界大战结束时，莱妮·里芬斯塔尔 43 岁，这时她的人生还有 58 年的路要走。这段时间里，她不再能完成影片制作项目，但是她找到了新的方向，成为摄影师，开启了一段成功的职业生涯。

　　20 世纪 80 年代初，莱妮·里芬斯塔尔创作了 800 页的回忆录巨著，但她的叙述并不尊重事实。至 2003 年 9 月她逝世时，她都未能做到以自我批评的态度对自己在"第三帝国"所扮演的角色进行可信的描述。她义正词严地反驳了她与阿道夫·希特勒之间有私情的说法。其实，早在 1943—1944 年间，德国作家卡尔·楚克迈尔就传达了这一点："笔者不相信，她曾跟希特勒发生关系（鉴于二位都是性无能）。"[1]

　　亨利·德·巴耶 - 拉图尔直至 1942 年 1 月逝世，都担任国际奥委会主席。柏林奥运会结束后，特奥多尔·莱瓦尔德迫于希特勒的压力辞退了所有公职，他于 1947 年 4 月逝世。1938 年，德意志军官瓦尔特·冯·赖歇瑙作为他的继任

---

　　① Zuckmayer, *Geheimreport*, S. 94.

者被选拔进入国际奥林匹克委员会。大约两年后——1940 年 5 月底——巴耶 -
拉图尔的同事赖歇瑙肩负新的职能：德意志国防军上将。他以此身份接受了他
的祖国比利时的投降。

纵使是离开柏林以后，埃莉诺·霍尔姆依旧将她的美女明星形象表现得
淋漓尽致。1938 年，她携手前队友和十项全能金牌得主格伦·莫里斯出演电
影《泰山的复仇》。同年，她与阿尔特·杰利特离婚，与非常富有的经纪人威
廉·比利·罗泽结婚。比利是犹太人，婚礼上她把赫尔曼·戈林的"卐"字徽
章送给了他，她在徽章的中心镶了一颗钻石做的大卫星。埃莉诺于 2004 年 1
月逝世。

莱昂·亨利·达尤虽然没能成功高价转卖拉丁区，但他在接下来一个月中
转移了巨额的运营资金。不幸中的万幸，因为一直紧盯他的纳粹很长时间都没
能注意到这一点。1937 年 2 月，拉丁区负债累累，达尤携带着侵吞的巨款，快
马加鞭地逃往巴黎。他的女友莎洛特·施米特克同他并肩逃亡。3 月底，达尤
在皮嘉尔大街开了科顿俱乐部。这家俱乐部的营业模式（昂贵的价格、典雅的
氛围、美貌的女子）与他在柏林的那家夜总会如出一辙，但是达尤却在塞纳河
畔一败涂地，年底就破产了。达尤在蒙特马尔一带的咖啡馆虚度光阴，一如被
派去监视他的外事警察所记录的那样，他和莎洛特·施米特克的关系破裂了。
在第二次世界大战的混乱之中，莱昂·亨利·达尤一度短暂失去了踪迹。莎洛
特小姐则移居菲诺港 ①，她在那里收到了来自柏林一位律师的信。这位受到秘密
警察委托的律师显然是想知道，她是否清楚达尤是犹太人。"这段时间里，我
从未怀疑过达尤有犹太出身，"莎洛特回答道，"因为来他的酒吧玩的都是德高

---

① 菲诺港位于意大利利古里亚大区热那亚省的一个渔村，被认为是地中海最美丽的港口
之一，每年吸引大量世界各地的游客游览参观。它也是帕拉迪索湾 (GolfoParadiso) 和迪古里奥
海湾分界的标志。

望重的人，否则他们肯定会避开他的酒吧，或是说不得不避开。"[1]一个尖刻的回答，棒极了。秘密警察放弃了进一步的调查。

20世纪40年代初，莱昂·亨利·达尤突然出现在英格兰。1942年9月，他与新女友罗莎莉结婚，4年后凭借英国国籍再次获得了新的身份。莱昂·亨利变成了里克·达尤。他还趁此机会把年龄改小了两岁。20世纪五六十年代的伦敦，夜生活少不了达尤的身影。他在梅费尔城区开了"唐璜"和与其几栋楼之隔的卡萨诺瓦俱乐部，上流社会在此玩乐。伊丽莎白女王那任性的妹妹，玛格丽特公主是这里的常客。一份美国当地报纸透露，达尤有朝一日会写一本备忘录，但那显然没能成真。莱昂·亨利·达尤于1985年死于他在英国的住处。柏林的拉丁区所在的那栋楼，没能经受住空袭。今天，柏林人民银行的新楼建在了这块地上。

"第三帝国"没落之前，莱昂·亨利·达尤的朋友胡伯特·冯·梅耶林克还拍摄了大约20部电影。梅耶林克蔑视他所在的体制。比利·怀尔德[2]证实："虽然他自己从来没有声张，但是在水晶之夜[3]，他跑遍了选帝侯大街，呼喊着：'你们之中还有谁是犹太人，跟我来。'他把这些人藏在自己家里。是的，那些正直的人说过，在那个年代，做一个反抗者有多么困难，我们可以相信他们的话。梅耶林克这样的人实在是超凡脱俗。"[4]第二次世界大战后相当长的一段时间里，梅耶林克一直说着俏皮话，活跃在德国的影院和每户人家的客厅荧幕上。1967年，柏林奥运会举办的30多年以后，他在自传里坦言："我多想再次

---

① Charlotte Schmidtke an Eberhard Denzel, 12. 4. 1939, LAB, B Rep. 202 Nr. 4258.

② 比利·怀尔德（1906—2002）是一位犹太裔的美国导演、制作人与编剧家，是美国电影史上最重要的导演之一。

③ 水晶之夜（Kristallnacht）是指1938年11月9日至10日凌晨，希特勒青年团、盖世太保和党卫军袭击德国和奥地利的犹太人的事件。

④ Es war wie in New York. Kult-Regisseur Billy Wilder über das Berlin der zwanziger Jahre, in: *Spiegel Special*, Nr. 6/1997, S. 54.

来到达尤身边！"①1971 年 5 月，胡伯特·冯·梅耶林克死于汉堡。

玛莎·卡莱考对她的丈夫索尔摊了牌：1936 年 12 月 28 日在柏林呱呱坠地的埃夫雅塔·亚历山大·米夏埃尔不是他的儿子。为她唯一的孩子的出世，她作诗一首：

> 我深爱的你，很早以前，
> 鲁莽和爱情使你降生，
> 你是灰暗岁月里的光明、是上天的馈赠，
> 你是我小小的儿子。
>
> 孩子啊，我的整颗心早已属于你，
> 那一年你还不在这世上，
> 你的父亲那双黑色的眼，
> 望着遥远的地方。②

玛莎和索尔于 1938 年离婚，从此不再相见。她在柏林与夏姆尤·维纳弗结婚。1938 年秋天，玛莎带着他们的孩子移居美国。纳粹统治结束后，玛莎·卡莱考多次来到德国，于 1975 年 1 月在苏黎世逝世。

蒂莉·弗莱舍在奥运会之后结束了田径运动员生涯，不再练标枪，转而练了几年手球。后来蒂莉沉寂了，与一名牙医结婚，在黑森林开了两家皮革店。1966 年，《我的父亲阿道夫·希特勒》在法国出版，这本没营养的书的作者名叫菲利普·默文，但他本名是菲利普·克里舍，来自维也纳，是蒂莉的女儿吉

① Meyerinck, *Meine berühmten Freundinnen*, S. 113.

② Mascha Kaléko, *Sämtliche Werke und Briefe in vier Bänden*, hrsg. von Jutta Rosenkranz. © 2012 dtv Verlagsgesellschaft, Mün- chen.

泽拉的未婚夫。菲利普·默文在书里声称：奥运会后不久，蒂莉和希特勒曾有过一段恋情，而 1937 年出生的吉泽拉是希特勒的后代，并非出自那位牙医。也就是说，吉泽拉·弗莱舍应该是吉泽拉·希特勒。这本书的前言里说："这位有史以来最嗜血的独裁者的女儿面对下一代人，为他们揭示这一真实历史事件，而她至今未曾同任何历史备忘录作者分享。"[1]默文自称，这段故事是从所谓的希特勒的女儿吉泽拉那里听来的，但吉泽拉坚决否认了这一点。剩下的就由法院说了算了，由于对吉泽拉父母的惊人的说法，法官扣押了这些回忆录。39 年后，2005 年 7 月，蒂莉·弗莱舍于黑森林逝世。

彼得·约阿希姆·弗勒里希——奥运会场里的那个小男孩——1939 年 4 月与父母一起逃出了德国。他们先是逃到古巴，两年后移居美国。1946 年，彼得成为美国公民，改了名字，从彼得·弗勒里希变成了彼得·盖伊——一位可敬的历史学家以及成功的作家。彼得·盖伊于 2015 年 5 月逝世于纽约。

泰迪·斯托弗和他的乐队"本真泰迪"后来又在柏林和汉堡表演了三年。到 1939 年 3 月底，这支乐队为德律风根唱片公司录制了超过 50 张唱片——其中最后一张《我的天哪》（*Jeepers Creepers*）还大获成功。原定计划 9 月在柏林的费米娜酒吧还有一场特约演出，但是后来第二次世界大战爆发了。斯托弗留在了瑞士，而德国的队员只得离开瑞士联邦，乐队解散了。斯托弗本想去好莱坞当电影作曲家，这个计划因为他没有墨西哥的暂住证而搁浅。他流落到了海滨城市阿卡普尔科，在那里开了一家夜总会，成为了酒店经理。短短几年内，"阿卡普尔科先生"——后来人们这么称呼斯托弗——就将曾经的渔村改造成了国际社交名流的聚集地。克拉克·盖博[2]、约瑟芬·贝克[3]、埃罗

---

[1]　Zit. nach: Gisela, das Hitlerkind, in: *Die Zeit*, Nr. 28/1966.

[2]　克拉克·盖博，1901 年 2 月 1 日出生于美国俄亥俄州，美国电影男演员。

[3]　约瑟芬·贝克（Josephine Baker，1906—1975），生于美国的圣路易斯，是美国黑人舞蹈家、歌唱家。

尔·弗林①以及肯尼迪一家人都是斯托弗的好友，并且定期来做客。泰迪·斯托弗 5 次结婚，5 次离婚，于 1991 年 8 月在阿卡普尔科逝世。

海伦妮·迈尔回到了美国，在接下来的一年里 8 次夺得全国击剑冠军。海伦妮依靠做德语和体育讲师来维持生计，但她显然还是归心似箭，因为 1952 年她再度在德国安家。海伦妮和一位比她大 9 岁的飞行器工程师埃尔温·法尔科纳·冯·松嫩堡结婚，同他一起搬到了海德堡。她想在那里开启一段新的生活，然而，海伦妮随后收到一份恐怖的诊断结果：她得了乳腺癌。海伦妮·法尔科纳·冯·松嫩堡于 1953 年 10 月逝世，年仅 43 岁。

柏林奥运会结束的两天后，奥运村总管维尔纳·冯-素·吉尔萨男爵邀请他在组委会的同事们到柏林警卫团的餐厅，参加一场小型的告别会。他们共进晚餐，一同饮酒，这位上校借此机会回顾了这一届奥运会，并且对所有参与人员的良好合作表达了感谢。他的前任沃尔夫冈·福尔斯特纳没有出席这场晚会。这群人庆祝的时候，福尔斯特纳穿上了他最好的一身制服，戴着他所有的奖章，穿过奥运村，去往瓦尔德泽的方向。他在高高的桑拿房前停下脚步，拿出他的手枪，枪口抵在太阳穴上，扣动了扳机。

1936 年 11 月 10 日晚，舍雷尔先生和弗朗克先生拜访了伊芙·福尔斯特纳。两位男士都不是伊芙的朋友或是熟人，他们也不是舍尔比尼酒吧的顾客，是的，伊芙不记得自己曾经见过二位。但是他们现在站在她的家门前，坚决要求进门，因为舍雷尔先生和弗朗克先生是海关缉私人员。"住宅搜查！"其中一位官员说道，他向伊芙出示了相应的官方文件，另一人则立刻着手进行他的工作。舍雷尔和弗朗克都不怎么温柔，他们翻遍了柜子和抽屉，检查书的后

---

① 埃罗尔·弗林（1909—1959），出生于塔斯马尼亚州霍巴特，澳大利亚演员、编剧、导演、歌手。

面，看向伊芙的床底。搜查过程中，缉私员们找到了一些现金、银行的书面材料和许多私人信件。这对他们来说足够了。两天后，伊芙·福尔斯特纳遭到逮捕，被送到了柏林摩亚必特的拘留所。对她的指控是：违反外汇规章。伊芙在她住在英国的姊妹的帮助下，不经国库将巨额款项转移到了国外。虽然搜查到的那些材料提供了"巨大的作案嫌疑"，舍雷尔却在报告中证实，其中没有具有说服力的证据。最终，伊芙于12月19日被释放了。

但是这场猫鼠游戏仍在继续。1937年夏天，伊芙供认她曾跟埃及外交官阿齐兹·德·纳索尔结婚，现在正跟他一起居住在柏林宁静的利希特菲尔德区。"那里并没有您丈夫的记录，"缉私员舍雷尔很快就查出来了，"外事局并不存在叫德纳索尔的埃及公使馆商务专员。"[1] 那又如何呢？这位所谓的商务专员是伊芙在舍尔比尼酒吧里的一位23岁的追求者，他与之前一样，还是住在奥彭海姆女士的转租房里。这段婚姻——在它曾经成立的时候——或许只是一个权宜之计。伊芙可能在想，多亏了她的埃及外交家丈夫，她能在纳粹审查时保证自身的安全。这个时候她是否还跟莫斯塔法·埃尔·舍尔比尼处在暧昧关系之中，这就不得而知了。

乌兰德大街上的这家酒吧开到1938年，之后有几年莫斯塔法和伊芙失去了音信。1941年3月，莫斯塔法的名字出现在《德意志通缉人员花名册》里，显然他已经离开了这个国家。伊芙也得以逃出德国，但是命运对她有些恶意。奥运会结束整整10年后，1946年8月，伊芙死在了开罗——这时候她45岁。莫斯塔法·埃尔·舍尔比尼在第二次世界大战后同样定居开罗。他之后又移居伦敦，并于1975年1月在那里去世。赫伯·弗莱明，舍尔比尼酒吧的一大卖点，继续在柏林待了不到一年，1937年6月回了美国。第二次世界大战结束后，赫伯又再次出现在欧洲。1969年，他来到柏林时，他再也认不出乌兰德大街了。30多年前，他演奏最火爆的爵士乐的地方，已经面目全非。赫伯·弗莱

---

[1] Zollinspektor Scherer an den Generalstaatsanwalt beim Landgericht, 24. 1. 1938, LAB A Rep. 358-02 Nr. 118497.

明于 1976 年 10 月在纽约去世。

卡拉和乔治·德·弗里斯在他们的欧洲之旅后回到了美国。卡拉的"暗杀之吻"带来的骚动很快平息了，然而 1936 年 11 月的时候，德·弗里斯女士再次引起了轰动。洛杉矶一座高楼前一片混乱，一位精神错乱的女士站在高空的外窗台上，显然是想从那里跳下来。警察靠近了这里，但他们无法跟这位女子沟通，因为她的语句混乱，夹杂着英语和德语。这位厌世的女士名叫艾玛·诺伊曼，德国出身，住在诺瓦克郊区的一家精神病院，她逃过了那里的看守。卡拉碰巧就在附近，目睹了这场骚乱，她穿过拥挤的人群来到前面，果断地开始进行干涉。她会说一点德语，她对一位警察说道，也许她能让这个患者放弃原来的打算。负责此事的警官点了点头——他也想不到别的办法了。卡拉从她那边爬出窗外，开始跟艾玛交谈。下面的街道上站了好几百人，他们都抬头向上看着。警察们拉开了救生网，医生和急救员都已就位。遗憾的是，我们无从得知，卡拉对这个不幸的人说了些什么。也许她讲述了她和丈夫乔治在夏天的那场欧洲之旅，也许她描绘了自己在柏林的经历。后来，艾玛点了点头，卡拉爬回房间里，拉住艾玛的手，将她也带进屋里。卡拉成了英雄，各家报纸都详细地报道了她的最新壮举："卡拉·德·弗里斯，亲吻了希特勒的那位女士，拯救了精神病患的生命。"卡拉·德·弗里斯比丈夫乔治多活了 35 年，于 1985 年 6 月在加利福尼亚逝世。

前帝国文化管理员汉斯·辛科尔是诸多在联邦德国没有就其罪行接受审讯的纳粹党人之一。第二次世界大战结束时，他担任帝国影视总监，1945 年被拘留，因参与了波兰文物劫掠，1947 年被送交波兰。五年刑期过后，他在 1952 年返回德国，1960 年在哥廷根去世。

阿默德·莫斯塔法·迪斯索基的命运依旧不为人知。可以确定，他直到 1939 年初都在经营着西罗酒吧，然而，酒吧的生意日益惨淡。阿默德根本不付账，他不给员工交保险费，各种成瘾病症缠身。他自己可能永远也不能理清这些麻烦了。他的店负债累累，他作为老板遭人控告。阿默德本应于1939年7月被驱逐到埃及，但海恩里希·希姆莱突然又撤回了驱逐令。为什么？我们无从知晓——外事局的对应材料在战争中被销毁了。

1941年10月，他的线索再度出现，这时海恩里希·希姆莱对阿默德下达了居留禁令。而三年后，阿默德显然还在柏林，因为1944年他被安置在摩亚必特的拘留所待了几个星期。他最后的线索出自1945年4月。"他与一位女士一起，在阿道夫·希特勒广场上朝我走过来，"胡伯特·冯·梅耶林克回忆道，"我想跟他高高兴兴地打个招呼，但他烦躁地拒绝了。"①

1939年第二次世界大战爆发时，阿默德的心上人克莱拉·冯·宫塔尔德和她的女儿同去美国探亲。宫塔尔德一家留在了圣路易斯，1941年12月，克莱拉的丈夫保罗·冯·宫塔尔德在此逝世。克莱拉的女婿伯哈德·贝格豪斯则留在德国，继续同纳粹进行良好的合作。多亏他出色的人脉，他得以将岳父母的一大部分财富转移到瑞士。战后，克莱拉·冯·宫塔尔德收回了柏林蒂尔加滕区的家庭别墅。1959年，克莱拉去世，4年后，她的继承人把这座宫殿卖给了柏林。曾经供俊俏富有的人进进出出的宫塔尔德别墅，现在是柏林国家博物馆的总部所在。

至于西罗酒吧，则经受住了战争，并且在50年代历经了一次小规模的复兴。今天，这间兰克大街31号、32号的房子里开了一家夜总会，名叫——还能是什么——西罗酒吧。

伊丽莎白·L和家人先是由马尔占的集中营转移到萨克森豪森集中营，1943年又被拖到了奥斯维辛所谓的"吉卜赛人营地"。被关押在那里的22600人里，超过19000人都死了。伊丽莎白在"第三帝国"幸存下来。

---

① Meyerinck, *Meine berühmten Freundinnen*, S. 112.

1945 年 7 月中旬，海恩茨·蔡勒梅尔在被炸毁后又简陋地重建起来的施坦因广场酒店开了一家餐馆，蔡勒梅尔饭店。这是一段独一无二的职业生涯的开始，其间蔡勒梅尔成为了柏林数一数二的美食家。1949 年 6 月，海恩茨说服美籍柏林市警备司令弗兰克·L·豪利，在下一次盟国管理委员会的会议上废除宵禁制度，他从此被载入史册。此后，人们可以在柏林彻夜狂欢了。1950 年，海恩茨的弟弟阿希姆在家族酒店的一层开的"满酒瓶"开张——一家规模很小且烟雾缭绕的酒吧，战后的德国学者在这里作乐。海恩茨的妹妹伊尔莎虽然实现了人生理想，学习了声乐，然而她是作为歌剧事务所的经理而出名的，旗下有鲁契亚诺·帕瓦罗蒂这样的明星歌者。

1942 年 9 月，米尔德丽德和阿尔维德·哈纳克因从属于反动组织"红教堂"而遭控诉，后被逮捕。帝国军事法庭走了简化程序。1942 年 12 月，阿尔维德·哈纳克因叛国罪被判处死刑，他的妻子米尔德丽德则获刑 6 年。但是阿道夫·希特勒拒绝认定对米尔德丽德的判决。依据他的指示，帝国军事法庭再次对她进行了审讯，1943 年 1 月中旬，审讯以死刑的判决告终。1942 年 12 月 22 日，阿尔维德·哈纳克在柏林普罗岑湖的拘留所被绞死；1943 年 2 月 16 日，米尔德丽德死也在那里的断头台上。在那个星期二的 18 时 57 分，断头台的斧子落下之前，米尔德丽德·哈纳克说出了她人生中的最后一句话："我曾是如此深爱着德国。"[①]

杰西·欧文斯，柏林奥运会当之无愧的英雄，回到美国以后结束了他的体育生涯。这位 23 岁的田径运动员靠跑步所挣的钱不足以让他的家庭糊口。此外，他还有些失望。虽然 9 月的时候，纽约人为欧文斯举办了一次庆功游行，但接下来他不得不坐沃尔多夫·阿斯托利亚酒店的升降机去参加他的宴会。黑人不被允许与白人同乘电梯。"希特勒没有冷落我，"欧文斯愤懑地总结道，

---

①   Brysac, *Mildred Harnack und die Rote Kapelle*, S. 17.

1964年夏天，杰西·欧文斯重回他的凯旋之地。无论是对于他还是对于柏林奥林匹克运动场来说，时光都刻下了它的痕迹。

"是我们的总统侮辱了我。总统从没发过一份祝贺的电报。"[1]

欧文斯开了一家洗衣店，在小剧院和夜总会客串演出，以此获得一些微薄的收入，而这些钱又输在了赌博上。奥运会的三年后，这位柏林的英雄便无力还债。杰西·欧文斯出售自己"全世界最快男人"的名声，作为集市上的卖点之一，他开始表演与摩托车、灰猎犬和赛马赛跑。这种做法也非长久之计。直到 20 世纪 50 年代，他才得到应有的认可。1964 年夏天，欧文斯来到前西柏林，为拍摄一部纪录片重回奥林匹克运动场。1980 年 3 月，杰西·欧文斯死于肺癌。这个时候，他的好友路茨·朗去世已有 37 年。路茨在战争中被征兵，1943 年 7

---

[1]　Schaap, *Triumph*, S. 211.

月，在争夺西西里岛的战斗中牺牲。

如同奇迹一般，维克多·克伦佩雷尔在"第三帝国"和 1945 年遭到摧毁的德累斯顿幸存。战争结束的两年后，他报复了那些追捕他的人，在 1947 年出版的《LTI》一书中，克伦佩雷尔研究了纳粹如何用他们"第三帝国的话语"糟蹋了德语。维克多·克伦佩雷尔在 50 年代参与了德意志民主共和国的建设，1960 年在德累斯顿逝世。

安德烈·弗朗西斯科-蓬塞又在柏林待了两年，后以法国大使的身份调到了罗马。1940 年，这位外交家回到了法国，晋升为维希政府①顾问。他并非一个抵抗运动②人士。德国占领法国后，即 1943 年 8 月，弗朗西斯科-蓬塞被秘密警察逮捕，连同其他几十人，作为"帝国政府的贵宾"——根据纳粹嘲讽的术语——先是被关押在布里克森河谷的伊特尔宫，后来被囚禁在克莱恩瓦尔泽塔的伊芬酒店。"我只能吃上大锅饭。"多年后，弗朗西斯科-蓬塞依然愤愤不平。1949 年 8 月，他被任命为刚刚建立的联邦共和国的法国高级特派专员，到 1955 年为止都担任这一职位。安德烈·弗朗西斯科-蓬塞于 1978 年 1 月在巴黎逝世。

安德烈·弗朗西斯科-蓬塞曾经在柏林享用鲁昂鸭的地方，如今耸立着一栋丑陋的战后建筑，一层开了一家烧烤店，这家店的特色是土耳其烤肉卷。

奥托·霍尔赫尔依旧与赫尔曼·戈林保持着良好的合作。作为国防军的炊事后勤，霍尔赫尔接管了"三位轻骑兵"和"马克西姆家"餐厅。但是随着战

---

① 维希政府（Régime de Vichy）是第二次世界大战期间，纳粹德国占领下的法国傀儡政府，它还被称为维希政权或简单的"维希"。

② 法国抵抗运动（Mouvement de résistance de France），是用于表示第二次世界大战期间法国人民抗击纳粹德国对法国的占领和对卖国的维希政权在第二次世界大战期间法国抵抗运动的总称。

争局势的恶化，1943 年初，约瑟夫·戈培尔开始反对霍尔赫尔。斯大林格勒战役之后，这位宣传部长想要关掉柏林剩下的那些供应美味的餐馆，这样一来，他就站在了奥托老板的常客——赫尔曼·戈林的对立面上。就这家路德大街上的餐厅的问题，着实引发了一场小规模战争，这一过程中，戈培尔甚至让希特勒出面干涉。某天夜里，冲锋队的人打碎了餐馆的玻璃窗，这让奥托·霍尔赫尔认清了状况。赫尔曼·戈林给霍尔赫尔签发了必要的官方文书，还给他提供了一辆国有铁路专用列车，让这位美食家把他所有的财产装在上面。厨房设备连带炉子，带着桌椅的客房，所有的玻璃杯、瓷器餐具、银制餐具和著名的禽类压力器，没有一样落在柏林。他的目的地是马德里。难以置信，当全世界陷入战争，奥托·霍尔赫尔却载着他的豪华餐厅穿过了战火熊熊的欧洲。1943 年 11 月中旬，霍尔赫尔的餐厅在马德里再度开业。作为家族产业，这家餐厅至今都在西班牙首都的顶级餐厅之列。

1937 年，那个不快的夜晚过去半年之后，泥瓦匠埃里希·阿伦特站在他的法官面前。尽管帝国司法部否决了"对党和国家的恶意攻击、叛国和诽谤元首及帝国总理数罪并罚"的刑事起诉，柏林地方法院还是从别的角度找到了足以判刑的罪证。但是埃里希·阿伦特在不幸中也有万幸："被告因违反 1934 年 5 月 15 日颁布的有关头衔、勋章及奖励的法律条文，被判处 6 周的自费监禁。拘留期间将非常痛苦。"[①]

托马斯·沃尔夫兑现了他的诺言，与西亚·沃尔克前往蒂罗尔州库夫施泰因的阿尔卑巴赫村，两位留宿在那里的一家客栈。沃尔夫整日潜心撰写手稿，晚上则跟西亚一起去当地的酒馆。几天下来都还算顺利，但是沃尔夫觉得越来越不舒服。西亚沉郁的性格、客房里狭小的空间甚至是这乡村的环境——这一切都让他日渐烦躁。"他怒气冲冲，失望不已，"海恩里希·勒迪希回忆道，"他

---

① Amtsgericht Berlin, Sitzung vom 11. 1. 1937, LAB, A Rep. 358-02 Nr. 18117.

隐晦地向我承认，他把他的金发旅伴丢在山上一个牧场以后，断然离开了。"

9 月初，托马斯·沃尔夫途径慕尼黑回到柏林。他就像知道自己无缘再见他深爱的柏林一样，再度沉溺于夜生活之中。他造访斯卡拉和德尔斐宫，在"和事佬"吃完饭，接着在安娜·梅恩茨酒馆喝酒。然而，就连帝国首都突然间也让他喜欢不起来了。受到内心不安的驱使，沃尔夫想到巴黎去，之后再回美国。最后一晚，他与海恩里希·勒迪希见了一面。"我们接着喝酒，"勒迪希说，"在大街上他突然嚷了起来，醉酒的我愠怒地跟他道了别，这次我没有流泪。这次告别就像我身边发生的一切那样荒谬，渐浓的醉意似乎也是摧毁我们友谊的罪魁祸首。我筋疲力尽，跟跟跄跄地上了床，睡到天大亮。下午我在办公室看到了他留的信息：'不要心存芥蒂。爱你们两个。沃尔夫。'"

勒迪希看到这张纸条的时候，托马斯·沃尔夫已经坐在经亚琛前往法国的列车上。那天是星期二，1936 年 9 月 8 日。沃尔夫与另外四个人在同一节车厢，其中有一位女士、一个美国人和一个看起来慌慌张张的矮小男人。这次车程很长，相当单调乏味，所以沃尔夫和他的同胞先找到了餐车，好好吃了一顿午饭。回到车厢以后，沃尔夫开始跟同行的人搭话。那位矮小的男人对沃尔夫低声请求，是否能请他帮个忙。沃尔夫点了点头。列车很快就要驶入亚琛了，这位陌生人解释道，那是边境火车站，旅客要在那里接受检查。根据规定，每人不得带出超过 10 帝国马克的钱。他这里有些现金……这个男人没有把这句话说完，他指了指手中的硬币。沃尔夫马上就明白了，把那些钱拿了过来。过了边境他会把这些钱再交还给他。

到达亚琛，德国边境警察上了火车，检查每节车厢，这时沃尔夫短暂离开了一下。等到他回来的时候，车厢里一片混乱，沃尔夫还看到，警察们押走了那个矮小的男人。沃尔夫询问他那节车厢的女士，这里发生了什么。"这位乘客可能是带了一笔巨款，这是不允许的。"这位女士低声说道，"这个人显然是犹太人。"沃尔夫疑惑地看着这位同行的人。"这是他自己的错，"这位女士生气地说道，"他明明知道自己被禁止带出大笔金额。他还拿了那么多钱，又到底为什么要给你 10 马克？真是蠢到家了！"这位女士讽刺道，"这根本毫无意义！"

　　犹太人被捕，这位女士冷酷的反应在沃尔夫心中留下了深重的阴影。沃尔夫不知所措，同时对那些让这些事发生的人愤恨不已。他突然想起了奥运会最后一天，他对海恩里希·勒迪希所作的承诺：有朝一日，他会把自己在"第三帝国"的经历写成一本书。

　　回到纽约以后，沃尔夫立刻着手这项工作。很快一本自传书籍诞生了，书名叫作《有件事要告诉你》(I Have a Thing to Tell You)。这本短篇故事集一方面表达了对柏林的热爱；另一方面则以激烈的言辞跟纳粹及其政权算账。恩斯特·罗沃尔特、海恩里希·勒迪希、西亚·沃尔克、火车上的同行者——他们都多多少少化身重现在文中。1937年年初，勒迪希在一份美国杂志上读到这本书的样书，他惊呆了。沃尔夫像录音机一样准确地再现了他和自己、和老罗沃尔特以及和其他柏林的友人的对话。要是宣传部的官员分析情节，搜寻其中人物的原型该怎么办？逐条细数并且查出沃尔夫与罗沃尔特出版社之间的关系，这对他们来说没什么难的。沃尔夫的朋友海恩里希·勒迪希、恩斯特·罗沃尔特、恩斯特·冯·所罗门和玛莎·多德共同召开了一次紧急的危机会议，讨论该小说的出版带来的危险境况。玛莎哭了，她建议尽快离开德国，这个提议却并未受到重视。"罗沃尔特，"恩斯特·冯·所罗门回忆道，"一直像个北极熊一样摇晃着上身，他突然间面露喜色，极其轻松地开口说道：'嚯嚯……我身上什么都不会发生。我一直都是这么说的。干杯！'"深入讨论之后，他们得出了结论，不必大动干戈，也无须关注事情的发展。但是恐惧感依然存在。

　　1938年9月15日，托马斯·沃尔夫因肺结核去世，享年37岁。西亚·沃尔克对人生感到深深的绝望，1941年8月过量服用了安眠药。恩斯特·罗沃尔特还是会小酌几瓶摩泽尔葡萄酒，战后重拾出版行业的工作——先是在斯图加特，后来在汉堡——成了年轻的联邦共和国最重要的出版商之一。恩斯特·冯·所罗门的自传《问卷调查》(Der Fragebogen)是他最庞大的丛书系列中的一部。1960年12月，罗沃尔特去世时，他的儿子勒迪希接手了他的领导位置。恩斯特·冯·所罗门死于1972年8月，玛莎·多德死于1990年8月，海恩里希·玛利亚·勒迪希-罗沃尔特于1992年2月逝世。

在那个星期二，即托马斯·沃尔夫逝世的消息公布的时候，英国首相阿瑟·尼维尔·张伯伦①登上一架飞机，这架飞机将载他去往德国南部。他的目的地是贝希特斯加登的上萨尔兹堡山。他将在希特勒位于阿尔卑斯山的住所里，与这位独裁者协商有关苏台德地区和有关下一场战斗的防御工作的事宜，他试图遏止德国扩张的欲望。但他只是延缓了战事，却无力阻挡。

----

① 亚瑟·内维尔·张伯伦（Arthur Neville Chamberlain, 1869—1940），英国政治家，1937年到1940年任英国首相。他由于在第二次世界大战前夕对纳粹德国实行绥靖政策而备受谴责，后因此下台。

致　谢

我想在此对我工作中得到的帮助表达衷心的感谢，尤其是对做寻访记录和资料收集的工作人员，更要感谢柏林档案馆的安妮特·托马斯和吉泽拉·埃尔勒，他们耐心、热情地为我查看了档案馆的馆藏资料。

感谢开拓者出版社的托马斯·拉特瑙和延斯·德宁、慕尼黑的编辑卡伦·顾达斯和为我的图文精心排版的蒂塔·艾哈迈迪。芭芭拉·维纳尔作为代理人一直用她的建议和行动支持着我——我也要衷心地感谢她。

除此之外，我还想要——出于完全不同的原因——衷心感谢克里斯蒂安·贝克尔、莎莉恩·布莱尔·布吕塞克、克里斯蒂娜·卡萨皮可拉、埃尔克·弗勒里希博士、阿明·富勒、海克·格尔特马可博士、曼弗里德·格尔特马可教授、乌尔里希·格罗纳教授、安德里亚·霍夫曼、弗洛里安·胡贝尔博士、埃马努埃尔·许伯纳博士、多萝西娅·许特、汉斯·基茨穆勒博士、约尔根·迈博士、斯蒂芬·B·罗杰斯博士、尤塔·罗森克朗茨、克劳斯·W·舍费尔博士、米夏埃尔·托特博格、米夏埃尔·左克思教授、比阿特丽丝·费尔奈泽尔、内格雷特·威尔克、伊尔莎·蔡勒梅尔和吉泽拉·曹赫-威斯特法尔。最后，非常感谢我的父母伊洛娜和维尔弗里德·希尔麦斯以及——放在最后却同样重要的——彼得·弗朗契科。

参考文献

Archiv der Humboldt-Universität Berlin Sektionsbuch 1936

Archives de la Préfecture de police Paris Bestand 77 W: Renseignements Généraux

Bundesarchiv Berlin (BAB) NS 10/51

R 43II/729 R 58/2320 R 58/2322 R 58/2324 R 8076/236

Entschädigungsbehörde des Landes Berlin Reg.-Nr. 276422

Harvard University, Houghton Library (HLB)

The William B. Wisdom Collection of Thomas Wolfe Landesarchiv Berlin (LAB)

A Pr.Br.Rep. 030-02-05 Nr. 20

A Pr.Br.Rep. 030-03 Nr. 670, 1050

A Pr.Br.Rep. 030-06 Nr. 204

A Pr.Br.Rep. 031 Nr. 114, 116

A Pr.Br.Rep. 031-02 Nr. 80

A Rep. 109 Nr. 6058

A Rep. 341-04 Nr. 44538

A Rep. 341-05 Nr. 3771

A Rep. 342-02 Nr. 25875, 29423, 57128, 60171

A Rep. 342-05 Nr. 3005

A Rep. 358-02 Nr. 341/1, 341/2, 18117, 20353, 98420, 118497, 118498, 118512,

118513, 124848, 124849, 124850

B Rep. 202 Nr. 4257, 4258, 4434-4441, 6337

B Rep. 207 Nr. 0456

B Rep. 207-01 Nr. 1291

B Rep. 358-02 Nr. 98118

P Rep. 125 Nr. 110

P Rep. 355 Nr. 421

Österreichisches Staatsarchiv, Archiv der Republik (ÖSTA/ADR)

Neues Politisches Archiv, Politische Berichte Berlin, Nr. 172-183/1936.

Politisches Archiv des Auswärtigen Amtes R 98726 bis 98744

University of Delaware (UOD)

MSS 109: George S. Messersmith papers

Wisconsin Historical Society, Library-Archives Division

Louis P. Lochner Papers Sigrid Schultz Papers

Alle Welt ist begeistert. Die Boykott-Bewegung gegen Hitlers Olympiade 1936 in Berlin scheiterte, in: Der Spiegel, Nr. 5/1980, S. 116–129.

Amtlicher Bericht 11. Olympiade Berlin 1936, 2 Bde., Berlin 1937.

Anderson, Dave: The Grande Dame of the Olympics, in: *The New York Times*, 3. 7. 1984.

Bad Orb ist judenfrei, in: *Der Stürmer*, Nr. 34, August 1936. Baedeker, Karl (Hrsg.): *Berlin und Potsdam*, Leipzig 1936.

Biagioni, Egino: *Herb Flemming. A Jazz Pioneer around the World*, Alphen 1977.

Blubacher, Thomas: *Gustaf Gründgens. Biographie*, Leipzig 2013.

Bohrmann, Hans und Gabriele Toepser-Ziegert (Hrsg.): *NS-Presseanweisungen der Vorkriegszeit. Edition und Dokumentation*, Bd. 4/1936, München 1993.

Borchmeyer im Endlauf, in: *Olympia-Zeitung*, 4. 8. 1936. Brandt, Willy: *Erinnerungen*, Frankfurt/Main 1989.

Braun, Jutta: Helene Mayer. Eine jüdische Sportlerin in Deutschland, in: *Ge- sichter der Zeitgeschichte. Deutsche Lebensläufe im 20. Jahrhundert*, München 2009, S. 85–102.

Brysac, Shareen Blair: *Mildred Harnack und die Rote Kapelle. Die Geschichte einer ungewöhnlichen Frau und einer Widerstandsbewegung*, Berlin 2003.

Delmer, Sefton: *Die Deutschen und ich*, Hamburg 1963.

Der Bluthund. Furchtbare Bluttaten jüdischer Mordorganisationen. Das ge- schächtete Polenmädchen, in: *Der Stürmer*, Nr. 39, September 1926.

Deutschland-Bericht der Sopade, Dritter Jahrgang, Prag 1936.

Die Blutsünde, in: *Der Stürmer*, Nr. 35, August 1936.

Die Judenpresse, in: *Der Stürmer*, Nr. 32, August 1936.

Die Olympischen Spiele 1936, Bd. 2, Berlin 1936.

Documents on British Foreign Policy 1919–1939, Second Series, Vol. 17, London 1979.

Dodd, Martha: *Meine Jahre in Deutschland 1933 bis 1937. Nice to meet you, Mr. Hitler!*, Frankfurt/Main 2005.

Dodd, William E.: *Diplomat auf heißem Boden. Tagebuch des USA-Botschafters William E. Dodd in Berlin* 1933—1938, Berlin 1964.

Donald, David Herbert: *Look Homeward. A Life of Thomas Wolfe*, Boston 1987. Ebermayer, Erich: *Eh' ich's vergesse. Erinnerungen an Gerhart Hauptmann, Thomas Mann, Klaus Mann, Gustaf Gründgens, Emil Jannings und Stefan Zweig*, München 2005.

Ein Zeuge tritt ab, in: *Der Spiegel*, 2. 3. 1955, S. 10–19.

Ernst, Walter: *Die Entwicklung des Institutes für gerichtliche Medizin und Krimi- nalistik der Universität Berlin*, Diss. Berlin 1941.

Es war wie in New York. Kult-Regisseur Billy Wilder über das Berlin der zwanziger Jahre, in: *Spiegel Special*, Nr. 6/1997, S. 48–55.

Fest, Joachim C.: *Das Gesicht des Dritten Reiches. Profile einer totalitären Herr- schaft*, München 1988.

Festlicher Abend in der Staatsoper, in: *Berliner Lokal-Anzeiger*, 7. 8. 1936. Finck, Werner:

Alter Narr – was nun? Die Geschichte meiner Zeit, Frankfurt/Main 1978.

Finck, Werner: Kleine Olympia-Conférence. Schlussakkord, in: *Berliner Tageblatt*, 16. 8. 1936.

Foto-Wettbewerb, in: *Elegante Welt*, Nr. 15/1936, S. 64.

François-Poncet, André: *Als Botschafter in Berlin* 1931—1938, Mainz 1949. François-Poncet, André: *Tagebuch eines Gefangenen. Erinnerungen eines Jahrhun-dertzeugen*, Berlin 2015.

Fröhlich, Elke (Hrsg.): *Die Tagebücher von Joseph Goebbels*, Teil I, Bd. 2/II, München 2004.

Fröhlich, Elke (Hrsg.): *Die Tagebücher von Joseph Goebbels*, Teil I, Bd. 3/I, Mün- chen 2005.

Fröhlich, Elke (Hrsg.): *Die Tagebücher von Joseph Goebbels*, Teil I, Bd. 3/II, München 2001.

Fröhlich, Elke (Hrsg.): *Die Tagebücher von Joseph Goebbels*, Teil II, Bd. 1, Mün- chen 1996.

Fromm, Bella: *Als Hitler mir die Hand küsste*, Berlin 1993.

Gay, Peter: *Meine deutsche Frage. Jugend in Berlin* 1933—1939, München 1999. Geisel, Eike und Henryk M. Broder: *Premiere und Pogrom, Der Jüdische Kultur-bund* 1933–1941, Berlin 1992.

Gisela, das Hitlerkind, in: *Die Zeit*, Nr. 28/1966. Gläß, Theo (Hrsg.): *Zahlen zur Alkoholfrage*, Berlin 1938.

Heckh, Karl: *Eine Fußbank für die Dame. Eine kulinarische Revue*, Stuttgart 1969.

Herr Hitler kissed by excited woman, in: *The Sydney Morning Herald*, 17. 8. 1936.

Herrliche Welt des Scheins. Die Scala im Olympia-Monat, in: *Berliner Lokal- Anzeiger*, 6. 8. 1936.

Hübner, Emanuel: *Das Olympische Dorf von 1936. Planung, Bau und Nutzungs- geschichte*, Paderborn 2015.

Hungernde deutsche Mädchen in den Klauen geiler Judenböcke, in: *Der Stür- mer*, Nr. 35, August 1925.

James, Robert Rhodes (Hrsg.): *Chips. The Diaries of Sir Henry Channon*, London 1993.

Jesses Märchen, in: *Der Spiegel*, Nr. 1/2015, S. 105.

Jochmann, Werner (Hrsg.): *Adolf Hitler, Monologe im Führerhauptquartier* 1941—1944. Aufgezeichnet von Heinrich Heim, München 2000.

Kaléko, Mascha: *Das lyrische Stenogrammheft*, Reinbek bei Hamburg 1993. Kaléko, Mascha: *Verse für Zeitgenossen*, Reinbek bei Hamburg 1992.

Kennedy, Richard S. und Paschal Reeves (Hrsg.): *The Notebooks of Thomas Wolfe*, 2 Bde., Chapel Hill 1970.

Kerr, Alfred: Nazi-Olympiade, in: *Pariser Tageszeitung. quotidien Anti-Hitle- rien*, 13. 8. 1936.

Kessler, Harry Graf: *Das Tagebuch. Vierter Band* 1906–1914, Stuttgart 2005. Klemperer, Victor: *Tagebücher* 1935—1936, Berlin 1995.

Kopp, Roland: *Wolfgang Fürstner* (1896—1936). *Der erste Kommandant des Olym- pischen Dorfes von* 1936, Frankfurt/Main 2009.

Krüger, Arnd: *Theodor Lewald. Sportführer ins Dritte Reich*, Berlin 1975.

Ledig-Rowohlt, Heinrich Maria: Thomas Wolfe in Berlin, in: *Der Monat. Eine internationale Zeitschrift für Politik und geistiges Leben*, Oktober 1948, S. 69–77.

Long, Kai-Heinrich: *Luz Long – eine Sportlerkarriere im Dritten Reich. Sein Leben in Dokumenten und Bildern*, Hildesheim 2015.

Macdonogh, Giles: Otto Horcher. Caterer to the Third Reich, in: *Gastro- nomica*, Vol. 7, Nr. 1 (Winter 2007), S. 31–38.

Mann, Thomas, *Tagebücher*. 1935–1936, Hrsg. von Peter de Mendelssohn, Frank- furt/M. 1978.

Meyerinck, Hubert von: *Meine berühmten Freundinnen. Erinnerungen*, Düssel- dorf 1967.

Morsch, Günter (Hrsg.): *Sachsenhausen. Das ›Konzentrationslager bei der Reichs- hauptstadt‹*, Berlin 2014.

Nowell, Elizabeth (Hrsg.): *The Letters of Thomas Wolfe*, New York 1956.

Olympiasiegerin Tilly Fleischer grüßt die Leser der Nachtausgabe, in: *Berli- ner illustrierte*

Nachtausgabe, 2. 8. 1936.

Ossietzky, Carl von: Gontard, in: *Die Weltbühne*, 16. 12. 1930.

Picker, Henry (Hrsg.): *Hitlers Tischgespräche im Führerhauptquartier*, München 1979.

Pientka, Patricia: *Das Zwangslager für Sinti und Roma in Berlin-Marzahn. Alltag, Verfolgung und Deportation*, Berlin 2013.

Tillenburg, H.P.: Klirrender Stahl im Kuppelsaal. Wir besuchen die olympi- schen Amazonen, in: *Olympia-Zeitung*, 7. August 1936.

Trautloft, Hannes: *Als Jagdflieger in Spanien. Aus dem Tagebuch eines deutschen Legionärs*, Berlin 1940.

Trenner, Franz (Hrsg.): *Richard Strauss. Chronik zu Leben und Werk*, Wien 2003.

Treue, Wilhelm: Hitlers Denkschrift zum Vierjahresplan 1936, in: *Vierteljah- reshefte für Zeitgeschichte* 3 (1955), Heft 2, S. 184–210.

Trimborn, Jürgen: *Riefenstahl. Eine deutsche Karriere*, Berlin 2002.

Tumult im Luxusrestaurant, in: *Berliner Herold*, 11. 11. 1934.

··· und das Kulturleben der Nichtarier in Deutschland?, in: *Das 12-Uhr- Blatt*, 15. 8. 1936.

Unterrichtung über Rassengesetze, in: *Nationalsozialistische Parteikorrespon- denz*, 7. 8. 1936.

Wife of Californian surprised at stir she caused, in: *The Milwaukee Sentinel*, 3. 11. 1936.

Winter, Horst: *Dreh dich noch einmal um. Erinnerungen des Kapellmeisters der Hoch- und Deutschmeister*, Wien 1989.

Wir gratulieren, Herr Goebbels!, in: *Die Rote Fahne*, 18. 12. 1931.

Wir sprachen Thomas Wolfe, in: *Berliner Tageblatt*, 5. 8. 1936.

Witt, Richard: *Lifetime of Training for Just Ten Seconds. Olympians in Their Own Words*, London 2012.

Wolfe, Thomas: Brooklyn, Europa und ich, in: *Die Dame, Illustrierte Mode- Zeitschrift*, Heft 3/1939, S. 39–42. Wolfe, Thomas: *Es führt kein Weg zurück*, Berlin 1963.

Wolffram, Knud: *Tanzdielen und Vergnügungspaläste. Berliner Nachtleben in den dreißiger und vierziger Jahren*, Berlin 2001.

Zellermayer, Ilse: *Drei Tenöre und ein Sopran. Mein Leben für die Oper*, Berlin 2000.

Zellermayer, Ilse: *Prinzessinnensuite. Mein Jahrhundert im Hotel*, Berlin 2010. Zoch-Westphal, Gisela: *Aus den sechs Leben der Mascha Kaléko*, Berlin 1987. Zuckmayer, Carl: *Geheimreport*, München 2007.

图片出处

bpk – Bildagentur für Kunst, Kultur und Geschichte, Berlin: 125, 217 (Hans Hubmann), 141 (adoc-photo), 157 (Kunstbibliothek, SMB/Walter Obschonka), 245 (United Archives/ Erich Andres)

Emanuel Hübner, Münster: 9 Privat: 230/231

Ullstein Bild, Berlin: 41, 111, 185 (Lothar Ruebelt), 59, 93, 171, 199 (ullstein bild), 75 (Heinz Perckhammer), 261 (AP)

27 aus: *Die Dame. Illustrierte Mode-Zeitschrift*, Heft 16/1936, Seite 38, Humboldt-Universitätsbibliothek zu Berlin, Historische Sammlungen, AZ 81377